# Introdução à sociologia do trabalho

# Introdução à sociologia do trabalho

2ª edição

José Ricardo Martins

Rua Clara Vendramin, 58 . Mossunguê
CEP 81200-170 . Curitiba . PR . Brasil
Fone: (41) 2106-4170
www.intersaberes.com
editora@intersaberes.com

*Conselho editorial*
Dr. Alexandre Coutinho Pagliarini
Dr.ª Elena Godoy
Dr. Neri dos Santos
M.ª Maria Lúcia Prado Sabatella

*Editora-chefe*
Lindsay Azambuja

*Gerente editorial*
Ariadne Nunes Wenger

*Assistente editorial*
Daniela Viroli Pereira Pinto

*Edição de texto*
Monique Francis Fagundes Gonçalves

*Capa*
Denis Kaio Tanaami (*design*)
Sílvio Gabriel Spannenberg (adaptação)
Everett Collection/Shutterstock (imagem)

*Projeto gráfico*
Bruno Palma e Silva
Everett Collection/Shutterstock (imagem)

*Diagramação*
Studio Layout

*Iconografia*
Regina Claudia Cruz Prestes

---

**Dados Internacionais de Catalogação na Publicação (CIP)**
**(Câmara Brasileira do Livro, SP, Brasil)**

Martins, José Ricardo
    Introdução à sociologia do trabalho / José Ricardo Martins. -- 2. ed. -- Curitiba : Editora Intersaberes, 2023. -- (Série estudos de filosofia) Bibliografia.

    Bibliografia.
    ISBN 978-85-227-0452-1

    1. Produção (Teoria econômica) 2. Relações de trabalho 3. Sociologia industrial 4. Trabalho e classes trabalhadoras I. Título. II. Série.

23-142697                                        CDD-306.36

Índices para catálogo sistemático:
1. Sociologia do trabalho    306.36
Cibele Maria Dias – Bibliotecária – CRB-8/9427

1ª edição, 2017.
2ª edição, 2023.

Foi feito o depósito legal.

Informamos que é de inteira responsabilidade do autor a emissão de conceitos.

Nenhuma parte desta publicação poderá ser reproduzida por qualquer meio ou forma sem a prévia autorização da Editora InterSaberes.

A violação dos direitos autorais é crime estabelecido na Lei n. 9.610/1998 e punido pelo art. 184 do Código Penal.

*dedicatória, ix*
*apresentação, xi*
*organização didático-pedagógica, xv*

**1**

*Sociologia e trabalho, 20*
    1.1 Gênese da sociologia, 22
    1.2 Instituições sociológicas e mundo do trabalho, 30
    1.3 O trabalho como categoria sociológica, 39
    1.4 Temas da sociologia do trabalho, 42

## 2 Os clássicos da sociologia e sua relação com o trabalho, 54
  2.1 Karl Marx, 56
  2.2 Émile Durkheim, 69
  2.3 Max Weber, 73
  2.4 Outras contribuições, 80

## 3 Sistemas e modos de produção, 96
  3.1 Modos de produção primitivo, asiático, escravista, feudal e socialista, 98
  3.2 Modo de produção capitalista, 103
  3.3 Taylorismo, fordismo e toyotismo, 121
  3.4 Cooperativismo e economia solidária, 130

## 4 Trabalho no Brasil, 152
  4.1 Políticas de trabalho no Brasil, 154
  4.2 Relações de trabalho e emprego, 167
  4.3 Sindicalismo, 175
  4.4 Precarização do trabalho, 181

## 5 Transformações e crise no mundo do trabalho, 194
  5.1 Crítica à fragmentação e divisão do trabalho, 196
  5.2 Pós-industrialismo e globalização, 200

 *Trabalho, realização e lazer, 228*
    6.1 Mercado de trabalho: flexibilidade *versus* rigidez, 230
    6.2 Trabalho assalariado e seu valor, 234
    6.3 Trabalho, realização, lazer e ócio criativo, 239
    6.4 Tendências e perspectivas do mundo do trabalho, 245

*considerações finais, 257*
*referências, 261*
*bibliografia comentada, 277*
*respostas, 281*
*sobre o autor, 295*

*dedicatória*

Dedico esta obra a todos que de alguma forma contribuíram na minha trajetória e formação, especialmente a minha família e a minha mãe (*in memoriam*).

# *apresentação*

Ter *a possibilidade* e a capacidade de compreender, mesmo que minimamente, o funcionamento da sociedade da qual fazemos parte é direito e dever de todo cidadão. No entanto, apesar dos esforços de inserir as disciplinas de Sociologia e Flosofia no currículo escolar do ensino médio e em alguns cursos do ensino superior, a realidade brasileira está distante do ideal. Compreender o **impacto do trabalho na sociedade** parece ser algo ainda mais distante de nós, embora ele seja um elemento central em nossas vidas. Desvendar e compreender o *homo faber* e a relação deste consigo, com seus próximos e com a sociedade é uma atividade hermenêutica que nem sempre é bem-vista, sobretudo para o poder econômico hegemônico, pois o desnudar dessas relações importuna o funcionamento da economia e da sociedade como um todo e, ainda, conforme assinalam alguns, pode instigar a luta de classes.

Diante dessa problemática em estudar e apreender as relações de trabalho no século XXI, nosso posicionamento aqui será moderado. Todos podem ler sem medo algum de se tornarem "perturbadores" da ordem social e das relações de trabalho vigentes. Contudo, como não poderia ser diferente, não nos esquivaremos de apresentar um panorama geral da sociologia, do mundo do trabalho e das relações entre ser humano e mundo do trabalho.

Por conseguinte, o fio condutor deste livro é o questionamento contínuo sobre o lugar do ser humano – compreendido como *ser social* – no mundo do trabalho, o que inclui reflexões sobre as "novas" relações de trabalho, alta tecnologia e ciência na sociedade. Em termos muito sucintos, a indagação sobre esse lugar e a reflexão sobre essas relações constituem a **sociologia do trabalho**.

Além de ser um elemento fundante na constituição da vida em sociedade, o trabalho é decisivo na vida de cada indivíduo, pois determina as condições de vida e constitui-se parte das conquistas individuais, conforme averigua Josué Pereira Silva (1995). O estabelecimento do trabalho como um valor fundamental da vida está relacionado à firme crença de que todos os integrantes capazes de uma sociedade têm o objetivo de trabalhar e devem trabalhar, bem como deveriam gostar de trabalhar. Segundo o autor, a necessidade de propiciar meios de subsistência conduz ao impulso de trabalhar. Por isso, o dever de trabalhar assenta-se em valores e normas que colocam o trabalho como fundamento de uma vida plena de sentido.

Para que você tenha visão e compreensão amplas a respeito da sociologia do trabalho, o conteúdo desse livro foi estruturado em seis capítulos. No primeiro, apresentamos a sociologia e o trabalho e mostramos como os dois estão intimamente conectados. Para isso, fizemos uma breve apresentação do surgimento da sociologia e das principais instituições que conformam a sociedade e são objeto de estudo dessa ciência. Em seguida, apresentamos o trabalho como elemento ou categoria de análise da sociologia e, finalmente, elencamos as principais temáticas que fazem parte das discussões da sociologia do trabalho.

No segundo capítulo, apresentamos os clássicos da sociologia, pautando e discutindo suas produções teóricas relacionadas à temática do trabalho. Além dos já tradicionais clássicos, como Marx, Durkheim e Weber, também apresentamos as contribuições de Hannah Arendt, Claus Offe, Immanuel Wallerstein e dos fundadores da escola francesa de sociologia do trabalho, como Georges Friedmann e Pierre Naville, além de Alain Touraine.

Nosso estudo prossegue com o terceiro capítulo, no qual expomos os sistemas e os principais modos de produção que o mundo conheceu e que fizeram parte da organização social e do trabalho e que também foram objeto de estudo dos clássicos da sociologia. Assim, proporcionamos uma visão geral dos modos de produção asiático, escravista, feudal e socialista. Em seguida, discutimos de forma mais detalhada o modo de produção capitalista e seus sistemas taylorista, fordista e toyotista. Por fim, abordamos duas alternativas atuais de produção capitalista: o **cooperativismo** e a **economia solidária**, bem como tecemos algumas ponderações sobre os desvios que ocorrem especialmente com as cooperativas.

No quarto capítulo, abordamos a temática do trabalho no Brasil. Para tanto, apresentamos um pequeno histórico das políticas de trabalho no país e discutimos o longo e doloroso processo de transição do trabalho escravo (ou em condição similar) ao trabalho assalariado e com direitos trabalhistas. Prosseguimos debatendo as relações de trabalho e emprego no Brasil, incluindo o sindicalismo e, por fim, abordamos a precarização do trabalho e suas formas de manifestação.

O quinto capítulo trata das transformações e da crise do mundo do trabalho. Nele, dando continuidade ao capítulo anterior, tecemos críticas à fragmentação e à divisão do trabalho e como isso repercute no ser humano-trabalhador. Abordamos também os impactos do pós-industrialismo e da globalização para o indivíduo e a vida em sociedade, bem como questões relativas à precarização do trabalho e ao mito da liberdade do trabalhador. Por fim, para encerrar o capítulo, apresentamos as soluções estratégicas que as empresas globalizadas põem em prática com relação ao trabalho e emprego.

O sexto e último capítulo trata das premissas que o trabalho deve proporcionar a cada indivíduo: realização, lazer e ócio criativo. Além disso, discutimos a centralidade do trabalho no mundo contemporâneo e as tendências e perspectivas do mundo do trabalho. Nosso estudo se encerra com as considerações finais, nas quais fazemos um apanhado de alguns autores e elementos essenciais da sociologia do trabalho.

Uma característica importante desta obra é seu caráter didático. Todo o texto é apresentado em uma linguagem acessível, de forma esquemática, sem, contudo, omitir elementos essenciais do nosso objeto de estudo. Leituras complementares e vídeos são recomendados para que você possa obter um aprendizado mais amplo, e suas reflexões são demandadas pelas questões colocadas ao final de cada capítulo, possibilitando a você rever a matéria estudada.

Boa jornada pelo estudo da sociologia do trabalho!

*organização
didático-pedagógica*

E*sta seção tem* a finalidade de apresentar os recursos de aprendizagem utilizados no decorrer da obra, de modo a evidenciar os aspectos didático-pedagógicos que nortearam o planejamento do material e o modo como o leitor pode tirar o melhor proveito dos conteúdos para seu aprendizado.

## Introdução do capítulo

Logo na abertura do capítulo, você é informado a respeito dos conteúdos que nele serão abordados, bem como dos objetivos que o autor pretende alcançar.

## Síntese

Você conta, nesta seção, com um recurso que o instigará a fazer uma reflexão sobre os conteúdos estudados, de modo a contribuir para que as conclusões a que você chegou sejam reafirmadas ou redefinidas.

## Indicações culturais

Nesta seção, o autor oferece algumas indicações de livros, filmes ou sites que podem ajudá-lo a refletir sobre os conteúdos estudados e permitir o aprofundamento em seu processo de aprendizagem.

## Atividades de autoavaliação

Com estas questões objetivas, você tem a oportunidade de verificar o grau de assimilação dos conceitos examinados, motivando-se a progredir em seus estudos e a se preparar para outras atividades avaliativas.

## Atividades de aprendizagem

Aqui você dispõe de questões cujo objetivo é levá-lo a analisar criticamente determinado assunto e aproximar conhecimentos teóricos e práticos.

## Bibliografia comentada

Nesta seção, você encontra comentários acerca de algumas obras de referência para o estudo dos temas examinados.

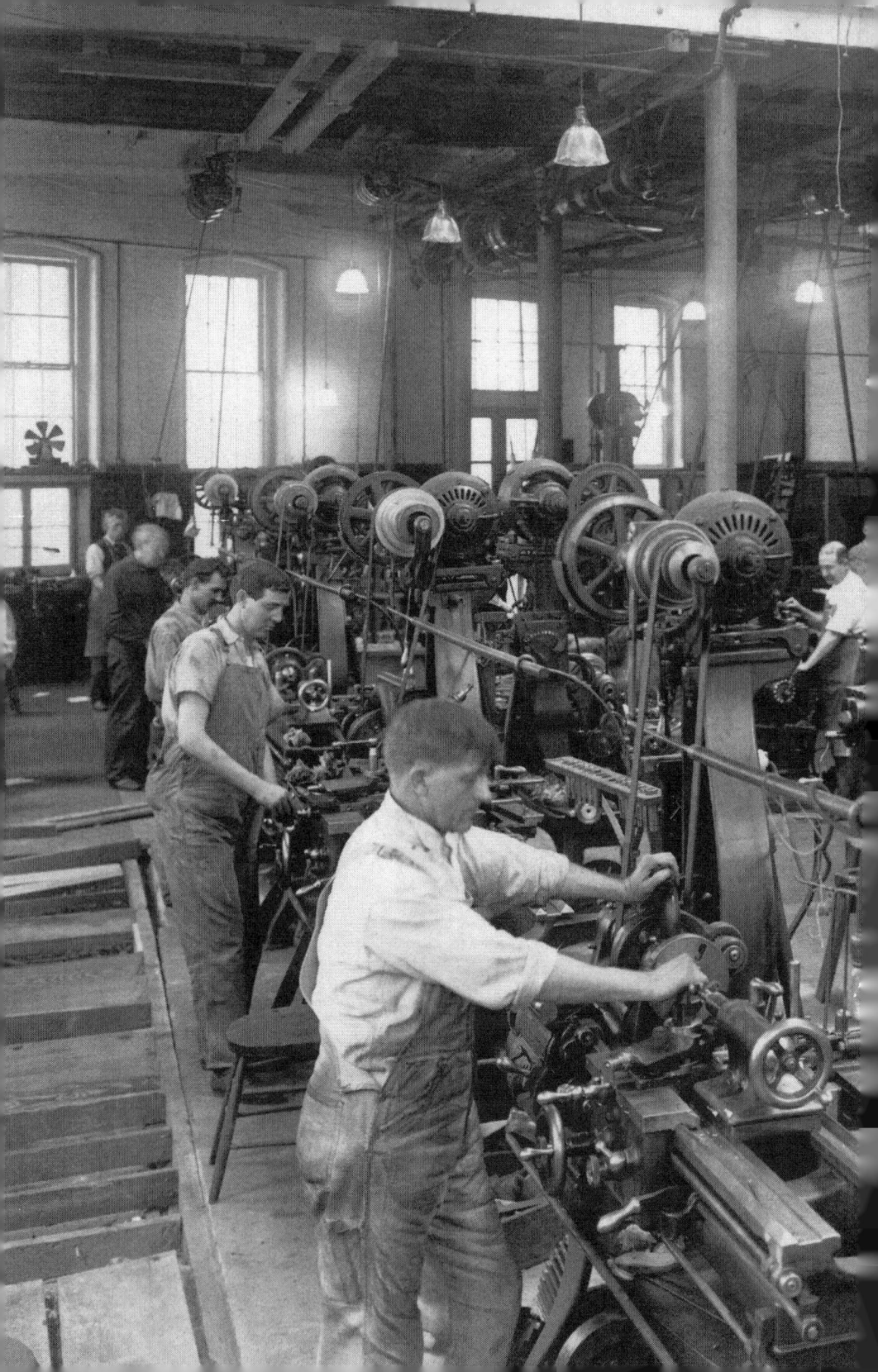

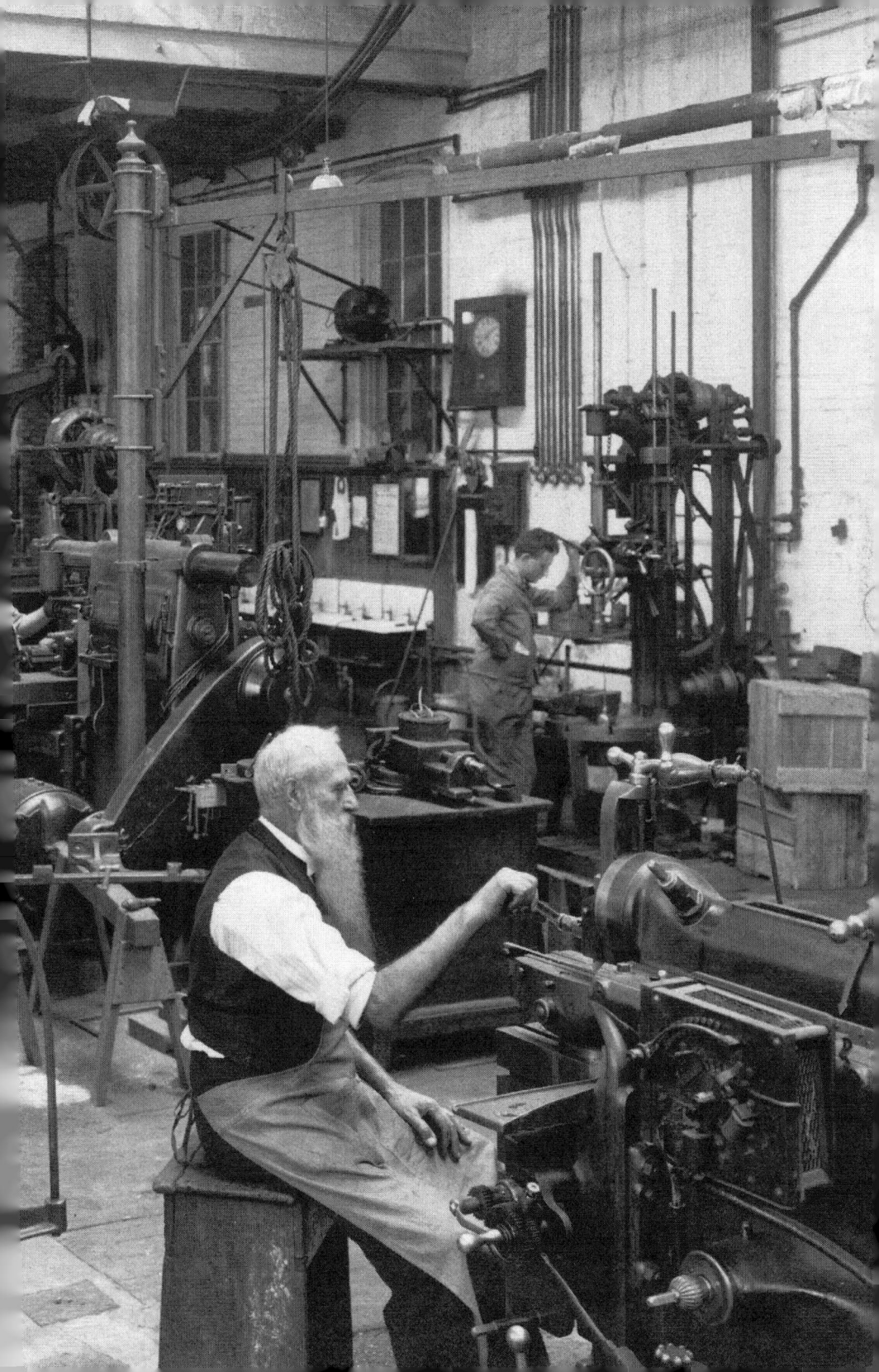

# 1

*Sociologia e trabalho*

Neste primeiro capítulo, lançaremos um olhar geral sobre a sociologia. Abordaremos, para tanto, sua gênese, as instituições sociológicas e a relação dessa ciência com o mundo do trabalho, bem como o trabalho enquanto categoria sociológica, apontando os temas que são usualmente tratados pela sociologia do trabalho. Nosso objetivo, ao selecionar essa abordagem, é fazer com que você possa compreender como foi o surgimento da sociologia como ciência, identificar quais são as principais instituições que conformam nossa sociedade e suas interfaces com o mundo do trabalho, avaliar por que o trabalho é uma categoria central no estudo da sociedade e, por fim, descrever e relacionar quais são as temáticas discutidas e estudadas na sociologia do trabalho hoje.

## 1.1
### Gênese da sociologia

A *sociologia* é uma área de estudo que se desenvolveu e tornou-se ciência. Entretanto, o que determina a transformação de uma disciplina em ciência? São necessárias duas atribuições básicas:

1. **possuir um método**, isto é, uma maneira científica de estudar a realidade por meio de um conjunto de procedimentos padronizados;
2. **possuir um objeto de estudo**, que, no caso da sociologia, é a sociedade.

A análise da sociedade e de sua organização não é um fato novo. Seu início não ocorreu no século XIX, com o surgimento da sociologia como disciplina científica. A compreensão da sociedade é um dos temas centrais da história do pensamento, que teve início na Grécia Antiga com os filósofos e sofistas, os quais discutiam aspectos sociais, políticos e econômicos do seu tempo. Ao discutirem esses assuntos, eles buscavam razões e explicações para os fatos surgidos e queriam compreender a sociedade.

Em sua busca por um modelo por cidade ideal, Platão, em *A República* (livro II), destaca as evidências da divisão do trabalho e de interdependência que a própria divisão ocasiona entre os membros de uma mesma sociedade (Martinache, 2011).

Por sua vez, Aristóteles, em *A Política*, prevê a cidade como algo anterior aos indivíduos que a compõem, pois cada um isolado, por si só, não pode ser suficiente a si mesmo. Portanto, fazer política, para Aristóteles, é realizar o ideal humano: viver em sociedade ou conduzir a vida social na pólis. Os homens são naturalmente atraídos a viver em sociedade, por isso, Aristóteles os chama de **animais políticos**. O filósofo também aponta os perigos das grandes proporções da desigualdade social, pois esse seria o fermento da tirania e da instabilidade (Martinache, 2011).

Discussões desse tipo continuaram ao longo do período de dominação do Império Romano. Na Idade Média, houve o predomínio da influência da religião na vida social, pois ela dava sentido à vida em sociedade e ao trabalho. Nesse período, em termos gerais, não houve aspiração ou ambição individual, pois a realização de cada indivíduo ocorria na comunidade ou nos grupos, como as associações ou corporações de ofício ou as guildas.

> A compreensão da sociedade é um dos temas centrais da história do pensamento, que teve início na Grécia Antiga com os filósofos e sofistas, os quais discutiam aspectos sociais, políticos e econômicos do seu tempo.

Na Era Moderna, diversos eventos marcantes mudaram a vida em sociedade entre os séculos XV e XVIII:

- As **navegações** (séculos XV a XVII) possibilitaram o contato com diferentes culturas e organizações da vida em sociedade. Os navegadores trouxeram consigo outras culturas, motivando também o aumento do comércio e da circulação da riqueza. Os comerciantes começaram a enriquecer e a sustentar o poder político dos reis e nobres, sem, contudo, exercê-lo.
- O **Absolutismo** (séculos XVI a XVIII), período no qual houve formação de grandes impérios pelos reis e financiamento das navegações, da colonização e do comércio ultramar.
- O **renascimento da cultura greco-romana** (séculos XIV a XVI) contribuiu para tirar o monopólio da religião sobre a cultura e o pensamento europeus. A pintura não era mais somente sacra ou de imagens de reis, papas e nobres, pois passou a retratar cenas da mitologia greco-romana e da vida cotidiana do povo, voltando a ser também secular e não somente religiosa.

- A **Reforma Protestante** (séculos XVI e XVII), uma vez que a religião tomou novos rumos com o franqueamento do contato do homem com Deus sem intermediários (os fiéis podiam ler a Bíblia no seu idioma vernáculo) e uma nova ética do trabalho ganhou corpo. O trabalho deixou de ser visto como maldição e castigo ao pecado original e se tornou o ideal de vida ética. A preguiça, o lazer e o ócio, segundo a ética protestante, são malvistos aos olhos de Deus, enquanto o enriquecimento e o sucesso são vistos como sinal de benção – o indivíduo se torna um dos escolhidos por Deus para a salvação, no contexto da teologia calvinista da predestinação. Assim, trabalho duro e poupança se tornaram terreno fértil para o florescimento do capitalismo nascente e a passagem do sistema de produção feudal (baseado na agricultura de subsistência e no artesanato) à produção em escala e em fábricas, típicas do capitalismo.

Mais tarde, já no século XVIII, outros eventos contribuíram mais decisivamente para o surgimento da sociologia como ciência. Esses eventos ocorreram devido a causas econômicas (a **Revolução Industrial**), históricas e políticas (a **Revolução Francesa**) e acarretaram profundas transformações na sociedade. Outra revolução mais antiga, que surge com o humanismo no século XIV: a **Revolução Científica** ou **Cultural**. Dentre os movimentos mencionados, esse certamente foi o mais importante, pois é dele e por meio dele que surgem as outras revoluções.

A Revolução Científica culminou no **Iluminismo**, movimento de cunho filosófico e cultural que defendia a utilização da razão para compreender a sociedade e o universo, e no **empirismo**, doutrina que defende a primazia do experimento científico (e que, posteriormente, possibilitou a Revolução Industrial).

A sociologia surge, então, com um viés funcionalista, tentando entender e fazer com que essa sociedade do século XIX, em pleno processo de mudança e consolidação da Era Industrial, pudesse voltar a ter um bom funcionamento, em busca de uma nova harmonia social (Sell, 2010). Traremos a seguir alguns aspectos das revoluções Industrial, Francesa e Científica para podermos compreendê-las melhor.

## 1.1.1 Revolução Industrial

A Revolução Industrial começou em 1760, com a invenção da bomba d'água e, mais tarde, com a invenção do motor. Na verdade, a grande causa dessa revolução foi o comércio ultramarino, que conduziu ao aumento da demanda, fazendo aumentar também a oferta de produtos. Passou-se, assim, do artesanato realizado por artesãos, na sua maior parte organizados em corporações de ofício, também chamadas de *guildas*, para a produção em série nas fábricas. Em um primeiro momento, com a finalidade de aumentar a produção, já que havia mercado para vender mais produtos, os comerciantes (grupo que detinha a posse da riqueza acumulada pelo comércio e que habitava nos burgos*) começaram a financiar e comprar as matérias-primas e adquirir antecipadamente a produção dos artesãos. Já os artesãos passaram a ser, de certa forma, terceirizados em seus próprios ateliês, uma vez que não eram mais donos do produto de sua produção.

---

\* Os burgos eram pequenas cidades fortificadas que as pessoas habitavam com a principal finalidade de buscar segurança. Por isso, essas cidades ou vielas eram cercadas por muralhas. Dentro dessa cidade fortificada acontecia toda a vida medieval: as feiras, os ateliês dos artesãos e as guildas, os profissionais liberais, incluindo os cambistas e comerciantes. Os habitantes de um burgo são conhecidos como *burgueses*.

Com o tempo, buscando maior incremento da produção, os comerciantes passaram a comprar os ateliês e a ter controle total sobre a produção. Assim surgiu a **fábrica moderna**. Com ela, iniciou-se também uma enorme demanda por mão de obra nas cidades, levando à migração maciça de trabalhadores do campo para as cidades ou os burgos. Artesãos e camponeses passam a ser, assim, operários (ou proletários), ou seja, assalariados.

A transformação no sistema de produção, ou seja, a passagem das oficinas e dos ateliês para as fábricas, modificou o sistema social de trabalho vigente. Com isso, os artesãos e camponeses precisavam vender sua força braçal (mão de obra) para o trabalho assalariado: eles não eram mais donos de sua produção, nem mesmo do planejamento e do processo de produzir; deles tampouco se requeria inteligência.

Contudo, em uma fase seguinte, com a descoberta e a introdução de novas tecnologias nas fábricas e minas – como a bomba d'água, o tear mecânico e, mais tarde, o motor – o desemprego estrutural acometeu as cidades, pois a mão de obra começou a ser substituída por máquinas.*

No campo também foram introduzidos instrumentos e técnicas, como o arado, a adubação e a irrigação por sulcos. Tais fatos, aliados ao fenômeno do cercamento e à preferência pela criação de ovelhas para fornecer lã às fábricas têxteis (algo que demandava menos mão de obra), ocasionaram desemprego estrutural também no campo, levando ao aumento da oferta de mão de obra para as novas fábricas e ao inchaço das cidades, onde as pessoas viviam em cortiços, sem higiene e sem saneamento. Esses fenômenos ocorreram, sobretudo, na Inglaterra.

---

\* O ludismo (ou luddismo) foi um movimento surgido em 1811 contrário à mecanização do trabalho derivada da Revolução Industrial. Teve como líder Ned Ludd, que organizava ataques às fábricas para quebrar as máquinas, pois elas eram consideradas as causadoras do desemprego e inimigas dos trabalhadores.

Em suma, a Revolução Industrial provocou mudanças radicais na forma de organização do trabalho e da sociedade e no modo do exercício da autoridade, além de ter demolido o antigo sistema de trabalho, no qual trabalho, família e lazer, além de realização pessoal, compunham uma unidade. Agora, essas categorias se encontram esfaceladas.

## 1.1.2 Revolução Francesa

A sociedade francesa do início do século XVIII era formada por estamentos com privilégios auferidos apenas a alguns poucos. A nobreza e o clero, que compunham apenas 1% da população, detinham os maiores privilégios e gozavam de luxo. Na parte de baixo da pirâmide social francesa do *ancien régime* estava o povo, que sofria dificuldades pelas quais passava o país. Diante desse quadro, reinava a insatisfação.

Existia também a burguesia, camada intermediária formada por comerciantes e profissionais liberais (advogados, pequenos industriais, contadores, médicos, escritores, professores, entre outros), que arcava com as despesas das guerras e do funcionamento do reino e sustentava o luxo da nobreza. Os comerciantes, que acumulavam renda com o comércio, articularam um movimento amparados pelos letrados e pelas ideias iluministas, engajando também o povo, com o objetivo de derrubar a monarquia e buscar maior igualdade entre as pessoas.

A Declaração dos Direitos do Homem, proclamada dias após a tomada da Bastilha*, em 14 de julho de 1789, estabeleceu os direitos fundamentais do cidadão. Com base nisso, foi criado o lema iluminista que mobilizou as pessoas – *liberdade, igualdade e fraternidade* – e se

---

\* A Bastilha era uma prisão para presos políticos, situada no centro de Paris. Nas adjacências ficava o depósito de pólvora, que foi muito útil aos revolucionários. Já o Palácio de Versalhes ficava a cerca de 20 quilômetros ao sul de Paris, longe das agitações e manifestações da população.

consagrou como mote da **Revolução Francesa** (1789-1799). Esses ideais, especialmente o de considerar o rei apenas um entre todos os cidadãos (e não um enviado de Deus ou descendente de Adão e Eva), constituíam uma mudança substancial na forma de organizar a sociedade politicamente. Na base dessas novas ideias estava o Iluminismo, que faz parte do que chamamos de *Revolução Científica*.

### 1.1.3 Revolução Científica

A Revolução Científica, surgida já no século XIV, foi um movimento de ordem cultural que serviu de base para as outras revoluções. Essa revolução começou com o **humanismo** e o deslocamento do **teocentrismo** (Deus como o centro da sociedade e do Universo) para o **antropocentrismo** (o homem como centro), bem como com a passagem do **geocentrismo** (a crença de que a Terra estava no centro do Universo) ao **heliocentrismo** (o Sol como centro). Tratava-se de muita ousadia para a época, pois isso não só questionava os fundamentos da organização social e religiosa, mas também da ordem estabelecida.

Foram representantes desse movimento: Nicolau Copérnico (1473-1543), Francis Bacon (1561-1626), Galileu Galilei (1564-1642), Isaac Newton (1632-1727), entre outros. Eles criaram a base da ciência moderna como método experimental, com o objetivo de explicar a realidade de forma radicalmente nova: com base na observação sistemática dos fenômenos, na construção de hipóteses, na experimentação e na generalização dos resultados da investigação, resultando na formação de leis ou teorias gerais.

Segundo Carlos Eduardo Sell (2010), a Revolução Científica é composta por três movimentos:

1. O **racionalismo** (século XVII), cuja preocupação principal se pauta pelo problema do conhecimento, é uma doutrina que se fundamenta no inatismo (há ideias que nos acompanham desde o nascimento). Trata-se de uma corrente em que a indagação crítica dá sistematização lógica às intuições. O fundador do racionalismo moderno foi o francês René Descartes (1596-1650).

2. O **empirismo** (séculos XVII e XVIII), diferente do racionalismo, refuta o inatismo (quando nascemos, nossa mente é uma "folha em branco") e se fundamenta na exploração do mundo sensível como fonte de conhecimento, o qual é composto pelos sentidos. Essa doutrina foi mais expressiva na Inglaterra, sendo alguns de seus representantes Bacon, Thomas Hobbes (1588-1679), John Locke (1632-1704), George Berkeley (1685-1753) e David Hume (1711-1776).

3. O **Iluminismo** foi um movimento que propôs uma nova forma de pensar e entender o mundo, tendo como objetivo "entender e organizar a sociedade a partir da razão" (Sell, 2010, p. 16). Para os representantes desse movimento, a razão era a luz que tiraria o mundo das trevas, encarnado pela monarquia absolutista e pela religião. O Iluminismo postulava que as explicações da sociedade e do universo deveriam vir da razão humana, e não de razões divinas. Seus grandes representantes foram: Voltaire (1694-1778), Jean-Jacques Rousseau (1712-1778), Denis Diderot (1713-1784) e Immanuel Kant (1724-1804).

Como vimos até aqui, foram muitas as transformações que ocorreram no mundo e na vida em sociedade nesse período. Assim, a sociologia surge para compreender e explicar a vida nessa sociedade em transformação. Conforme afirma Octávio Ianni (1988, p. 1), a sociologia é uma espécie de "autoconsciência da sociedade", pois o mundo depende dela "para ser explicado, para compreender-se. Talvez se possa dizer que sem ela esse mundo seria confuso, incógnito". Anthony Giddens (2001) complementa que a sociologia tem papel relevante para compreender as forças sociais que transformam nossas vidas, pois a vida social se tornou episódica, fragmentária e marcada por incertezas. Portanto, a sociologia não é apenas útil para compreender e explicar a sociedade no período de seu surgimento (século XIX), mas continua ainda mais no século XXI.

## 1.2
*Instituições sociológicas e mundo do trabalho*

*Quando falamos de* **instituição**, estamos nos referindo à família, à escola, à faculdade, à universidade, à igreja, ao Estado (com todo o seu aparato administrativo, entre eles o sistema judiciário, o legislativo e o Banco Central), à democracia, à propriedade privada, aos meios de comunicação, aos movimentos sociais, às instituições econômicas, etc. A sociologia defende que as instituições são centrais para o funcionamento da sociedade, pois elas moldam os seus "novos membros". Instituições como família, religião ou Estado não são apenas uma ideia, conceito ou interesse, mas também uma estrutura, pois adquirem forma concreta e são postas em práticas para servir as necessidades da sociedade (Koenig, 1970). Segundo Koenig, as instituições são meios de controle e utilização da energia social ou, ainda, agrupamentos sancionados e reconhecidos pela sociedade, ou simplesmente "hábitos sociais sistematizados" (1970, p. 89). Contudo, Mészáros (2011, p. 27-28) alerta que as ciências sociais não podem tomar as instituições ou examinar suas estruturas como "simplesmente dadas", como comumente faz a ciência econômica a respeito das instituições capitalistas, o que seria "meramente uma apologética ostensiva", não uma ciência.

Feita essa ressalva com relação à sua análise, reafirmamos que as instituições sociais servem para estruturar e regular a sociedade. Elas têm **caráter normativo**, ou seja, estabelecem regras e costumes que devem ser seguidos, pois estão concentrados nelas os *mores* (costumes) da sociedade. Para participar dessas instituições, deve-se aceitar seu caráter normativo. Segundo Durkheim (1983), as instituições são objetivas e exteriores aos indivíduos, o que quer dizer que o indivíduo não cria as instituições – elas já existem quando ele nasce e a coerção é utilizada para que funcionem bem. Por exemplo, se um empregado não trabalha de acordo com as normas da empresa, ele pode ser penalizado ou mesmo despedido.

A seguir, tecemos alguns comentários sobre as principais instituições sociais: família, escola, igreja e Estado.

## 1.2.1 *Família*

Na análise sociológica, casamento e família não são sinônimos. O primeiro é um contrato "para a produção e manutenção dos filhos", enquanto o segundo é um agrupamento ou organização, "uma miniatura da organização social" que precede o casamento, ou seja, já existia antes que fosse regularizada pelo casamento (Koenig, 1970, p. 156). Além de perpetuar a raça, a família também engloba as "funções econômicas, religiosas, protetoras, educacionais e de prestígio, que recebem maior ou menor ênfase segundo a sociedade e a época", sem esquecer ainda das funções de "socialização dos indivíduos para que se tornem membros da sociedade em que vivem" e "a perpetuação das realizações culturais do grupo" (Koenig, 1970, p. 157-158).

A família é constituída a partir de um modelo monogâmico (um cônjuge) ou poligâmico (dois ou mais cônjuges). No Brasil, pela herança cultural e, sobretudo, pela herança religiosa, criaram-se valores morais que rejeitam a poligamia. Em algumas partes do mundo (sobretudo em épocas mais longínquas), há a aceitação moral da poligamia, como no caso dos mórmons (parcialmente), no islamismo e em algumas tribos africanas. A razão para o aparecimento desses valores poligâmicos está amparada na concepção de que é função do homem sustentar e amparar as mulheres na sociedade, sobretudo por causas das guerras (que, antigamente, deixavam muitas viúvas).

A família é uma instituição social primitiva, pois fornece a **primeira educação informal** e ensina os valores sociais, ou seja, é a primeira socialização pela qual passa o novo membro da sociedade. O núcleo familiar é composto pela esposa, pelo marido e pelos filhos. Já a família extensa inclui avós, tios e primos. Contudo, novas composições de família estão surgindo, como no caso de casais homoafetivos, cujo número tende a crescer com a garantia de direitos às minorias e a diminuição dos preconceitos. Há também a família monoparental, composta apenas por um pai ou uma mãe, algo decorrente do maior número de divórcios e do fato de que muitas pessoas simplesmente não querem casar em função da carreira profissional ou para preservar sua liberdade.

Para o Estado, a família desestabilizada é algo ruim, pois traz problemas para ele próprio. Por isso, justificam-se as facilidades de divórcio e as novas estruturas familiares, como a mulher no papel de chefe de família, o homem que realiza atividades domésticas, a união estável (sem casamento formal, mas com obrigações recíprocas) e os casais homoafetivos.

## 1.2.2 Escola

A escola se responsabiliza pela **educação formal** do cidadão, pois "a sobrevivência de qualquer sociedade depende da transmissão de sua herança cultural aos jovens", ou seja, de "suas tradições, costumes e habilidades" (Koenig, 1970, p. 180-181). Para Durkheim (1978), a educação é o mecanismo pelo qual o indivíduo se torna membro da sociedade. Auguste Comte (1983) argumenta que o progresso humano depende, em grande medida, da educação. Já Lester Ward (citado por Koenig, 1970, p. 186), por acreditar no potencial do indivíduo e na educação como progresso social, defende a educação universal, visto que o conhecimento, para ele, é a chave da solução dos problemas humanos.

A escola, portanto, compreendida como educação formal, tem as seguintes funções na sociedade:

- **Função de socialização**: Preparar o indivíduo para a vida adulta por meio de um currículo preestabelecido e elaborado pelo Estado.
- **Função cultural**: Ensinar crenças, valores, costumes e símbolos (entre eles a língua). A escola é uma "instituição especificamente organizada para transmitir a herança cultural da sociedade" (Oliveira, 2001, p. 20).
- **Função seletiva**: Separar os indivíduos mais preparados dos menos preparados, selecionando-os para o mercado de trabalho, a fim de atender as necessidades desse mercado.

Por sua vez, Swift (1977) afirma que a educação conecta os três fatos básicos sobre a raça humana:

1. Tudo é aprendido, e não biologicamente hereditário.
2. A criança é receptiva à experiência.
3. A criança é totalmente dependente dos outros.

Ao unir esses três fatos, a educação mostra, por meio da escola, que ela é a maneira pela qual os indivíduos adquirem as capacidades físicas, morais e sociais exigidas pelo grupo, ou seja, é por meio dela que acontece o **processo de socialização**, pelo qual as regras do grupo são ensinadas e assimiladas, ao mesmo tempo que é um **processo de melhoria do indivíduo e da sociedade** (Swift, 1977).

A hereditariedade transmite apenas os **mecanismos instintivos** que asseguram a vida orgânica (uma vida muito simples), e não as aptidões para a vida social, que são complexas. A transmissão dos atributos específicos que distinguem o ser humano se faz pela via educativa, por meio da qual cada sociedade prepara seu ideal de ser humano, como foi em Atenas ou em Esparta na Grécia Antiga. Assim, podemos afirmar que a educação é um produto do nível civilizacional de um país ou império (Durkheim, 1978).

Para Durkheim (1978), a educação é um processo social que põe a criança em contato com uma sociedade específica. Contudo, os **fins humanos** não ficam acima dos **fins vocacionais**, ou seja, aqueles relativos às exigências de se ter uma profissão. Durkheim (1978, p. 34), citando Kant, afirma que "o fim da educação é desenvolver em cada indivíduo toda a perfeição de que ele seja capaz", o que significa desenvolver de maneira harmônica todas as faculdades humanas.

Portanto, a escola tem a função de incutir os valores da sociedade, formar cidadãos e de capacitá-los para a vida profissional. Além disso, a escola necessita ter um posicionamento crítico a respeito da posse e atualização do conhecimento que ensina. Mannheim (1967) alerta que a educação não pode, por si só, resolver o problema da desorganização social; contudo, sem objetivos educacionais, nenhum plano para a integração social poderá ter significado decisivo. Nesse sentido, a educação consiste em um processo inclusivo que se realiza em dois níveis:

o **sociocultural** e o **psicossocial**, ou seja, a **socialização** (Foracchi; Pereira, 1967).

Mannheim (1967) ainda afirma que a educação não molda o homem como algo abstrato, mas em uma dada sociedade e para essa sociedade. O autor ainda afirma que a unidade educacional nunca é o indivíduo, mas o grupo, sendo que os padrões de ação educacional se submetem aos membros desse grupo. Os objetivos educacionais não podem ser compreendidos quando separados das situações que cada época é obrigada a enfrentar, ou seja, são elaborados no seu contexto social e transmitidos às novas gerações.

> A hereditariedade transmite apenas os **mecanismos instintivos** que asseguram a vida orgânica. A transmissão dos atributos específicos que distinguem o ser humano se faz pela via social, ou seja, pela via educativa, por meio da qual cada sociedade prepara seu ideal de ser humano.

### 1.2.3 *Igreja*

Independentemente da religião, a igreja é uma instituição tradicional, antiga e que em boa parte da história ocidental europeia disputou poder com o Estado, pelo menos no que tange à influência na maneira de pensar dos fiéis e na organização da sociedade. Os valores de uma sociedade são passados, em grande medida, pela religião. De certa maneira, a igreja, assim como a sociologia, atua como uma **autoconsciência** do mundo. Um exemplo disso é a publicação encíclica *Rerum Novarum* ("Das coisas novas"), do Papa Leão XIII, em 1891, motivada pela observação da exploração dos trabalhadores no século XIX. Nela, o papa adverte sobre as condições deploráveis dos operários, critica a ganância dos patrões e defende que o Estado deveria olhar e garantir bem-estar e justiça ao proletário.

No sentido de autoconsciência do mundo, nos anos 1970 surgiu na América Latina a **teologia da libertação**, a qual defendia que o verdadeiro papel da igreja é combater as desigualdades sociais, entendidas não como fruto da vontade de Deus, mas como situação patente de injustiça. A função da igreja também deveria abranger a organização do povo para promover sua própria libertação, fazendo com que este não mais espere por soluções do Estado, que governa para as classes dominantes e contribui para a manutenção secular da concentração de renda e privilégios entre os mais ricos. Essa atuação política entra em conflito com aquela perspectiva de uma igreja que deveria estar focada em sua missão tradicional de "salvação das almas", de ser apenas um consolo aos mais desafortunados por meio da promessa de uma vida melhor depois da morte. Essa função é classificada por Marx (2010) como o *ópio do povo*, ou seja, tem função de **alienação** (ainda bem presente nos dias atuais, sobretudo nas igrejas pentecostais).

Leandro Konder (1991, p. 7), ao analisar a obra de Hegel (que estudara Teologia), destaca que esse autor defendia uma religião engajada, e não alienada à realidade dos fiéis:

> *os temas que têm a ver com a teologia são sempre abordados em ligação com as preocupações terrenas, com a história política dos homens. Para o jovem Hegel, o enriquecimento da consciência religiosa dependia do enriquecimento da consciência política. A religião precisava contribuir para que os seres humanos desenvolvessem sua capacidade de agir, de intervir no mundo, transformando-o de acordo com seus desígnios. Ao longo da história do cristianismo, os cristãos tinham rezado muito e atuado deficientemente: tinham ficado numa postura contemplativa, passiva [...].*

Além dos pontos ressaltados por Hegel, podemos observar que, a partir do final do século XX, iniciou-se um processo de aproximação entre igreja, ciência e tecnologia, desconstruindo a perspectiva tradicional anteriormente citada.

Além disso, atualmente o Papa Francisco tem sido uma voz importante na defesa dos valores humanos, que devem estar acima dos valores do capital e da busca do lucro a qualquer custo.

Em suma, a igreja não é uma instituição neutra. Ela pode ser utilizada para oprimir as classes desfavorecidas por meio de subterfúgios ideológicos, como é o caso da visão de que a dor, o sofrimento e a exploração são formas de alcançar o céu, o paraíso ou a vida eterna – e que, por conseguinte, evita o engajamento dos fiéis na transformação social e política da sociedade. Por outro lado, a religião pode ser também utilizada como meio para emancipar o ser humano.

### 1.2.4 Estado

Cada país é um Estado, o qual pode ser constituído por **entes federados**, ou seja, organizações políticas menores, tais como estados, províncias, regiões, departamentos e até mesmo municípios. Tradicionalmente, o Estado é composto por:

- **Território**: Área que o Estado administra e na qual impõe sua lei.
- **Povo**: Uma população composta pelos cidadãos desse Estado.
- **Sistema ou aparato administrativo e judiciário**: Conjunto de ministérios, secretarias, tribunais e órgãos para fazer com que as leis sejam cumpridas e o Estado possa chegar ou estar presente junto aos cidadãos.
- **Soberania**: Pressuposto de que somente o Estado, por intermédio de seu aparato, pode e tem os meios para elaborar leis e fazer com que sejam cumpridas dentro de seu território, não se sujeitando a outras forças internas ou externas.

O Estado é responsável por implementar a lei, a segurança e a ordem dentro de um território, permitindo e regulamentando outras instituições e organizações da sociedade, como empresas privadas, bancos, escolas, igrejas e meios de comunicação. Nesse sentido, Hegel (2000) coloca o Estado em um nível superior, como que espiritual, ao defini-lo como o aperfeiçoamento e a concretização do Espírito Absoluto na história, pois é o Estado que cuida do bem comum de todos e pacifica a sociedade civil, envolta em contradições e interesses particulares. Para Hegel, o Estado é o sujeito, e o homem, o seu predicado.

Já para Marx (1983), o Estado é concreto, pois é nele que os indivíduos agem e trabalham e onde se dão as relações concretas das pessoas. Contrariamente a Hegel, Marx estabelece a primazia da sociedade civil – onde o homem trabalha – sobre a sociedade política, já que nela o homem vive um mundo de ilusão, como um ser abstrato.

Para Marx e Engels (2006), o Estado não passa de um comitê para defender os interesses da burguesia ou da classe dominante. Já segundo Lênin (2010, p. 25), "o Estado é um produto do antagonismo inconciliável das classes".

Por seu turno, Weber concebe o Estado como uma entidade poderosa que detém e controla o uso da força. Por exemplo, assim como o Estado pode usar a força para reivindicar determinado território, ele também pode, dentro de seus limites, monopolizar e restringir o uso da força dentro da sociedade (Weber, citado por Giddens, 1998, p. 46-47). Sell (2010, p. 25) corrobora essa ideia ao afirmar que o Estado é

> um instrumento criado pelas classes dominantes para garantir seu domínio econômico sobre as outras classes. As leis e as determinações do Estado estão sempre voltadas para o interesse da classe dos proprietários. Quando as leis e as normas do Estado falham, o poder estatal teria o recurso da força para garantir os interesses das classes dominantes.

Contudo, Weber coloca como característica central do Estado a sua organização racional-legal-burocrática, que "foi aplicada para gerar um paradigma geral da progressão da divisão do trabalho no capitalismo moderno" (Giddens, 1998, p. 47).

Para encerrar essa seção, é válido ressaltarmos que há diversas outras instituições além dessas quatro sucintamente analisadas aqui, as quais foram escolhidas pelo grande impacto que têm na forma como a sociedade se organiza e funciona. Também não podemos omitir que os meios de comunicação de massa têm uma influência muito grande na sociedade, sobretudo a brasileira, em que a maior parte da população é carente de educação de qualidade e de outras formas de lazer e entretenimento. É oportuno lembrar o alerta feito pelo sociólogo Florestan Fernandes (citado por Silva, 2015): "A televisão tornou-se um estado dentro do Estado, uma escola acima das escolas e uma forma sublimar e assustadora de manipulação das mentes".

## 1.3
### O trabalho como categoria sociológica

*O trabalho é* um importante mecanismo de análise social, pois ajuda a compreender o funcionamento da sociedade, incluindo suas relações sociais e de produção. Por isso, a categoria *trabalho* tornou-se central no pensamento social, ocupando espaço importante desde o surgimento da sociologia (e mesmo antes), o que permitiu a essa ciência compreender e classificar as complexas manifestações do âmbito social (Cardoso, 2008).

A partir da Revolução Industrial e por meio do capitalismo, o trabalho se tornou "a principal mercadoria e o mecanismo de geração de valor e de alavanca para o processo de acumulação capitalista, [pois] se impôs como categoria central e fundamental para o entendimento da sociedade" (Cardoso, 2008, p. 12). Portanto, o trabalho cria uma ordem social por ser uma atividade central da vida humana e do progresso da humanidade. Assim, o trabalho não poderia deixar de contemplar uma pluralidade de dimensões interdependentes da vida em sociedade que, por sua vez, tornam interdependentes a vida privada, a social e a profissional, pois embora o trabalho seja importante na esfera pessoal, sua relevância transcende o cotidiano e a identidade pessoal do indivíduo. O trabalho está profundamente entrelaçado com outras instituições sociais, com os processos sociais e, de modo particular, com a desigualdade social. O trabalho é, talvez, a forma mais importante pela qual a sociedade impacta nossas experiências sociais e oportunidades na vida.

O trabalho ocupa grande parte da vida de cada indivíduo e, visto que as relações estabelecidas e o modo de organização da produção têm grande impacto na organização da sociedade e nas relações sociais, ele tem um lugar importante na sociologia, tornando-se uma categoria de análise central desde os autores clássicos. Dito de uma forma ampla, a sociologia se estruturou como sociologia do trabalho a partir do estudo do trabalho, quando Marx se propôs a analisar as relações trabalhistas e o impacto do modo de produção capitalista na sociedade. Como veremos mais adiante, para Marx (2013), o trabalho cria divisão na sociedade ("a divisão social do trabalho"); já para Durkheim (1995), a divisão do trabalho organiza a sociedade e permite o seu bom funcionamento ("a divisão do trabalho social"). De todo modo, para ambos os autores, o **trabalho é uma atividade social**.

> O trabalho está profundamente entrelaçado com outras instituições sociais, com os processos sociais e, de modo particular, com a desigualdade social. O trabalho é, talvez, a forma mais importante pela qual a sociedade impacta nossas experiências sociais e oportunidades na vida.

Ao discutir o trabalho, Marx aborda a exploração capitalista, as classes sociais, o Estado como instrumento a serviço da classe dominante, a luta de classes, a ideologia, a alienação, a formação do valor, o capital, entre outras questões. Ele deixou claro como "o trabalho, além de pano de fundo de todas essas questões, constitui-se como uma eterna necessidade natural da vida social, isto é, o meio pelo qual permitiu ao ser social se impor sobre a natureza que o cerca, exercer seu reconhecimento sobre ela, e transformá-la, transformando-se a si próprio" (Cardoso, 2008, p. 14). Portanto, o trabalho deve ser compreendido como a capacidade do ser humano de transformar a natureza para promover sua subsistência e conforto. Trata-se de uma atividade social e racional, pois é própria do ser humano, e transformadora de matéria-prima. Assim, ser humano, trabalho e natureza estão relacionados de forma indissociável.

O trabalho tem duas conotações: 1) degrada o ser humano e 2) enaltece o ser humano. Etimologicamente, o termo *trabalho* tem origem na palavra latina *tripalium*, que significa *objeto de tortura*. Na Antiguidade greco-romana, o trabalho era visto como algo degradante, indigno ao cidadão livre. Os gregos reservavam o trabalho braçal e as atividades repetitivas aos escravos. Os homens livres resguardavam para si a atividade de organização e comando do trabalho e as discussões do destino da pólis, ou seja, atividades de planejamento e estratégia. As atividades de defesa da cidade/do país e relacionadas à guerra eram consideradas mais nobres do que as atividades executadas pelos escravos.

Os gregos, na Era Clássica, não tinham apenas um vocábulo para *trabalho*, como os romanos, mas três: designavam *labor* para atividade laboral, meramente física (trabalho braçal); *poiesis* para a atividade de fabricar ou de criar algo de forma manual, típica dos artesãos; e *práxis* para a atividade realizada pelo discurso, tendo como base o raciocínio e o intelecto, típica dos políticos e professores.

Na Idade Média, os servos (que não eram escravos, mas também não eram homens livres) trabalhavam para seus senhores, enquanto os homens livres eram os artesãos. Embora exercessem um trabalho manual, os artesãos participavam de todo o processo do trabalho – planejamento, organização e execução – e podiam, assim, exercer a criatividade na sua produção.

A tradição cristã medieval não incentivava o trabalho, a não ser para a subsistência ou em caso de penitência, pois, segundo a narrativa bíblica, ele é uma das punições recebidas por Adão e Eva, assim como a expulsão do Paraíso, em razão do pecado original.

No capitalismo, o trabalho passou a ter uma visão positiva ao se amparar na ética protestante (examinada na obra-prima de Max Weber, *A ética protestante e o espírito do capitalismo*), que une as necessidades do capitalismo e o dever cristão, como veremos mais adiante. Da mesma forma, os ideais da Revolução Francesa, especialmente o ideal de igualdade, colaboraram para "democratizar" e tornar o trabalho algo necessário e normal na vida de qualquer ser humano.

Com a Revolução Industrial, o trabalhador, sem outras possibilidades, precisou vender sua força de trabalho por um salário. Assim, como visto anteriormente, o trabalho se tornou uma **mercadoria** como qualquer outra, que pode ser comprada e vendida no mercado de trabalho, condição que perdura até nossos dias. Contudo, apesar de o mercado de trabalho estar em crise por não conseguir mais absorver toda a força de trabalho, não elimina a centralidade do trabalho como categoria sociológica.

## 1.4
### *Temas da sociologia do trabalho*

*O escopo de* estudo da sociologia do trabalho é demasiado amplo para ser abordado inteiramente nesta obra. Fizemos, portanto, uma seleção de alguns temas que julgamos mais pertinentes para quem deseja analisar e explicar o funcionamento da sociedade neste século XXI. Para que essa análise possa ser mais consistente, é necessário conhecer elementos do passado – por exemplo, como se deu tal relação, como se estruturou, quem eram os atores centrais – e verificar como relações de trabalho perduraram no decorrer dos anos e se persistem ainda hoje.

Contudo, a amplitude analítico-temática da sociologia do trabalho vai muito além do escopo desta obra. Há alguns temas que, embora apenas parcialmente abordados, usualmente fazem parte desse escopo. São eles: aspectos históricos da análise do trabalho; poder e decisão na empresa; estrutura e organização da empresa; mercado de trabalho, valor da mão de obra e desigualdade salarial; perfil socio-ocupacional e estratificação social dos trabalhadores; discriminação no trabalho, formas de trabalho degradantes, informalidade, flexibilização, terceirização e precarização do trabalho; trabalho sazonal, rotatividade no mercado de trabalho e psicopatologias do trabalho; movimento operário e conflitos do trabalho (formas de organização, sindicalismo, luta dos trabalhadores, saúde do trabalhador); relações coletivas e regras jurídicas do trabalho e da segurança social (convenções coletivas, legislação trabalhista, instituições públicas do trabalho); trabalho e vida familiar e divisão do trabalho por gênero; trabalho e lazer, moral e satisfação no trabalho e civilização do bem-estar; reconfigurações, transformações e tendências no mundo do trabalho; trabalho, desigualdade e pobreza (política salarial, concentração e distribuição de renda); políticas públicas de trabalho e políticas de inclusão; trabalho, tecnologia e educação (formação profissional, inovações tecnológicas no processo de trabalho e de produção); trabalho imaterial; fontes de pesquisa e metodologias nos estudos do trabalho (visão interdisciplinar e menos fragmentada do trabalho); classe operária, sociedade global, sociedade do conhecimento e sociedade pós-industrial; a dinâmica financeira do capitalismo; o trabalho em sociedades em desenvolvimento; trabalho e guerra; processo de reestruturação produtiva em escala global; desterritorialização e reterritorialização do trabalho e trabalhadores imigrantes; agricultura familiar; trabalho autônomo, emprego público e privado, terceiro setor, associativismo, economia solidária e empreendedorismo (capitalista e solidário) etc.

Entre todas as temáticas de análise da sociologia do trabalho elencadas, atualmente precisamos dar atenção especial à excessiva flexibilização do mercado de trabalho, que conduz ao aumento do desemprego, à precarização e à informalidade.

## Síntese

A *sociologia surge* para estudar e entender as mudanças ocorridas na sociedade, especialmente aquelas oriundas da Revolução Industrial. Por causa dessa mudança, a organização do trabalho é transfigurada, o que a torna uma mercadoria e fator de alienação. Assim, o trabalho não se constitui como mera categoria sociológica, mas como categoria central de análise da sociedade, ocupando uma posição preponderante na explicação sociológica da sociedade. Desse modo, analisar o trabalho é compreender em grande medida o funcionamento da sociedade.

## Indicações culturais

### Livros

BAVA JUNIOR, A. C. **Introdução à sociologia do trabalho**. São Paulo: Ática, 1990.

Em formato de livreto, essa obra trata das noções gerais da sociologia do trabalho. Sugerimos que seja dada atenção especial ao capítulo 6 ("Vocabulário crítico", p. 73-76), no qual o autor apresenta as principais definições da sociologia do trabalho.

OLIVEIRA, R. DE C. DA. S. (Org.). **Sociologia**: consensos e conflitos. Ponta Grossa: Ed. da UEPG, 2001.

Nessa obra, composta por sete trabalhos de diferentes autoras, sugerimos a leitura do capítulo 1, intitulado "A formação do ser social" (p. 9-21), da autora Rita de Cássia da Silva Oliveira.

Tchekhov, A. **Minha vida**. Tradução de Denise Sales. São Paulo: Ed. 34, 2011.

Essa novela russa é ambientada na Rússia czarista do século XIX, época em que o país estava se abrindo ao processo de industrialização e um pouco antes de estourar a Revolução Russa de 1905 (que culminou na grande Revolução Russa de 1917). Nessa obra, Tchekhov aborda a divisão social do trabalho e a imagem degradante do trabalho braçal por meio do relato de Missail Póloznev, um jovem pertencente à nobreza que é deserdado pelo pai ao escolher a profissão de pintor de paredes (vista como inadequada a um nobre).

## *Vídeos*

As consequências da Revolução Industrial. Direção: Jonathan Massid e Simon Backer. Inglaterra: BBC, 2003. 90 min.

Série com três episódios ("O mundo material", "Criando maravilhas" e "Medicina moderna") que explora as mudanças ocorridas na ciência, na tecnologia e na política no século XVIII, quando o começo da industrialização moldava o mundo em que vivemos hoje. História, comportamento, desenvolvimento da sociedade ocidental e industrialização são os temas dessa série.

Avaliação da política. 10 nov. 2014. Disponível em: <https://www.youtube.com/watch?v=hb9r5AzmfBo>. Acesso em: 17 jul. 2017.

Vídeo que estimula o pensamento crítico e a compreensão da sociedade a partir de seu viés político, pois a vida em sociedade é essencialmente política.

Curso básico de educação política – parte 1. **Fundação Leonel Brizola FLB – AP**, 13 dez. 2011. Disponível em: <http://www.youtube.com/watch?v=zkUgmIihmHU>. Acesso em: 17 jul. 2017.

Esse vídeo apresenta uma visão sucinta dos vários estágios da evolução da humanidade, da organização e da divisão social do trabalho, do início da geração de excedentes e da acumulação de riquezas na sociedade. O vídeo é parte de um curso básico de formação política ao cidadão brasileiro. Sugerimos que assista a todos os vídeos.

Tempos modernos. Direção: Charlie Chaplin. Estados Unidos: Continental Home Vídeo, 1936. 87 min.

Chaplin faz uma irreverente crítica ao modo de produção em massa e à divisão do trabalho que dispensa o uso da inteligência e criatividade do trabalhador, conduzindo, assim, à perda de sentido e à alienação do ser humano.

## Atividades de autoavaliação

1. Assinale V (verdadeiro) ou F (falso) para as afirmativas a seguir:
   - ( ) A análise do trabalho na condição de categoria sociológica procura explicar o funcionamento da sociedade e suas relações sociais e de produção.
   - ( ) Comumente, os autores de sociologia contemplam todas as formas de família.
   - ( ) A mídia reproduz e reforça as ideologias, bem como reflete os interesses do sistema no qual está inserida.
   - ( ) O sistema social envolve símbolos, valores e normas, compartilhados do sistema cultural, que dão sentido às ações dos indivíduos.
   - ( ) O sistema social está subordinado aos sistemas cultural e ideológico, que são reforçados pela mídia, pelo sistema de educação, pela religião, entre outros.

Agora, assinale a alternativa que apresenta a sequência correta:
a) V, V, V, V, V.
b) V, F, V, F, V.
c) V, F, V, V, V.
d) V, F, V, V, F.

2. Com relação às revoluções Científica, Francesa e Industrial, considere as afirmativas a seguir e assinale V (verdadeiro) ou F (falso):

( ) Promoveram transformações radicais na estrutura da sociedade nos âmbitos econômico, político e cultural.

( ) Desencadearam novas formas de relações econômicas e de organização política e novas concepções culturais, dando início à estrutura do mundo medieval.

( ) Representaram a passagem da Idade Média para a Idade Moderna e desta para a Contemporânea.

( ) As transformações ocorridas produziram mudanças e incertezas.

( ) Racionalismo, empirismo e Iluminismo são movimentos que fazem parte da Revolução Industrial.

Agora, assinale a alternativa que apresenta a sequência correta:
a) V, F, V, F, F.
b) V, F, V, V, V.
c) F, F, V, V, F.
d) V, F, V, V, F.

3. Neste capítulo, afirmamos que tradicionalmente a escola, compreendida como educação formal, desempenha três grandes funções na sociedade. Relacione cada função com sua respectiva definição.

1. Função de socialização
2. Função cultural
3. Função seletiva

( ) Separar os indivíduos mais preparados dos menos preparados, selecionando-os para o mercado de trabalho e atendendo a suas necessidades.

( ) Preparar o indivíduo para a vida adulta por meio de um currículo preestabelecido e elaborado pelo Estado.

( ) Ensinar crenças, valores, costumes e símbolos (entre eles a língua).

Agora, assinale a alternativa que apresenta a sequência correta:
a) 1, 2, 3.
b) 2, 1, 3.
c) 3, 2, 1.
d) 3, 1, 2.

4. Escolha a alternativa que **não** pode ser usada para definir trabalho como categoria sociológica:
   a) O trabalho é um importante mecanismo de análise para compreender o funcionamento da sociedade, incluindo suas relações sociais e de produção.
   b) A partir da Revolução Industrial e por meio do capitalismo, o trabalho se tornou "a principal mercadoria e o mecanismo de geração de valor e de alavanca para o processo de acumulação capitalista, [pois] se impôs com categoria central e fundamental para o entendimento da sociedade" (Cardoso, 2008, p. 12).

c) O trabalho não contempla a pluralidade de dimensões interdependentes da vida em sociedade, que, por sua vez, tornam interdependentes a vida privada, social e profissional.

d) Embora o trabalho seja importante em nossa vida pessoal, sua importância transcende nossa vida cotidiana e nossa identidade pessoal.

5. Leia a afirmação a seguir e assinale a alternativa que completa corretamente as lacunas.

Com a Revolução Industrial, o trabalhador, sem outras possibilidades, vende sua força de trabalho por um _____. O trabalho torna-se, então, uma _____ como qualquer outra, que pode ser comprada e vendida no _____ de trabalho.

a) prêmio; disputa; campo.
b) resgate; recompensa; domínio.
c) sacrifício; diferenciação; âmbito.
d) salário; mercadoria; mercado.

## Atividades de aprendizagem

### Questões para reflexão

1. Qual foi o impacto da Revolução Industrial no mundo do trabalho?

2. Dos temas que foram escolhidos para fazer parte deste livro (veja sumário), quais deles você julga os mais relevantes para a compreensão do mundo do trabalho e quais outras temáticas você recomendaria acrescentar à obra?

3. Levando em consideração que, de certa forma, o mercado de trabalho é um ente abstrato, como ele pode governar e estabelecer a compra, a venda e a fixação de preço do trabalho?

*Atividade aplicada: prática*

1. Entre todas as temáticas integrantes da sociologia do trabalho elencadas, quais são as mais relevantes para analisar e compreender o mercado de trabalho e as relações de emprego em sua cidade e região? Justifique cada uma delas.

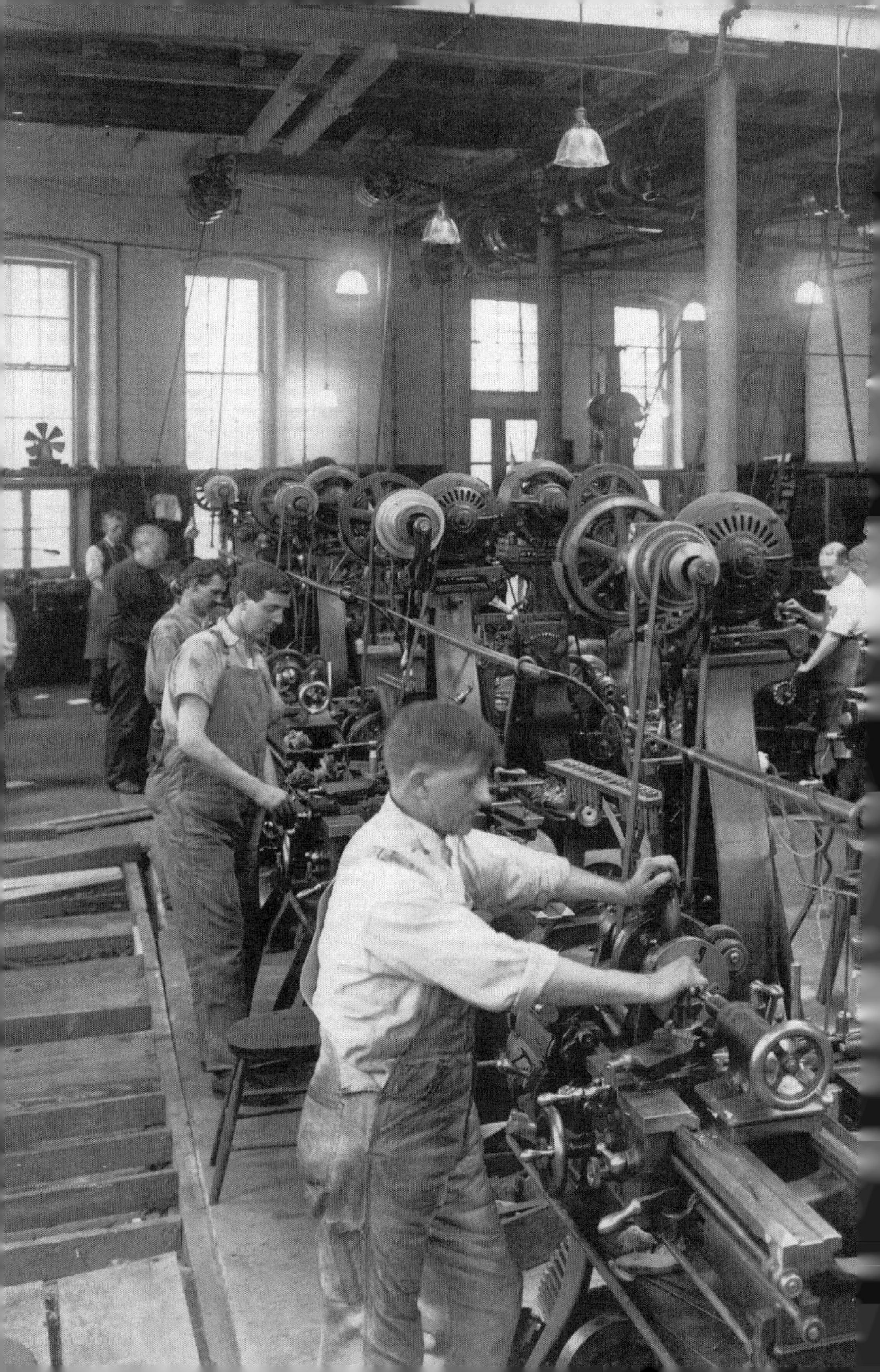

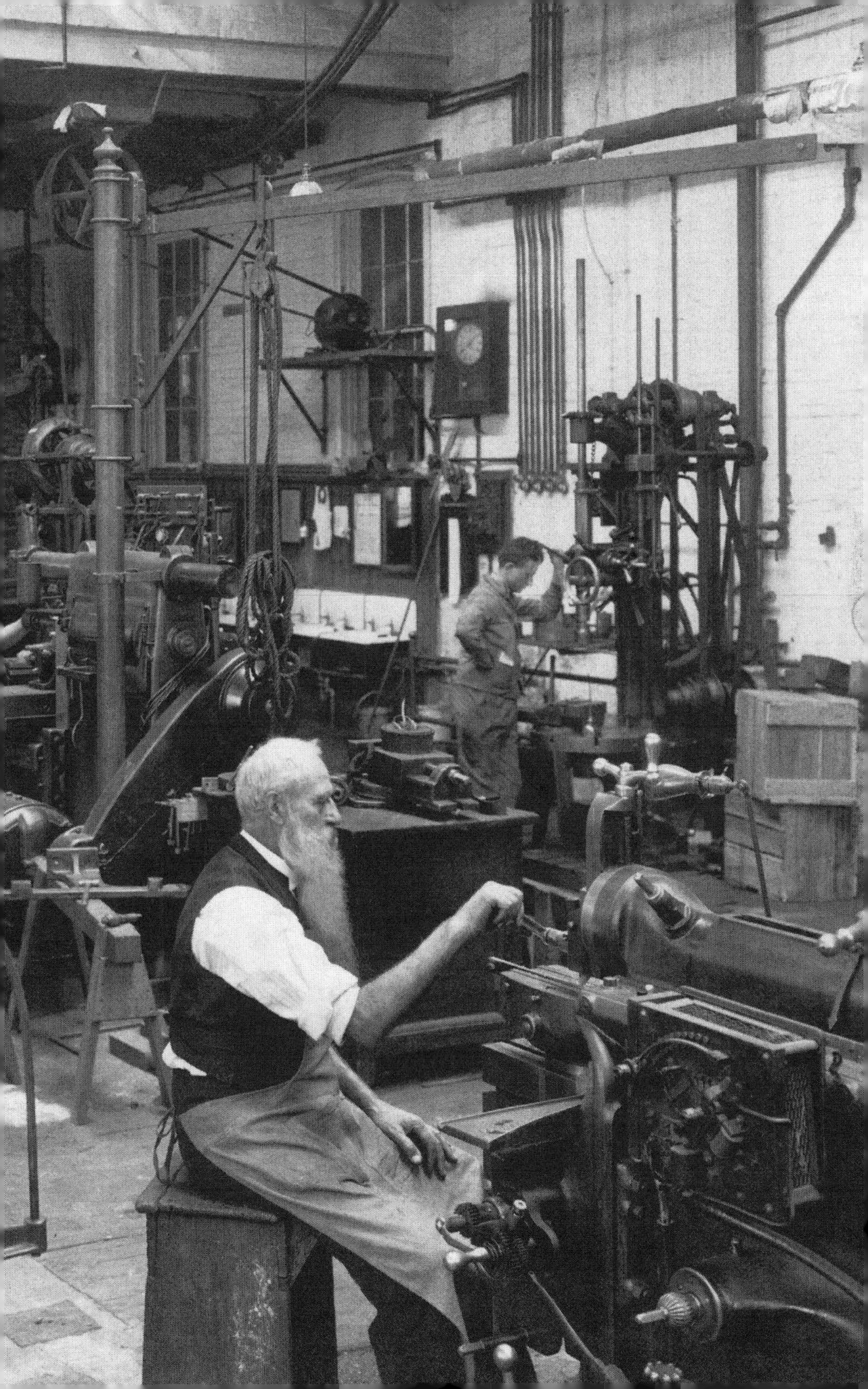

# 2

*Os clássicos
da sociologia e
sua relação com
o trabalho*

*Neste capítulo, trataremos dos autores clássicos da sociologia: Karl Marx (1818-1883), Émile Durkheim (1858-1917) e Max Weber (1864-1920). Também veremos outras contribuições, como a de Pierre Naville (1903-1993), Georges Friedmann (1902-1977) e Hannah Arendt (1906-1975). O objetivo deste capítulo é a compreensão das principais discussões e contribuições dos autores clássicos para a sociologia do trabalho e a identificação e a avaliação da atualidade dos principais conceitos relacionados ao trabalho elaborados por esses autores.*

Autores ditos *clássicos* recebem esse adjetivo porque não importa o tempo e o lugar, sempre voltamos a eles e aos seus ensinamentos. Os escritos clássicos são a base epistemológica de determinada área de conhecimento. Com os clássicos da sociologia acontece o mesmo: Marx, Durkheim e Weber colocaram a base para entender o funcionamento da sociedade como ciência e são, por isso, sempre atuais. Todos os três, em diferentes medidas, analisaram o impacto do trabalho na vida das pessoas e na sociedade, mas foi Marx quem mais enfatizou esse aspecto.

Para os clássicos, o trabalho é uma atividade social, que une e dá coesão à sociedade (visão durkheimiana) ou a divide em classes (visão marxista), como veremos na sequência.

## 2.1
### Karl Marx

*Marx não teve* intenção de fazer da sociologia uma ciência, como mais tarde fora a intenção de Durkheim. No entanto, ele desenvolveu uma ampla teoria social com o objetivo de **compreender as relações econômicas da sociedade e seus modos de produção capitalista**. Em seus escritos, Marx critica esse sistema, marcado pela relação de **exploração** e pela **alienação**, e prega a socialização dos meios de produção (Sell, 2010; Quintaneiro; Barbosa; Oliveira, 2003).

Na juventude, Marx foi influenciado pelas correntes teóricas de seu tempo, especialmente pela dialética hegeliana, traduzida nos conceitos de **tese, antítese** e **síntese**, que foi reconfigurada por Marx para a análise da realidade social e dos trabalhadores em particular. Se para Hegel a realidade estava em contínua transformação, contendo em si a causa de sua própria mudança ou de sua própria negação, da mesma forma, segundo Marx, a realidade dos trabalhadores também poderia ser mudada.

A análise teórica hegeliana, para Marx, não faz sentido se não estiver calcada na realidade concreta. Assim, o Estado concreto é aquele no qual os indivíduos agem e trabalham na sociedade civil, onde acontecem as relações concretas entre as pessoas. Marx estabelece a primazia da sociedade civil – em que o homem trabalha – sobre a sociedade política. Nesta, o homem é considerado um ser abstrato: é tomado apenas como um número ou estatística, não como ser real de carne e osso.

A ênfase que Marx deu à concretude resultou em críticas aos pensadores socialistas da época, como Charles Fourier (1772-1837), o Conde de Saint-Simon (1760-1825) e Pierre-Joseph Proudhon (1809-1865), classificados por ele como *socialistas utópicos*. Isso porque, segundo ele, esses filósofos contavam com a boa vontade dos patrões para tornar o mundo mais justo e humano, esquecendo que o capitalismo é um sistema, e não seria a mudança de atitude de apenas alguns empresários que iria modificar esse modo de funcionamento da economia e da sociedade. Ainda assim, Marx esclareceu que os socialistas utópicos criticaram, sim, o sistema capitalista, mas não fizeram uma profunda análise das leis de seu funcionamento e não viram na classe operária a única possibilidade de construção do socialismo (Sell, 2010).

Marx estudou profundamente a economia política de seu tempo, sobretudo autores como Adam Smith (1723-1790) e David Ricardo (1772-1823). Em sua fase de vida em Londres, "Marx realizou um estudo profundo da ciência econômica para mostrar as leis de funcionamento do modo de produção capitalista e as possibilidades de sua superação" (Sell, 2010, p. 40). Como não podia deixar de fazer, Marx criticou esses autores e a economia política, como nos lembra o sociólogo britânico Anthony Giddens ao citá-lo:

> *Todo fenômeno econômico é simultaneamente um fenômeno social. [...] A economia política não reconhece a existência do trabalhador desempregado, do trabalhador fora da relação de trabalho. Os ladrões, os vigaristas, os pedintes, o trabalhador*

*desempregado, esfomeado, desgraçado e criminoso são formas que não existem para a economia política, mas apenas para outros olhos, tais como os dos médicos, os dos juízes, os dos coveiros etc.; fora desses domínios não passam de figuras fantasmagóricas.* (Marx, citado por Giddens, 2011, p. 38)

Portanto, a crítica de Marx a respeito da economia política decorre de que ela não vê pessoas ou seres humanos por trás de seus frios números ou estatísticas, como podemos observar a seguir:

*A economia política ignora como irrelevante o fato de os "objetos" reais da sua análise serem os homens em sociedade. É por esta razão que os economistas conseguem esconder algo que é na realidade intrínseco à sua interpretação do modo de produção capitalista: o fato de o capitalismo se basear numa divisão de classe entre o proletário ou classe trabalhadora, por um lado, e a burguesia ou classe capitalista, por outro. Essas classes mantêm-se em conflito endêmico no que se refere à distribuição dos frutos da produção industrial. Os salários por um lado, e os lucros por outro, são determinados "pela luta acérrima entre o capitalista e o trabalhador", relação na qual os possuidores do capital levam geralmente a melhor.* (Marx, citado por Giddens, 2011, p. 38-39)

Aqui, o foco do questionamento de Marx à economia política é o fato de ela esconder a divisão de classes e a luta de classes nas relações de trabalho e no modo de produção capitalista.

Além disso, Marx menciona que o fato de os economistas definirem o trabalhador como um "custo" a mais para o patrão deriva dessas definições errôneas, que objetificam o trabalhador e o tratam como qualquer outra despesa. Tal descrição permanece atual e ainda é uma questão não resolvida. Ao mesmo tempo em que o trabalhador constitui-se no "ativo" mais importante da empresa ou em "capital humano", é também um passivo para a empresa, e como tal é contabilizado. Como pode um ativo ser um passivo? Esse fato fere o princípio mais básico da lógica aristotélica da não contradição.

Marx considera o trabalho essencial para o homem se constituir como ser humano, pois é o que o diferencia dos animais. O indivíduo realiza o trabalho para produzir valor de uso e satisfazer suas necessidades, como exposto nesta passagem de sua obra *Contribuição à crítica da economia política*:

> *O trabalho é um processo entre o homem e a natureza, um processo em que o homem, por sua própria ação, media, regula e controla seu metabolismo com a natureza. [...] Não se trata aqui das primeiras formas instintivas, animais, de trabalho. [...] Pressupomos o trabalho numa forma em que pertence exclusivamente ao homem. Uma aranha executa operações semelhantes às do tecelão, e a abelha envergonha mais de um arquiteto humano com a construção dos favos de suas colmeias. Mas o que distingue, de antemão, o pior arquiteto da melhor abelha é que ele construiu o favo em sua cabeça, antes de construí-lo em cera. No fim do processo de trabalho obtém-se um resultado que já no início deste existiu na imaginação do trabalhador, e portanto idealmente. Ele não apenas efetua uma transformação da forma da matéria natural; realiza, ao mesmo tempo, na matéria natural, o seu objetivo. [...] Os elementos simples do processo de trabalho são a atividade orientada a um fim ou o trabalho mesmo, seu objeto e seus meios. [...] O processo de trabalho [...] é a atividade orientada a um fim para produzir valores de uso, apropriação do natural para satisfazer a necessidades humanas, condição universal do metabolismo entre o homem e a natureza, condição eterna da vida humana e, portanto, [...] comum a todas as suas formas sociais.* (Marx, 1983, p. 149)

A seguir, destacamos de algumas obras de Marx os temas e conceitos centrais relacionados ao trabalho ou ao trabalhador.

## 2.1.1 *Manuscritos econômico-filosóficos (1844)*

Publicado pela primeira vez em 1932, após sua morte, *Manuscritos econômico-filosóficos* é um dos primeiros escritos de Marx. Em virtude do caráter bastante filosófico de suas reflexões (Marx era doutor em Filosofia), ele concebe o trabalhador a partir do ideal humano, contrastando-o com a dura realidade vivida pelos operários e os pobres em geral. Seu objetivo é procurar elucidar por que a realidade do trabalhador é desse modo e não mais como nos primórdios da humanidade, em que tudo era em comum e não havia problema com a divisão dos víveres e a satisfação das necessidades de todos. Ele observa que a pobreza vivida pelo proletariado (os trabalhadores) não é uma pobreza natural, resultante da insuficiência de recursos materiais, mas um efeito artificial da organização da produção (Giddens, 2011).

Contrastando o ideal com a realidade, Marx afirma que o trabalhador tornou-se servo do capital e uma mercadoria do capitalismo, cujo sistema de produção proporciona sua alienação. O trabalhor passa a ser considerado mais como uma máquina de produção e menos como ser humano, o que o leva a viver infeliz (e o sistema econômico-social estabelecido parece desejar essa infelicidade).

Marx concebe economia e social/sociedade como aspectos inseparáveis. A sociedade capitalista detém os meios de produção, possibilitando que uma classe (a burguesia) explore a outra (o proletariado). Dessa relação de classes nasce a alienação do trabalhador e sua exploração, a qual precisa ser superada: "Uma vez que o proletariado conjuga em si todas as irracionalidades da sociedade, a sua emancipação equivalerá à emancipação da sociedade" (Marx, citado por Giddens, 2011. p. 36).

> Marx afirma que o trabalhador tornou-se servo do capital e uma mercadoria do capitalismo, cujo sistema de produção proporciona sua alienação.

*No sistema de* produção capitalista, Marx aponta que dessa relação resultam **quatro tipos de alienação***, conforme analisado por Sell (2010) e Giddens (2011):

---

* O conceito de *alienação*, tomado de Feuerbach e transformado por Marx, é retomado posteriormente em sua obra magna, *O capital*.

1. **Alienação do produto do seu próprio trabalho**: Aquilo que o trabalhador produz não lhe pertence, é apropriado pelo dono da empresa. No sistema capitalista, os bens são produzidos para troca, ou seja, para venda e compra no mercado, e assim o trabalhador não tem poder de influenciar os destinos de sua produção, como era anteriormente no sistema de corporações de ofício ou cooperativas.
2. **Alienação do processo de produção**: O trabalhador não controla a atividade produtiva e é alienado da tarefa em si, pois não é a sua inteligência que é contratada, mas as "suas mãos" – por isso se diz "mão de obra". O trabalho lhe é imposto com tarefas repetitivas, tornando difícil o desenvolvimento do trabalhador como pessoa humana. O trabalho deixa de ser um fim em si para ser um meio para atingir os objetivos financeiros da empresa.
3. **Alienação de sua própria natureza humana**: No sistema de produção massificado, o trabalhador não encontra as condições para se realizar como ser humano, pois se perde o próprio sentido do que é o trabalho (ele já não mais o diferencia dos outros animais). Assim, o trabalho não está mais a serviço do ser humano para que ele possa transformar a natureza em seu proveito, realizar-se e crescer como pessoa, mas fica a serviço do trabalho, tornando-se seu servo para produzir "mais-valia": "O próprio trabalhador é considerado como um bem comprado e vendido no mercado", pois, "no capitalismo, as relações humanas tendem a reduzir-se ao mecanismo do mercado" (Giddens, 2011, p. 40-41).

4. **Alienação do homem de sua própria espécie**: Nessa forma de produção, na qual impera o individualismo, os trabalhadores perdem a relação entre si, pois cada um está lotado no seu posto de trabalho, sendo as horas de trabalho, pausas e mesmo idas ao banheiro controladas, além da pressão por produtividade. Isso faz com que cada um se torne concorrente do outro e que esse trabalhador não tenha mais condições de socializar-se, alienando-se também dos seus semelhantes: "O que distingue a vida humana dos animais, segundo Marx, é o fato das faculdades, capacidades e gostos humanos se formarem em sociedade" (Giddens, 2011, p. 42). Para Marx, o indivíduo isolado não existe, seria como qualquer outro animal, pois a aquisição da herança cultural da humanidade e o próprio sentido da vida se dão em sociedade.

## 2.1.2 *A ideologia alemã (1845-1846)*

Em *A ideologia alemã*, de Marx e Friedrich Engels (1820-1895), os autores apontam que o econômico determina o político, que as forças opostas (o conflito) se conciliam na sociedade civil e que o Direito é um instrumento de dominação ou de interesse da sociedade capitalista. Marx e Engels sugerem a superação pelo **materialismo histórico**: os seres humanos não se distinguem dos animais porque pensam ou pela consciência, mas por produzir seus meios de existência, sua própria vida material: "Não é a consciência dos homens que determina a sua existência, mas antes, pelo contrário, a sua existência social que determina a sua consciência" (Marx; Engels, 2007, p. 37).

Ainda a respeito do materialismo histórico, Marx e Engels apontam que o primeiro fato histórico é a produção dos meios de vida (a subsistência) pelo trabalho e pela procriação. Portanto, o trabalho é primordial na existência humana, é a sua base material. Os seres humanos adquirem consciência nas interações com os outros e no trabalho, sendo que sua essência coincide com sua produção – com o que produzem e como produzem, conforme apontam os autores. Assim, para os autores, são as relações sociais de produção que determinam nosso jeito de ser e pensar.

Com relação à divisão do trabalho, ela marca o nível de desenvolvimento de uma nação ao comparar o trabalho industrial e comercial e o trabalho agrícola, assinalando a divisão entre cidade e campo e determinando as relações dos indivíduos entre si. Ao desenvolverem sua produção material, os seres humanos transformam sua realidade, seu pensamento e o produto de seu pensamento.

A respeito da ideologia, Marx e Engels a definem como instrumento de dominação, inclusive no mundo do trabalho. Segundo eles, a classe dominante também faz uso das ideias na elaboração de uma ideologia dominante, bem como da força (exército e polícia) e da religião para continuar dominante: "As ideias da classe dominante são, em cada época, as ideias dominantes" (Marx; Engels, 2007, p. 72). Os autores ainda argumentam que a classe dominante dispõe de meios materiais e espirituais, fornecidos sobretudo por meio da ideologia, para disseminar e legitimar suas posições. Exemplo disso é a ideia de **meritocracia**, que leva o indivíduo a acreditar que todos têm as mesmas condições de competir ou que todos são iguais. Para isso, faz-se uso da mídia e da imprensa em geral e da religião e financia-se candidaturas de políticos para atingir os objetivos da classe dominante e aprovar leis de seu interesse ou que sejam menos prejudiciais aos seus interesses.

A partir do conceito de ideologia, Marx e Engels estabelecem outros conceitos fundamentais em sua teoria: o de **modo de produção**, o de

**estrutura**, formado pela base material, e o de **superestrutura**, formado pelas "ideologias políticas, concepções religiosas, códigos morais e estéticos, sistemas legais, de ensino, de comunicação, o conhecimento filosófico e científico, representações coletivas de sentimentos e modos de pensar" (Marx; Engels, 2007, p. 37). Para os autores, "A classe que tem a seu dispor os meios de produção material controla igualmente os meios de produção intelectual, de tal maneira que as ideias daqueles que não dispõem dos meios de produção intelectual lhes estão geralmente sujeitas" (Marx; Engels, 2007, p. 37). Assim, hoje, os meios de comunicação de massa publicam "a verdade" de seus anunciantes ou minimizam o impacto das notícias negativas, como foi o caso da revista de maior circulação no país em sua edição de 4 de janeiro de 2011, que publicou um guia com o sugestivo título "A verdade sobre os agrotóxicos" quando se discutia no Congresso Nacional uma legislação mais rígida para o manuseio dos agrotóxicos. Nesse guia, estava escrito que os agrotóxicos não fazem mal à saúde e que o Brasil tem uma das melhores legislações do mundo acerca do manuseio desses produtos. Dezenas de outros exemplos caberiam aqui, mas ficaremos com apenas este. Em uma rápida análise, verifica-se que há um fato em comum nesses casos: grandes empresas anunciantes ou governos têm o poder de comprar a isenção dos veículos de comunicação e mesmo instituições de ensino, justiça, igrejas, entre outros. Fica a sensação de que quase tudo tem um preço e quase tudo se tornou mercadoria.

## 2.1.3 *Manifesto comunista (1848)*

O *Manifesto comunista* trata-se de um panfleto conclamando a união dos trabalhadores, escrito por Marx e Engels. De início, os autores tecem um grande elogio ao capitalismo, porque acreditavam que ele traria desenvolvimento à humanidade, mas também fazem críticas a esse sistema. Em primeiro lugar, a crítica é direcionada à burguesia, pois esta se serve e atua em todas as esferas em proveito próprio. Em seguida eles criticam o Estado, definido como um comitê para defender os interesses da burguesia ou da classe dominante. Na sequência, eles ressaltam que o proletariado é uma mercadoria e uma classe antagônica: de um lado, os patrões querem maiores lucros e, de outro, os trabalhadores querem melhores condições de vida. Além disso, eles pontuam que a crise econômica faz os trabalhadores perderem ainda mais, pois traz redução da produção e perda do emprego (Marx; Engels, 2006).

Por isso, os autores afirmam que o conflito de classes está fundado no âmbito econômico. Contudo, a luta de classes é, antes de tudo, uma **luta política**, e não apenas econômica, pois se trata de uma luta pelo poder. Daí a necessidade, segundo Marx e Engels, de os trabalhadores enfileirarem-se em um partido político. Após os trabalhadores ganharem as eleições ou tomarem o poder; os autores preveem a mudança em dois momentos: em um primeiro momento se instauraria o socialismo, com um governo centralizador para impedir que a burguesia retome o poder, e o proletariado se tornaria a classe dominante. Não se extinguiria, nesse momento, a propriedade privada, apenas os meios de produção seriam socializados. Em seguida, conforme posto pelos autores, seria o momento utópico: o comunismo. Com a utopia do comunismo, o Estado iria desaparecer, pois não haveria mais luta de classes, ou seja, uma classe explorando a outra. Seria uma sociedade sem classes e sem propriedade privada, sendo tudo usufruído em comum (Marx; Engels, 2006).

Para Marx, o trabalhador deveria reconhecer sua condição: a de explorado. A partir dessa "consciência coletiva", os trabalhadores deveriam se unir e se engajar para reivindicar seus direitos, por meio de sindicatos. Marx e Engels (2006, p. 65) terminam o manifesto conclamando à união: "Proletários de todos os países, uni-vos!".

### 2.1.4 O 18 de brumário de Luís Bonaparte (1852)

Em *O 18 de brumário de Luís Bonaparte*, obra de caráter histórico, Marx faz uma sociologia política e histórica, analisando e contrariando o determinismo: são os sujeitos que fazem a história com as condições que são postas. O autor afirma que o Estado é um aparelho de dominação e uma máquina burocrática, e mesmo a república burguesa e democrática, aquela que ele estava analisando na França de Luís Bonaparte, ainda era um aparelho de dominação, enquanto o proletário ainda era proletário. Marx verificou também, nesse contexto francês, que as elites fizeram aliança com os burgueses e camponeses para defender seus interesses comuns: manter o capitalismo contra a ameaça da ascensão da classe proletária. Assim, o autor postula que, a exemplo da burguesia que tomara o poder na França com a Revolução Francesa (1789-1799), o proletário deveria tomar e se estabelecer no poder.

Nessa obra, Marx trabalha mais um dos seus importantes conceitos: a **consciência de classe**. Sem consciência, os trabalhadores não podem representar-se (por si mesmos), o que os leva a serem representados (por outros). Assim, o autor faz a distinção de *classe em si* e *para si*: os camponeses são uma **classe social em si** (assim como as batatas em um saco formam um saco de batatas), mas na medida em que não há ligação local, regional ou nacional, não são uma **classe para si**: por não terem **consciência** e **coesão**, têm de delegar sua representação para outrem.

### 2.1.5 O capital (1867 – Livro I)

Última (e inacabada) obra de Marx, em *O capital* o autor afirma que vivemos em um mundo de mercadorias, sendo a mercadoria tratada como uma relação social. A mercadoria que o trabalhador produz é uma forma elementar de riqueza na sociedade capitalista, um bem com utilidade social, com valor de uso e de troca. O **valor de uso** pode mudar histórica e socialmente, dependendo do tempo, refere-se ao uso do produto. Por exemplo, um veículo utilitário utilizado para o trabalho (para fazer entregas, por exemplo) tem seu valor de uso determinado pelo montante financeiro mensal que produz. De outro modo, seu **valor de troca** é o preço que se consegue ao vender o veículo no mercado de automóveis utilitários usados. Da mesma forma, para Marx, o trabalhador tem seu valor de uso determinado para a indústria pelo quanto ele produz para o patrão por mês, e o valor de troca é o salário pago ou estabelecido pelo mercado de trabalho a esse trabalhador.

Nessa obra, Marx retoma o essencial: o que as mercadorias têm em comum? O trabalho. Trata-se de um conceito genérico, algo que se cristaliza na mercadoria. É a quantidade de tempo de trabalho gasto na produção que deveria definir o valor de troca da mercadoria, independentemente da tecnologia ou das regras do mercado.

O trabalhador vende sua força de trabalho, ou seja, sua capacidade e habilidade de produzir, tornando o trabalho, assim, uma mercadoria. A relação mercantil na qual o trabalhador vende seu trabalho também esconde o que Marx chama de ***mais-valia***. Essa é a diferença entre aquilo que o trabalhador produz (seu valor de uso) e o quanto ele recebe (o valor de troca). Por exemplo: um trabalhador que recebe um salário mensal de R$ 2.500,00 produz R$ 25.000,00 de mercadorias, sendo a diferença (R$ 22.500,00) a mais-valia, ou seja, o valor apropriado pelo patrão. Por isso, Marx afirma:

> *Quanto mais o capitalismo progride, mais pobres se tornam os trabalhadores. A enorme riqueza que o modo de produção capitalista proporciona é apropriada pelos donos da terra e do capital. [...] No capitalismo, os objetos materiais produzidos pelo trabalhador são tratados da mesma maneira que o trabalhador.* (Marx, citado por Giddens, 2011, p. 39)

Marx ainda explica que quanto mais barata for a mão de obra, mais lucro ela gera: "A desvalorização do mundo humano aumenta em proporção direta da valorização do mundo das coisas" (Marx, citado por Giddens, 2011, p. 39). Essa afirmação nos leva a outro conceito central na obra de Marx, que é o **fetiche da mercadoria**.

Marx argumenta que as mercadorias aparecem como sujeitos que têm vida própria, como se tivessem relações sociais entre si, no lugar das pessoas, independentemente de seus produtores. As relações entre coisas/mercadorias aparecem como humanas e as relações humanas aparecem coisificadas por meio da mercantilização do mundo. Os verdadeiros sujeitos produtores – os trabalhadores – não aparecem.

Essa **relação reificada** aparece em expressões que soam como "mantras" e que ouvimos todos os dias, especialmente com relação ao mercado: "o mercado quis", "o mercado não quis", "o mercado não aceitou bem", "o mercado está nervoso", "o mercado está de bom/mau humor", "o mercado está aquecido", "o mercado de trabalho" etc. Ora, podemos verificar com esses "mantras" que o mercado assume personalidade de pessoa, e as pessoas, os operadores e trabalhadores, que são os verdadeiros atores, desaparecem, ou seja, são assimilados ao seu produto e perdem a sua essência de pessoa para tornarem-se coisas – mercadorias –, como no caso da expressão *mercado de trabalho*. Esse, na verdade, é o processo de alienação citado anteriormente.

Dessa maneira, as mercadorias – assim como o mercado – têm controle sobre as pessoas (que é o **processo de reificação**). Essas relações encobrem as relações sociais e o trabalho contidos em cada mercadoria. Esse encobrimento inverte os valores e faz com que o mercado comande tudo. Até mesmo em uma relação de troca de mercadoria entre um vendedor e um comprador (cada um satisfazendo suas necessidades) a relação social é ocultada, pois aparece apenas como uma troca de coisas, escondendo o trabalhador, seu suor e a eventual exploração por trás daquela mercadoria que está sendo vendida.

De fato, os conceitos de Karl Marx são úteis para se pensar as relações de trabalho ainda hoje e não deixam de ser uma espécie de consciência da humanidade para não permitirmos que todas as relações se transformem em relação mercantil. E concluímos com Bensaïd (1999, p. 11): "Enquanto o capital continuar dominando as relações sociais, a teoria de Marx permanecerá atual".

> Marx argumenta que as mercadorias aparecem como sujeitos que têm vida própria, como se tivessem relações sociais entre si, no lugar das pessoas, independentemente de seus produtores. As relações entre coisas/mercadorias aparecem como humanas e as relações humanas aparecem coisificadas por meio da mercantilização do mundo. Os verdadeiros sujeitos produtores – os trabalhadores – não aparecem.

## 2.2
### Émile Durkheim

Em Durkheim, ao contrário de Marx, havia uma inquietação deliberada de fazer da sociologia uma ciência, e por isso o sociólogo francês teve grande preocupação com a questão do **método**. Desse autor nos interessam as obras *A divisão do trabalho social* (escrita em 1902) e *O suicídio* (1897). Antes de Durkheim, a divisão do trabalho era pensada em termos econômicos: ela deveria proporcionar maior produtividade e vantagens ao empresário, como era a preocupação de Adam Smith e David Ricardo. Já para Durkheim, o trabalho é social ou coletivo, por isso ele investiga a função que a divisão do trabalho cumpre nas sociedades modernas.

Na sua época, a sociedade vivia em estado de **anomia social**, ou seja, havia disfunção social, mau funcionamento das instituições e, segundo o autor, falta de regulamentação. Para Durkheim, havendo leis, os conflitos sociais e do trabalho tenderiam a diminuir. Desse modo, o Estado deveria regular mais para evitá-los.

Durkheim via o trabalho como elemento do processo de integração do indivíduo na sociedade, pois acreditava que a divisão do trabalho proporcionaria uma nova forma de solidariedade. Segundo Cardoso (2008, p. 15),

> *Durkheim tomou como argumento a ideia [...] [de que] as corporações de ofício seriam uma forma de se remediar a crise que ele ora diagnosticava. Estas instituições do trabalho [...] seriam capazes de produzir critérios de justiça e de tornar os trabalhadores mais integrados na vida social. Por conta disso, ele achava que essas instâncias de regulamentação poderiam e deveriam se impor no lugar dos organismos sociais [...], bem como [...] produzir regras comuns e [...] participar na construção e no reconhecimento dos indivíduos enquanto seres sociais.*

Como funcionalista, Durkheim entendia que o Estado, a família, a escola, a religião e todas as instituições desempenhavam funções na sociedade. Já a sociedade era vista como um organismo vivo no qual as pessoas, categorias profissionais, instituições ou grupos sociais tinham uma função para manter esse grande organismo vivo e "saudável". Desse modo, para o autor, não há sociologia sem grupo social e o mundo moderno é resultado de um processo de diferenciação social que se dá pela divisão do trabalho.

> Ao questionar por que os membros de uma sociedade permanecem juntos (por que há coesão?), Durkheim chega à seguinte resposta: porque há **solidariedade**. Portanto, ele reconhece na divisão do trabalho – característica essencial das sociedades modernas – uma solidariedade, um mecanismo de **coesão social**.

Para o autor, a divisão do trabalho gera especialização que, por sua vez, gera coesão social, ou seja, solidariedade. Explicando melhor: do mesmo modo que o padeiro precisa do médico, este precisa daquele, e ambos precisam do contador e assim por diante. Nas sociedades modernas, ou o indivíduo se especializa, ou migra ou morre – a especialização, portanto, ajuda na felicidade das pessoas, pois as deixa exercitar sua liberdade.

Durkheim destaca que **os mecanismos que geram solidariedade são a consciência coletiva e a divisão social do trabalho**. Ao analisar a função da divisão do trabalho na sociedade, o autor distingue dois tipos de solidariedade: a **mecânica** e a **orgânica**, que se manifestam através da coesão ou da consciência:

> *Em nossa consciência há duas consciências: uma que é comum a todo nosso grupo e, por conseguinte, não é a gente mesmo, mas a sociedade vivendo e agindo em nós [a solidariedade mecânica]; a outra, ao contrário, representa apenas nós mesmos, naquilo que temos de pessoal e distintos, naquilo que faz de nós um indivíduo [a solidariedade orgânica].* (Durkheim, 1995, p. 27-28)

Assim, a **solidariedade mecânica** é típica das sociedades primitivas (tribais), sem divisão social do trabalho, em que as tarefas são comuns a todos e a diversidade de funções é mínima. As pessoas são semelhantes e não desenvolvem suas aptidões e talentos individuais. O trabalho se divide basicamente pelo critério da força física necessária para realizá-lo, ficando com os homens os de maior exigência de força física e com as mulheres os de menor. Nessas sociedades há maior **consciência coletiva**. Há a predominância da forma de agir e pensar e dos valores (convicções morais) do grupo sobre o indivíduo. Nesse sentido, acontece o primado da coletividade: "a personalidade individual é absorvida pela personalidade coletiva" (Durkheim, 1995, p. 28). Onde há maior consciência coletiva, há maior solidariedade e menor individualidade: "A sociedade inteira pesa sobre nós, deixando muito pouco lugar para o livre exercício de nossa iniciativa" (Durkheim, 1995, p. 28). E ainda: "Quanto mais a consciência comum faz sentir sua ação sobre relações diversas, mais cria laços que ligam o indivíduo ao grupo" (Durkheim, 1995, p. 31).

Contudo, o surgimento da propriedade privada deu origem à consciência individual, e a solidariedade passou, então, a ser **orgânica** e a sociedade a ser vista como um organismo com órgãos e funções diferentes. Há divisão (especialização) do trabalho, interdependência e uma maior individualização: "A solidariedade orgânica representa a personalidade individual e construída" (Durkheim, 1995, p. 29). Esse processo de divisão do trabalho é acentuado com a Revolução Industrial, sendo a industrialização uma das características centrais das sociedades modernas. Nessa passagem de modelo de sociedade acontece um **alargamento do domínio da individualidade**, que é outra marca das sociedades industrializadas.

Por outro lado, também pode acontecer a **divisão anômica do trabalho**, que ocorre quando a divisão do trabalho para de gerar a solidariedade. Essa divisão é considerada pelo autor como formas irregulares da divisão do trabalho, como no caso da profissão dos criminosos e outras ocupações danosas, que negam a própria solidariedade (Durkheim, 1995). A anomia também acontece em períodos de crises industriais ou comerciais e falências, pois representam rupturas parciais da solidariedade orgânica. Durkheim ainda cita o antagonismo do trabalho e do capital, que é aguçado pela maior especialização das funções industriais, no qual a luta torna-se mais viva e a solidariedade não aumenta.

Enfim, para Durkheim, o que faz a unidade das sociedades organizadas é o consenso espontâneo entre as partes. Para esse autor, ao contrário de Marx, o trabalho produz coesão e solidariedade.

## 2.3
## Max Weber

*Weber, assim como* Durkheim, debruçou-se sobre as questões metodológicas da sociologia. No que diz respeito à sociologia do trabalho, Weber concebe a profissão nos mesmos moldes de **vocação** (as pessoas se definem ou têm sua identidade na profissão), como expressa em seus ensaios *Ciência como vocação* e *Política como vocação*. Contudo, nossa análise se concentra em outra obra desse autor: *A ética protestante e o espírito do capitalismo*.

Para Weber, o capitalismo é um fenômeno essencialmente econômico e com história própria. Não deixa de ser um fenômeno da cidade (lugar propício da liberdade) e da autonomia do tribunal (que dá segurança jurídica). Para Weber, o comportamento econômico é **condicionado** (referindo-se ao comportamento econômico do protestante), **determinado** (pelas leis) e **relevante** (extrapola a pura ação social-econômica). Há no capitalismo um espírito, ou seja, uma conduta que permeia a vida do indivíduo, que é a **racionalidade**. Da mesma forma, Weber detectou uma afinidade entre a ética protestante e o espírito do capitalismo, que é justamente essa racionalidade. Todavia, não se trata de uma relação de causa e efeito, pois Weber não era determinista, mas de afinidades eletivas – e não causa necessária – nesse processo de racionalização das coisas e da vida das pessoas.

Nessa dinâmica eletiva, Weber diz que protestantismo e capitalismo se escolheram pela racionalização. Assim, o espírito do capitalismo é a única ética que se encaixa no protestantismo, pois este não prega o perdão (a salvação se dá neste mundo). Já no catolicismo, o perdão é distribuído abundantemente (ou seja, as pessoas podem errar, pois há o perdão) e a salvação está no outro mundo, tirando do indivíduo o poder da salvação. Por isso, no protestantismo, o sentido da vida está no trabalho, no qual também se dá o processo de racionalização.

Weber detectou, nessa afinidade entre a ética protestante e o espírito do capitalismo, não apenas a racionalidade, mas também o **desimpedimento à busca do lucro**. O desenvolvimento do capitalismo era impedido pelo catolicismo, pois o lucro, os juros e a usura eram condenados e exigia-se dos fiéis devoção exclusiva à Igreja. Na doutrina calvinista da predestinação, a riqueza era um sinal de que o indivíduo foi escolhido por Deus.

Por isso, os fiéis se esforçavam na acumulação de riqueza para se sentirem e serem vistos como escolhidos ou predestinados à salvação (inclusive os primeiros lugares nos recintos de culto eram reservados aos "escolhidos"). Do mesmo modo, o lazer, a preguiça e o dispêndio de dinheiro não eram bem-vistos por Deus, que prezava, na visão calvinista, o trabalho árduo, uma vida frugal e a ascese. Assim, esses meios eram vistos com os melhores para louvar a Deus, segundo a doutrina protestante.

*Quadro 2.1 – Síntese da ética protestante e o espírito do capitalismo*

| | |
|---|---|
| **Espírito do capitalismo** | O capitalismo visa ao lucro. Para atingir esse objetivo, o capitalismo precisa racionalizar o trabalho para promover o lucro: formas mais eficientes de desenvolver as atividades, cortar gastos, contratar pessoas mais eficientes etc. |
| **Ética protestante (valores ético-morais no protestantismo)** | Repúdio à preguiça, à aposentadoria, ao lazer e à ostentação de riqueza e luxo. |

*(continua)*

*(Quadro 2.1 – conclusão)*

| | |
|---|---|
| Ética religiosa transforma-se em ética profissional | Profissional comprometido, eficiente, responsável e proativo. |
| Atitude tradicional para com o trabalho | O trabalho significava pena, castigo; deveria ser evitado; era um mal necessário; trabalhava-se apenas o necessário para viver e não para acumular. |
| Racionalidade da ação econômica na empresa capitalista | Dispensa a atitude tradicional com relação ao trabalho e substitui por uma atitude positiva. |
| Ressignificado do trabalho | Weber vê na ética protestante, colocada em prática no mundo do trabalho, uma ressignificação do sentido do trabalho. |
| Atitude positiva para com o trabalho é encontrada na ética protestante | O trabalho é considerado uma atividade virtuosa, encontrada no protestantismo, mais especificamente no calvinismo. Para os fiéis dessa doutrina, o trabalho era uma forma de louvar a Deus e mostrar seu valor para si mesmos e para a comunidade. |
| Afinidade eletiva | O lazer e o desperdício não eram bem-vistos aos olhos divinos.<br>Deus cuida bem dos que foram escolhidos para a salvação (doutrina calvinista da predestinação). Consequência: sem lazer, sem desperdício e com trabalho duro acumulava-se riqueza – sinal externo de que tal fiel era escolhido para a salvação – e formava-se a poupança necessária à expansão do capitalismo. |
| Atitude negativa encontrada na ética protestante | A racionalidade encontrada no protestantismo franqueou o capitalismo no uso de racionalidade exacerbada (colocando o ser humano numa "jaula de ferro") e das amarras éticas ("loteando a alma"). |

Fonte: Elaborado com base em Weber, 2006.

A seguir, veremos como o capitalismo moderno passou a ser concebido por Weber como a forma de organização mais racional existente.

## 2.3.1 O espírito do capitalismo e a racionalidade funcional das organizações e do trabalho

Para Weber, as maiores expressões do desencantamento do mundo são as organizações capitalistas e a organização burocrática do Estado. O princípio da racionalidade não permanece apenas no âmbito da economia. Weber observou e recomendou esse princípio, sobretudo às organizações, formando, assim, as organizações racionais. Estabelece-se, dessa forma, a burocracia com as hierarquias que conhecemos hoje.

No âmbito histórico, observa-se a passagem de uma elite (com participação na arrecadação dos impostos) para uma hierarquização de funcionários assalariados, organizada com base na racionalização e na meritocracia, fundamento da organização do Estado moderno.

Com relação ao capitalismo, a **burocracia** é traduzida como trabalho racional em vista do lucro. Seguindo o princípio de racionalização, conforme Adams e Dyson (2006), para Weber o capitalismo é a forma mais racional de organização, pois, ao se livrar das ingerências religiosas e éticas, como questões sobre "preço justo", e da imoralidade da usura, o capitalismo tornou possível calcular tudo em termos de dinheiro, conforme mecanismos do mercado.

> *Segundo Michel Lallement* (2003), a especificidade do capitalismo moderno não consiste tanto na busca do lucro, mas, sobretudo, na forma pacífica e racional de adquiri-lo.

Com sua racionalidade, a burocracia, considerada "desumanizada", é também a mais efetiva e eficiente forma de organização. Contudo, o próprio Weber aponta seus danos ao indivíduo, como a sua fragmentação ou o que ele chama de *loteamento da alma*, ou ainda de *jaula de ferro da modernidade* (Weber, 2006). Weber enxerga a possibilidade do anulamento da individualidade, e mesmo do "desencantamento", por meio da concepção de mundo baseada na racionalidade sem o sustentáculo das crenças religiosas e de um ser humano desprovido de valor moral.

Esse esvaziamento de significados e valores da vida cotidiana tem suas consequências. Consciente disso, Weber acreditava que cada indivíduo racional, livre das crenças (ou seja, desencantado), poderia fazer suas próprias escolhas de valores, já que, segundo o autor, não se pode viver sem valores para se ter uma vida com significado. Dessa forma, Weber afirma que cada pessoa deve conduzir sua vida e profissão como uma vocação para dar sentido a sua existência, o que o levou a pregar vivamente a "ciência como vocação" e a "política como vocação", de modo que o indivíduo pudesse "satisfazer suas necessidades éticas ao identificar-se como uma causa ou uma ideologia" (Adams; Dyson, 2006, p. 143).

Para Mannheim (1940, p. 59), apoiado em Weber, a racionalidade funcional coloca problemas para a liberdade e a ética e "tende a despojar o indivíduo médio" de sua capacidade de sadio julgamento. Mannheim observa uma redução das faculdades de crítica do indivíduo na medida do desenvolvimento da industrialização. Mesmo que a racionalidade funcional tenha existido em sociedades anteriores, ela estava delimitada em alguns domínios. Na sociedade moderna, a racionalidade tenta abarcar a totalidade da vida humana, não deixando ao indivíduo médio outra escolha a não ser a renúncia de sua própria autonomia e de sua própria leitura dos acontecimentos em favor daquilo que os outros lhes dão (Mannheim, 1940).

Nesse contexto, Guerreiro Ramos (1989) se pergunta: como proteger a vida humana contra a crescente racionalidade funcional? Para isso, responde o autor, é preciso estar atento à tensão que existe entre as duas racionalidades, estar consciente que um adiantado nível de desenvolvimento técnico e econômico pode equivaler a um baixo desenvolvimento ético e não aceitar a racionalidade funcional como o padrão fundamental da vida humana.

A racionalidade ocidental representa para o homem, segundo Weber, uma jaula de ferro (como expôs ao final de *A ética protestante e o espírito do capitalismo*).

*Embora, pela racionalidade, tenha se libertado das forças divinas e naturais, o homem tornou-se escravo de sua própria criação. Longe de estar livre [...], a racionalidade tomou conta de sua existência. Se o calvinista fez do trabalho um meio de busca da salvação, a racionalidade inerente ao mundo industrial moderno fez do trabalho uma atividade cujo fim é ele mesmo. Trata-se de uma racionalidade que aumentou a produtividade, mas escravizou o homem [em torno da produtividade e das metas].* (Sell, 2010, p. 130)

Para Guerreiro Ramos, fundamentado nos autores da Escola de Frankfurt (como Horkheimer, Adorno e Habermas),

*na sociedade moderna, a racionalidade se transformou num instrumento disfarçado de perpetuação da repressão social, em vez de sinônimo de razão verdadeira. O conhecimento da razão foi separado de sua herança clássica e de suas implicações éticas. [...] Na sociedade moderna, as forças produtoras haviam conquistado seu próprio impulso institucional independente, assim subordinando toda a vida humana a metas que nada têm a ver com a emancipação humana.* (Guerreiro Ramos, 1989, p. 8)

Sigmund Freud (1856-1939), para entender os mecanismos da mente humana, analisou de que maneira os fatores externos (como o ambiente de trabalho, por exemplo) podem influenciar a psique, o que o leva a refletir sobre qual é o mal-estar na civilização e quais são os seus resultados (Freud, 2011). Com base nisso, é possível perceber que alguns transtornos, como a depressão e, principalmente, a ansiedade, cada vez mais estão relacionados à vida no ambiente de trabalho.

Sell (2010, p. 105) resume da seguinte maneira a problemática da racionalidade apontada por nosso autor:

> *Weber entendia que a marca fundamental da modernidade era a emergência de uma forma específica de racionalismo: o racionalismo da dominação do mundo. Para ele, o racionalismo ocidental que se encarna em instituições como o mercado capitalista, a burocracia estatal, o direito e a ciência, é resultado de um processo de desencantamento do mundo que, por um lado, aumenta a eficiência e produtividade, mas, ao mesmo tempo, carrega a possibilidade da perda da liberdade e do sentido da vida.*

Do mesmo modo, Gerth e Wright Mills (2002, p. 35) alertam para a problemática da racionalidade excessiva: "Weber identifica, assim, a burocracia com a racionalidade, e o processo de racionalização com o mecanismo, despersonalização e rotina opressiva. A racionalidade, neste contexto, é vista como contrária à liberdade pessoal".

Concluímos a análise do pensamento de Weber em relação ao trabalho com uma síntese de Luís Antônio Cardoso, para quem, segundo Weber, a racionalidade

> *exerceu um papel determinante na gênese do capitalismo moderno e na construção da noção moderna de trabalho. Assim, a ascese protestante[...] [e] todas as visões do universo intra e extra mundano fizeram do trabalho uma vocação (Beruf). Ela transformou o burguês em um homem de negócios racional e colocou à sua disposição os trabalhadores sóbrios, conscienciosos, de uma capacidade de trabalho pouco comum, e [...] apegados ao trabalho tal como o destino que Deus assim quis para suas vidas. Além disso, Weber também tornou central em sua análise e procurou evidenciar o papel do trabalho na composição da racionalidade capitalista, mostrando como a racionalidade estratégica do cálculo capitalista tornou-se a força motriz dominante da racionalização, desvinculando o trabalho de todos os critérios de referência doméstica e da satisfação pessoal do indivíduo.* (Cardoso, 2008, p. 14-15)

Portanto, a racionalidade é marca singular do trabalho no mundo capitalista moderno. Nele, a razão se tornou primordial e passou a subordinar sentimentos e relações humanas.

## 2.4
### Outras contribuições

A *sociologia do* trabalho não se esgota nesses três autores. Ao apresentar e discutir o pensamento desses clássicos sobre o trabalho, já introduzimos alguns autores que deram continuidade ao estudo dessa temática. Os marxistas de primeira geração (Lukács, Lênin, Rosa Luxemburgo e Gramsci) não tiraram a centralidade da classe trabalhadora em suas análises, especialmente no que se refere às discussões sobre consciência de classe, partidos, sindicatos e revolução.

Na tradição clássica de Marx, Durkheim e Weber, a categoria *trabalho* ocupou lugar central para a explicação sociológica da sociedade. Contudo, a partir do final dos anos 1960, houve mudanças substanciais na organização do trabalho causadas pela crise estrutural do capitalismo, pela crise dos modelos fordista e taylorista de produção, pela crise do Estado como regulador da economia, pelo surgimento da revolução da informática e microeletrônica e suas novas formas de trabalho, pelo surgimento de um novo setor produtivo baseado nas novas tecnologias de informação, pelo aprofundamento da automação no trabalho e pela consequente diminuição do número de trabalhadores em fábricas.

Esse novo cenário deixou de ser tão calcado na racionalidade formal/instrumental em torno do capital e passou a dar enfoque ao elemento humano e sua subjetividade. Contudo, com o aprofundamento da nova fase de globalização nos anos 1990, o consequente acirramento da competição entre as empresas e a predominância do capitalismo financeiro, a tentativa de dar centralidade ao elemento humano nas organizações ou mesmo ao elemento ético e da sustentabilidade foi passageira, ganhando centralidade a sobrevivência da empresa no curto prazo e o retorno aos acionistas.

Diante das mutações no âmbito do capitalismo e do trabalho, autores como Jürgen Habermas (1929-), Claus Offe (1940-), Daniel Bell (1919-2011) e André Gorz (1923-2007) julgaram que "a categoria trabalho, referente a um capitalismo estável, não seria mais capaz de dar conta das inúmeras formas sociais com que o novo capitalismo fazia desabrochar, e com as quais a sociologia se deparava" (Cardoso, 2008, p. 16). Para Gorz, em *Adeus ao proletariado* (1982), com a revolução da microeletrônica, o trabalhador não teria mais o trabalho como uma garantia, mas como atividade provisória, acidental e contingente.

Contudo, com base nessa discussão referente ao fim da centralidade do trabalho como categoria para a compreensão da sociedade, é oportuno ressaltar que a informatização, a automação e, sobretudo, a passagem do capitalismo industrial ao financeiro fizeram com que o número de empregos na indústria caísse drasticamente. Mesmo com outros empregos sendo criados (embora certamente mais precários, como o teleatendimento), os trabalhadores continuam sendo proletários, pois seguem vendendo sua força de trabalho por um salário.

Além desses autores, Alain Touraine (1925-) propõe o foco nos grupos e movimentos sociais para explicar e compreender a sociedade moderna.

## 2.4.1 *A Escola de Frankfurt e o trabalho*

Novas discussões sobre a técnica e a ciência tiraram o foco da categoria *valor-trabalho*, muito cara aos marxistas. Herbert Marcuse (1898-1979), Habermas, Bell, Offe e Gorz estabeleceram suas teorias sobre o fim do trabalho como forma estruturante da sociedade. Habermas propõe a substituição da visão marxista pela "razão comunicativa". As obras de Habermas que constituem seu pensamento são: *Técnica e ciência como ideologia, Para a reconstrução do materialismo histórico* e, sobretudo, *Teoria da ação comunicativa*.

Em sua primeira obra, Habermas se contrapõe a Marx por meio de sua teoria do valor-trabalho para colocar a ciência como a principal das forças produtivas e também contraria Marcuse, o qual sustenta que técnica e ciência são elementos de legitimação da dominação. Para Marcuse (1973), o conceito de razão técnica é impregnado de um sólido elemento ideológico que facilita a dominação tanto sobre a natureza quanto sobre os homens:

> *A racionalidade implica a institucionalização da dominação, na qual o antagonismo entre forças produtivas e relações de produção não mais funcionaria tal como o pensado por Marx, em favor de um esclarecimento político, mas sim como um fator preponderante para o obscurecimento e legitimação da dominação.* (Cardoso, 2008, p. 17)

Cardoso (2008, p. 18) ainda aponta que Habermas discorda de Marcuse ao reconhecer que a ciência e a técnica deixaram de legitimar a dominação capitalista e que a ciência não se reduz a um veículo de um projeto emancipador da humanidade.

Habermas rejeita a teoria marxista do valor ao afirmar que antes de existir sociedade e trabalho existe a **comunicação** (também chamada de *agir comunicativo*), que se volta à intersubjetividade e à interação. Assim, a racionalidade típica do mundo da vida se contrapõe à racionalidade instrumental, típica do mundo do trabalho. Habermas também rejeita a racionalidade instrumental sobre o trabalho apontada por Weber, considerando que este colocou ênfase exagerada sobre a racionalidade em detrimento da ação valorativa. Assim, o excesso de racionalidade em Weber e "sua resignação acerca da possibilidade da emancipação do homem na sociedade capitalista" o levaram a desencantar dessa teoria (Cardoso, 2008, p. 19). Em vez disso, Habermas propõe uma nova racionalidade, a **racionalidade comunicativa** ou **agir comunicativo**, que intermedeia as interações sociais, colocando a linguagem no lugar da categoria hegemônica do trabalho.

Em síntese, as críticas da centralidade do trabalho e da teoria do valor-trabalho de Marx foram formuladas, segundo os autores citados, porque há menor presença do trabalho na vida cotidiana, que se manifesta tanto pelo menor número de empregos (desemprego) quanto pelo aumento da produtividade, manifestado pela necessidade de um menor número de horas de trabalho. Outros dois aspectos são a importância da **ciência**, que reduziria a centralidade do trabalho (ciência e tecnologia se tornaram fatores decisivos na produção e produtividade), e a **comunicação**, ou melhor, a **linguagem**, como elemento decisivo no desenvolvimento da humanidade (e não o trabalho). A partir dessa concepção, Habermas subordina o trabalho à linguagem, isto é, ao saber comunicativo. Essa elaboração reduz o potencial emancipador do trabalho e amplia as relações do capital (Bueno, 2013).

Como podemos constatar, tais assertivas são contrárias à *teoria do valor-trabalho*, que afirma que é o trabalho a principal força produtiva ou a principal força da reprodução material da sociedade capitalista.

## *2.4.2 Escola Francesa de Sociologia do Trabalho*

Os estudos relacionados ao mundo do trabalho realizados por **Pierre Naville** e **Georges Friedmann** a partir de 1945 levaram à criação da chamada *Escola Francesa de Sociologia do Trabalho*, a primeira dessa temática no mundo.

De início, surgem obras que analisam o mundo do trabalho de forma mais descritiva, como é o caso de: *Teoria da orientação profissional* e *A formação profissional e a escola*, de Naville. Após essas publicações, o autor prosseguiu com seus estudos abordando temáticas de cunho totalmente sociológico, como a vida do trabalhador, o trabalho qualificado e a automação. Mais tarde, Naville publicou sua obra-prima: *O novo Leviatã*, alusão à obra de Thomas Hobbes (1588-1679), *O Leviatã*. Nela, Naville sustenta que é possível conceber uma sociologia do trabalho "que não seja perpetuadora da ordem vigente" ou discutir um "racionalismo sem história" (Bava Junior, 1990, p. 12). Assim, ele analisa a sociabilidade com base no trabalho e sustenta que tudo aquilo que tem valor social dominante tem sua origem no trabalho.

Já as análises de Friedmann se concentram no cotidiano dos trabalhadores, denominado pelo autor como *trabalho em migalhas*, título de uma de suas principais obras (Bava Junior, 1990, p. 10). Para apreender a dimensão universal do trabalho, viajou pelo mundo e aprendeu a "língua" dos trabalhadores "para ganhar a intimidade necessária à compreensão dos valores sociais que eram gerados a partir da realidade do trabalho" (Bava Junior, 1990, p. 11). Assim, foi para a antiga União Soviética (Moscou), os Estados Unidos e a América Latina, onde também foi o primeiro presidente da Faculdade Latino-Americana de Ciências Sociais (FLACSO), com sua sede principal em Santiago, no Chile.

Friedmann fundou um centro de estudo sociológico em Paris, foi cofundador da revista *Sociologie du Travail* (em 1960) e editou, com Pierre Naville, a insuperável obra *Tratado de sociologia do trabalho* (em 1962, na França.

A Escola Francesa de Sociologia do Trabalho teve continuidade com **Alain Touraine**, que também é um dos autores do *Tratado de sociologia do trabalho*. Sua obra procura explicitar o caráter social que incorpora uma unidade de produção industrial como um espaço social típico, diferenciado no conjunto da sociedade. Além disso, o autor traz à tona o papel da gerência, que responde pelos interesses do capital e administra a massa de trabalhadores, elucidando o papel predador dos trustes, cartéis e monopólios para poder analisar de forma mais objetiva a realidade do trabalho (Touraine, 1973).

Touraine iniciou sua vida como pesquisador trabalhando em minas, local em que, com base em uma perspectiva marxista, pretendia estudar o operariado e desenvolver a consciência operária. Após essa fase, iniciou uma pesquisa sobre os movimentos sociais, o que o levou a se tornar um estudioso das identidades, com ênfase no movimento feminista. Hoje, Touraine é um teórico da intervenção social e do sujeito que se torna ator nos movimentos sociais e postula que a sociedade deve ser vista como pós-industrial. Para ele, essa sociedade está interessada em se apropriar dos resultados que ela gera e não aceita a concentração desses resultados nas mãos de poucos. Por isso, o autor defende a organização e a preservação dos movimentos sociais, que devem se tornar sujeitos e atores relevantes da sociedade. Touraine alerta que, na sociedade pós-moderna, o sujeito, através da mídia, torna-se objeto, pois na sociedade capitalista o sujeito é colocado em condições de objeto de consumo.

Os contatos de Touraine com o Brasil e a América Latina foram frequentes. No Brasil, nos anos 1950, ele analisou os operários e a consciência dos trabalhadores, e mais tarde participou do Fórum Social Mundial de Porto Alegre.

### 2.4.3 Hannah Arendt

Em um tom de crítica à centralidade do trabalho posta pela corrente marxista, Hannah Arendt, em sua obra *A condição humana* (publicada em 1958), concebe a atividade humana como elemento central. A condição humana, para a autora, "é a vida, o pertencer-ao-mundo ou a mundanidade e a pluralidade" (Arendt, 1981, p. 9), e forma a *vita activa*, que são as atividades humanas fundamentais: trabalho, obra ou artefato e ação. Contudo, esses elementos centrais da obra de Arendt foram traduzidos como: o labor, o trabalho e a ação.* O **trabalho** (ou labor) ganha o sentido de *gestar* ou *parir* a vida, mas também de *cuidado com a vida*, ou seja, são as atividades voltadas à **preservação da vida**. Assim, quando a mãe amamenta seu filho, essa ação tem o caráter de labor. O labor compreende o processo que atende as necessidades do ciclo da vida, sendo que a condição humana do trabalho é a própria vida (1981).

Já a **obra** (ou trabalho), para Arendt (1981), é um tipo determinado de ação ou de fabricação, que produz objetos ou artefatos não essenciais ao ciclo da vida biológica – produz um mundo artificial de objetos –, de onde surge a ideia de **artificialismo**: algo feito fora do homem, que transcende o indivíduo ou a sua individualidade.

A **ação**, por sua vez, está ligada à ideia de racionalidade, de discurso, bem como à ideia de pluralidade. Assim, somos diferentes na ação e essa é a condição da pluralidade e da alteridade. A ação,

---

\* Como há muitas controvérsias sobre a compreensão dessa terminologia utilizada por Arendt (*labor, work* e *action*), propomos uma distinção apresentada por Celso Lafer: "De acordo com H. Arendt, existem três experiências humanas básicas. A primeira é a do *animal laborans*, assinalada pela necessidade e concomitante futilidade do processo biológico, do qual deriva, uma vez que é algo que se consome no próprio metabolismo, individual e coletivo. No sentido etimológico, *labor* indica a ideia de tarefas penosas, que cansam e, por essa razão, a primeira palavra, em português, que ocorre, é *labuta*, cuja origem provável é *labor*. Entretanto, julgo que a palavra etimologicamente indicada para traduzir, em português, labor, que é o termo que Hannah Arendt emprega no seu livro, seria trabalho. [...] Seja como for, trata-se de viga que todos nós carregamos na penosa e sisífica labuta de lidar com a necessidade. A segunda experiência básica é a do *homo faber*, que cria coisas extraídas da natureza, convertendo o mundo num espaço de objetos partilhados pelos homens. [...] Esses objetos são frutos de um *fazer*, cuja origem vem de *facere*, significando atividade executada num determinado instante que, por isso mesmo, tem começo, meio e fim. O artesão é um *homo faber*, como também o é o artista, pois ambos fabricam objetos" (Lafer, 1979, p. 29-30, citado por Magalhães, 2006, p. 6, grifos do original).

portanto, é única e é individualização: faz a pessoa que a pratica diferente dos outros. Em uma massa não há diferenciação, mas um movimento ou fenômeno/coletivo de massa. Por exemplo, um linchamento é um fenômeno coletivo. Ninguém se reconhece nessa ação de linchamento, pois o sujeito age como autômato, não tendo autonomia sobre sua própria ação. A ação corresponde à condição humana da pluralidade (Arendt, 1981).

A autora também aponta que o homem é um ser condicionado pela cultura, que é formada pelo labor, pelo trabalho e pela ação (Arendt, 1981, p. 17). A cultura é uma forma pela qual os homens se reproduzem (labor), agem e criam o mundo através de formas institucionalizadas, como a família, o sindicato, a religião, a escola, o trabalho etc. Para Arendt, a condição humana é a própria natureza humana, na qual o homem se revela no discurso e na ação, ou seja, na práxis. A ação por excelência é a atividade política, compreendida de forma ampla como a vida na *polis*. Para a autora, o homem somente é livre se participa da *polis*, ou seja, se é cidadão. Nesse sentido, a autora se aproxima de Touraine, pois o homem só se emancipa quando se torna sujeito e ator na sociedade e nos movimentos sociais; incluindo os sindicatos; caso contrário, é um autômato, um ser condicionado.

> Para Arendt, a condição humana é a própria natureza humana, na qual o homem se revela no discurso e na ação, ou seja, na práxis. A ação por excelência é a atividade política, compreendida de forma ampla como a vida na *polis*. Para a autora, o homem somente é livre se participa da *polis*, ou seja, se é cidadão.

## Síntese

*Destacamos que os* clássicos e suas reflexões sobre o trabalho e sua relação com o mercado e a sociedade não são mutuamente excludentes. O questionamento de Weber à racionalidade exagerada pode aprisionar o trabalhador – tanto o trabalhador braçal quanto o intelectual – dentro de técnicas de produção estabelecidas que destituem sua inteligência e criatividade, não proporcionando a realização pessoal do trabalhador no seu trabalho, mas a alienação em suas diferentes modalidades, conforme proposto por Marx. A reflexão dos clássicos a respeito do trabalho e do mundo do trabalho continua pertinente e traz questionamentos sobre o valor do ser humano-trabalhador nessa engrenagem social.

## Indicações culturais

### Livros

> GIDDENS, A. **Política, sociologia e teoria social**: encontros com o pensamento social clássico e contemporâneo. Tradução de Cibele Saliba Rizek. São Paulo: Ed. da Unesp, 1998.

Recomendamos a leitura do capítulo 2: "Marx, Weber e o desenvolvimento do capitalismo" (p. 73-101). Nesse capítulo, Giddens discute as importantes contribuições de Weber e Marx sobre o desenvolvimento do capitalismo. O autor também analisa as críticas de Weber a Marx.

> OLIVEIRA, R. de C. da. S. (Org.). **Sociologia**: consensos e conflitos. Ponta Grossa: Ed. da UEPG, 2001.

Nessa obra, composta por sete trabalhos de diferentes autoras, sugerimos a leitura do capítulo 3, "Paradigmas do consenso e do conflito" (p. 49-71), da autora Marisete Mazurek Tebcherani. Nesse capítulo, a autora expõe duas visões que se tem do funcionamento da sociedade: a marxista, que expõe os conflitos existentes na sociedade; e a durkheimiana, que discute os meios para se construir o consenso social.

## *Vídeos*

Os vídeos indicados a seguir apresentam uma visão ampla da sociologia de Durkheim, Marx e Weber, suas aplicações para a compreensão da sociedade e suas relações, incluindo o mundo do trabalho:

COHN, G. **Adeus Weber #1**. São Paulo, 31 mar. 2012. Palestra. Disponível em: <http://tvcultura.com.br/videos/36960_adeus-weber-1.html>. Acesso em: 19 jul. 2017.

COHN, G. **Fundadores do pensamento**: a sociologia de Weber. Palestra proferida no projeto Balanço do Século XX, Paradigmas do Século XXI. São Paulo: TV Cultura, 3 nov. 2003. Programa de televisão. Disponível em: <http://www.institutocpfl.org.br/2008/12/30/a-sociologia-de-weber/>. Acesso em: 19 jul. 2017.

DAVID Émile Durkheim: solidariedade mecânica e orgânica. 18 nov. 2009. Disponível em: <https://www.youtube.com/watch?v=j8Ovr78ktig>. Acesso em: 19 jul. 2017.

ÉMILE Durkheim. **Clássicos da Sociologia**. São Paulo: Univesp TV, 3 ago. 2012. Programa on-line. Disponível em: <http://tvcultura.com.br/videos/36438_d-09-classicos-da-sociologia-emile-durkheim.html>. Acesso em: 19 jul. 2017.

KARL Marx. **Clássicos da Sociologia**. São Paulo: Univesp TV, 3 ago. 2012. Programa on-line. Disponível em: <http://tvcultura.com.br/videos/36437_d-09-classicos-da-sociologia-karl-marx.html>. Acesso em: 19 jul. 2017.

MAX Weber. **Clássicos da Sociologia**. São Paulo: Univesp TV, 31 jul. 2012. Programa on-line. Disponível em: <http://tvcultura.com.br/videos/36450_d-09-classicos-da-sociologia-max-weber.html>. Acesso em: 19 jul. 2017.

Nos vídeos indicados a seguir, alguns professores importantes e autores especialistas em marxismo discutem a questão do método em Marx e algumas de suas principais obras:

BRAGA, R. **Manuscritos econômico-filosóficos**. Aula ministrada em 2012 no III Curso Livre Marx-Engels. São Paulo: TV Boitempo, 20 dez. 2012. Disponível em: <https://www.youtube.com/watch?v=vxalNQqIoHQ>. Acesso em: 19 jul. 2017.

MASCARO, A. **Crítica da filosofia do direito de Hegel**. Aula ministrada em 2008 no I Curso Livre Marx-Engels. São Paulo: TV Boitempo, 1º ago. 2012. Disponível em: <https://www.youtube.com/watch?v=rGHPolphKIg>. Acesso em: 19 jul. 2017.

NETTO, J. P. **O método em Marx**. 2002. Curso. DVD 1: aula 1. Disponível em:<http://www.youtube.com/watch?v=tTHp53Uv_8g>. Acesso em: 19 jul. 2017.

SADER, E. **A ideologia alemã**. Aula ministrada em 2012 no III Curso Livre Marx-Engels. São Paulo: TV Boitempo, 20 dez. 2012. Disponível em: <https://www.youtube.com/watch?v=ZjAqULphLkA>. Acesso em: 19 jul. 2017.

## Atividades de autoavaliação

1. Levando em consideração a obra de Émile Durkheim, analise as afirmativas a seguir e assinale V (verdadeiro) ou F (falso):
   ( ) Solidariedade mecânica é típica de sociedades desenvolvidas na Era Industrial.
   ( ) A divisão do trabalho social não provoca coesão na sociedade.
   ( ) Na solidariedade orgânica, a sociedade inteira pesa sobre nós, deixando muito pouco lugar para o livre exercício de nossa iniciativa.
   ( ) A divisão do trabalho explicada pelo conceito de solidariedade orgânica de Durkheim aponta para a busca de uma nova harmonia social, sendo um empreendimento conservador.

   Agora, assinale a alternativa que apresenta a sequência correta:
   a) F, F, F, V.
   b) F, F, F, F.
   c) F, F, V, V.
   d) F, V, F, V.

2. Levando em consideração a obra de Karl Marx, analise as afirmativas a seguir e marque V (verdadeiro) ou F (falso):
   ( ) Materialismo histórico é uma forma de análise da sociedade usada por Marx, na qual se valoriza o trabalho e a produção humana na transformação da natureza.
   ( ) Na dialética de Hegel – conceito adotado e modificado por Marx –, tese é o momento da afirmação, antítese é o momento da negação e síntese é o momento da negação da afirmação ou da superação.

( ) Alienação do seu próprio trabalho significa que aquilo que o trabalhador produz não pertence a ele, ou seja, o trabalhador perde o controle daquilo que ele mesmo produz.

( ) Fetiche da mercadoria é um conceito que valoriza a produção do trabalhador e esse processo de trabalho torna-o mais humano.

( ) A sociedade é a síntese do eterno processo dialético pelo qual o homem atua sobre a natureza e a transforma.

( ) A desvalorização do mundo humano cresce na razão direta da desvalorização do mundo das coisas.

Agora, assinale a alternativa que apresenta a sequência correta:
a) V, F, V, V, V, V.
b) F, V, V, F, V, F.
c) F, F, V, F, V, F.
d) V, F, V, F, V, F.

3. Das afirmativas a seguir, assinale aquelas que refletem corretamente o pensamento de Max Weber:
   I. A racionalidade exerceu um papel determinante na gênese do capitalismo moderno e na construção da noção moderna de trabalho.
   II. Weber detectou uma afinidade entre a ética protestante e o espírito do capitalismo, em uma relação de causa e efeito.
   III. A racionalidade funcional coloca problemas para a liberdade e a ética e "tende a despojar o indivíduo médio" de sua capacidade financeira.
   IV. Com sua racionalidade, a burocracia é considerada "desumanizada", e também a mais efetiva e eficiente forma de organização.
   V. A burocracia promove a divisão do poder e, por consequência, a estabilidade política e econômica.

Agora, assinale a alternativa que apresenta a sequência correta:

a) I, II, III.
b) I, IV, V.
c) II, IV, V.
d) III, IV, V.

4. Escolha a alternativa para que o raciocínio de Marx a seguir seja completado corretamente.

   Marx desenvolve uma ampla teoria social com o objetivo de compreender as relações _____ da sociedade e seus modos de produção _____.

   a) sociais; socialista.
   b) econômicas; capitalista.
   c) civis; comunista.
   d) mercantis; servil.

5. Segundo Max Weber, há três formas de autoridade ou domínio. Sendo assim, conecte os conceitos a seguir com suas respectivas definições.

   1. Tradicional
   2. Carismática
   3. Racional-legal-burocrática

   ( ) Os subordinados aceitam as ordens dos superiores como justificadas devido à influência da personalidade e da liderança do superior com o qual se identificam. É de caráter pessoal, sendo o poder extraordinário.

   ( ) Os subordinados aceitam as ordens dos superiores como justificadas, pois concordam com um conjunto de preceitos ou normas que consideram legítimo e do qual deriva o comando. É de caráter impessoal, sendo o poder ordinário.

( ) Os subordinados aceitam as ordens dos superiores como justificadas, pois essa foi a maneira pela qual as coisas sempre foram feitas. É de caráter pessoal, sendo o poder ordinário.

Agora, assinale a alternativa que apresenta a sequência correta:

a) 1, 2, 3.
b) 3, 2, 1.
c) 2, 3, 1.
d) 1, 3, 2.

## Atividades de aprendizagem

### Questões para reflexão

1. Para os clássicos, o trabalho é uma atividade social que une e dá coesão à sociedade (visão de Durkheim) ou a divide em classes (visão de Marx). Qual é sua visão? Como você se posiciona diante dessas duas visões distintas?

2. Explique como a racionalidade exacerbada pode colocar o trabalhador numa "jaula de ferro", tirando sua liberdade e individualidade e tornando-o um suposto ser condicionado?

3. O que é alienação no trabalho para Marx? Você é capaz de citar e explicar os quatro tipos de alienação apontados pelo pensador alemão?

### Atividade aplicada: prática

1. As reflexões de Marx acerca da alienação, da mercantilização do trabalho e do trabalhador, da consciência de classe, da ideologia, entre outros, continuam atuais? Procure investigar isso nas instituições, incluindo a empresa em que você trabalha ou frequenta. Descreva, fazendo notas, de que maneira você percebe a alienação presente no mundo do trabalho.

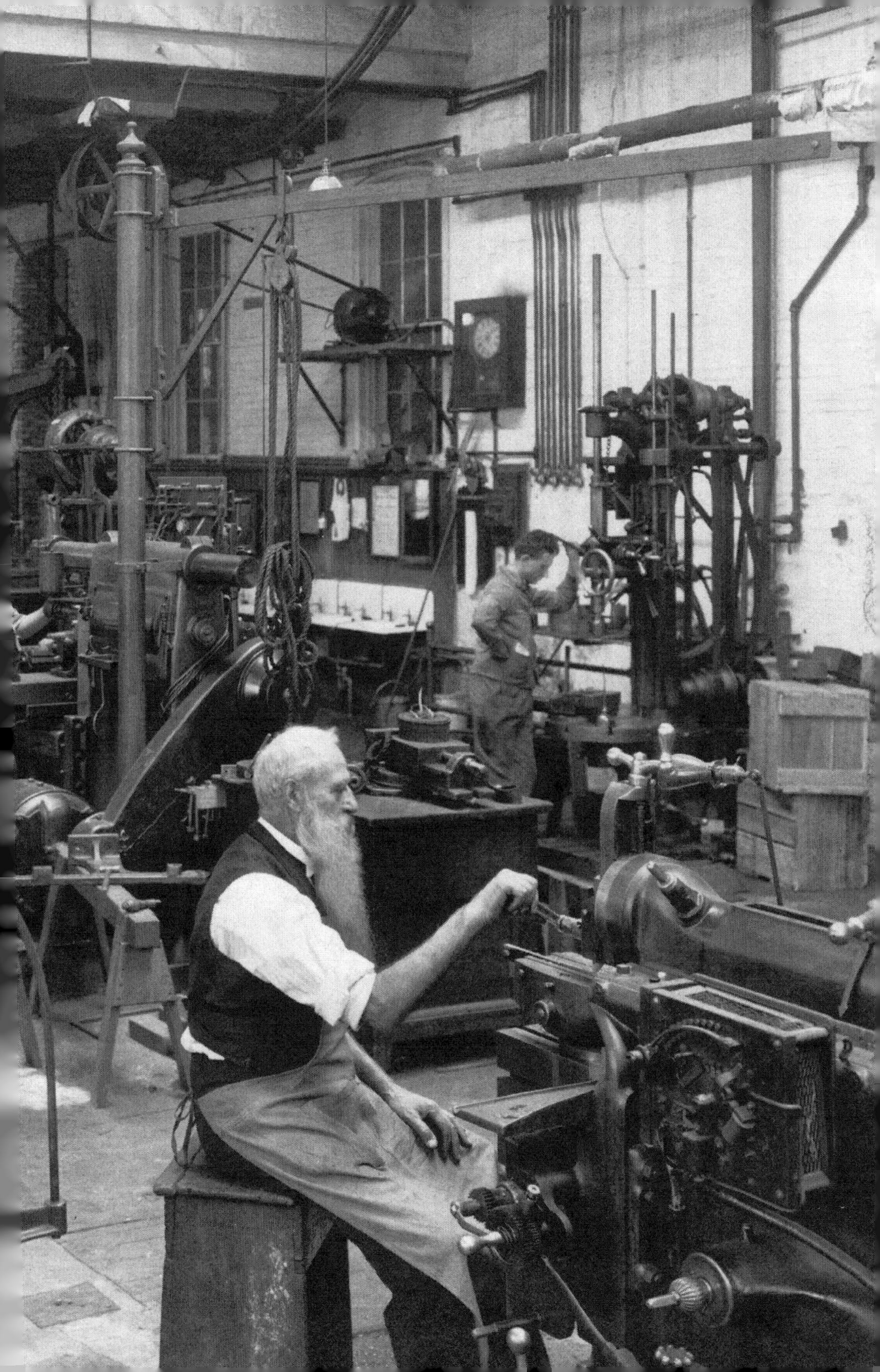

# 3

*Sistemas e modos de produção*

*Neste capítulo, abordaremos os modos de produção primitivo, asiático, escravista, feudal e socialista, além do modo de produção capitalista e seus sistemas de produção: taylorismo, fordismo e toyotismo. Também abordamos o cooperativismo e a economia solidária. Nossa intenção é que você possa compreender quais foram os principais sistemas de produção que existiram ou existem na humanidade, avaliar os impactos na sociedade desses modos de produção, especialmente o capitalista, bem como analisar outras alternativas de sistema de produção, como o cooperativismo e a economia solidária.*

## 3.1
### Modos de produção primitivo, asiático, escravista, feudal e socialista

Os *modos de* produção podem ser definidos como a maneira pela qual uma sociedade se organiza para produzir, distribuir e consumir seus produtos e serviços. Essa organização se refere, sobretudo, ao âmbito social e econômico, pois é formado por suas forças produtivas e as relações de produção existentes, as quais são o "centro organizador de toda a sociedade" (Santa Catarina, 2012, p. 132).

Devemos entender por modos de produção uma revolução, ou seja, um período de rápidas e inusitadas transformações advindas por meio de descobertas, invenções, experiências e conhecimentos, sobretudo técnicas e tecnológicas, que culminam em transformações nos processos produtivos (Oliveira, 2005, p. 16). Uma revolução sempre conduz à outra, e já contém em si a semente da próxima revolução. Assim, durante o modo de produção feudal já se estava gestando o modo de produção capitalista. Esses eventos são chamados de *revoluções* porque produzem bruscas e inesperadas inovações e transformações no mundo. Essas transformações são amplas e revestem-se de caráter social, político e econômico, ou seja, abarcam toda a sociedade.

É importante ressaltar que cada modo de produção carrega consigo **poder** e **monopólio**:

> *processos e relações conformam interessantes aspectos de seu reduto de poder. [...] Tanto o monopólio de poder como a ganância do lucro, decorrentes dos redutos desses diversos modos de produção econômica, desencadeiam o enriquecimento de classes dominantes e privilegiadas – senhores feudais, burgueses mercantilistas, capitalistas da mais-valia – de um lado, e a pobreza dependente das classes dominadas pela servidão, subordinação, proletarização, exclusão, de outro.* (Oliveira, 2005, p. 16)

A concepção econômica determina o funcionamento da sociedade. Segundo os contratualistas (Locke, Hobbes e Rousseau) e mesmo Hegel, há separação entre Estado e sociedade. Por seu turno, os marxistas afirmam que não existe essa separação, pois, de um lado, as decisões que o Estado toma atendem a uma parte da sociedade, sobretudo os proprietários, já que estes detêm maior poder de pressão; e, de outro, "o todo social [...] complexo e multideterminado" (Marx, 1974, p. 133-138).*

> Devemos entender por modos de produção uma revolução, ou seja, um período de rápidas e inusitadas transformações advindas por meio de descobertas, invenções, experiências e conhecimentos, sobretudo técnicas e tecnológicas, que culminam em transformações nos processos produtivos (Oliveira, 2005, p. 16).

A seguir, abordaremos sucintamente as principais características dos modos de produção primitivo, asiático, escravista, feudal e socialista, antes de abordar o modo de produção capitalista, para que você tenha uma visão completa a respeito de como a humanidade se organizou para produzir sua existência.

## 3.1.1 Modo de produção primitivo

O modo de produção primitivo é o mais longo, perfazendo centenas de milhares de anos, ao passo que todos os outros juntos somam cerca de cinco milênios apenas. Esse modo de produção se iniciou com o aparecimento das primeiras comunidades humanas, caracterizando-se pelo **extrativismo** e, mais tarde, pela **domesticação dos animais** e pelo **cultivo de legumes e frutas**. Além disso, nele havia o trabalho comum,

---

\* Marx usa uma metáfora, como se a sociedade estivesse organizada como um edifício: fundação (infraestrutura: relações do sistema de produção, trabalho, estrutura econômica) e a parte superior (superestrutura: aparato jurídico-político e ideológico).

sem divisão social do trabalho, a propriedade comum (não havia a propriedade privada) e os meios de produção coletivos, motivo pelo qual esse modo de produção também ficou conhecido como *comunismo primitivo*. As relações de produção eram de amizade e de entreajuda (Santa Catarina, 2012).

### 3.1.2 Modo de produção asiático

O modo de produção asiático é característico dos primeiros Estados surgidos na Ásia Oriental, na Índia, no Egito e, mais recentemente, no restante África. A **agricultura**, base da economia desses Estados, era praticada por comunidades de camponeses presos à terra, a qual não podiam abandonar, sendo submetidos a um regime de **servidão coletiva**. Na verdade, esses camponeses (ou aldeões) tinham acesso à coletividade das terras de sua comunidade, ou seja, pelo fato de pertencerem a tal comunidade, eles tinham o direito e o dever de cultivar essas terras.

### 3.1.3 Modo de produção escravista

No modo de produção escravista os meios de produção e os escravizados, ou seja, a força de trabalho, eram **propriedades do senhor**. As relações de produção eram de domínio e sujeição: os senhores tinham poder sobre os escravizados, pois estes não tinham nenhum direito e eram considerados uma mercadoria (Santa Catarina, 2012). A Grécia Antiga, especialmente na sua era áurea, usava esse modo de produção e, posteriormente, com sua dominação e assimilação por Roma, foi o modo de produção praticado por todo o Império Romano.

No Brasil, o modo de produção escravista durou por mais de três séculos, de 1530 a 1888. De início, foi utilizada a mão de obra escrava indígena, mas por serem considerados pouco hábeis ao trabalho, o marquês de Pombal aboliu a escravidão dos chamados *gentios da terra*. Os escravizados foram trazidos da África como solução para a falta de braços para a lavoura, ou seja, para trabalhar nos engenhos de cana-de-açúcar. Mais tarde foram inseridos também na produção do café, algodão e tabaco e, ainda, em transporte de cargas e ofícios urbanos, bem como no trabalho doméstico. O impacto da escravidão nas relações sociais no Brasil foi tão profundo que se tornou muito difícil desvencilhar-se dessas relações, como veremos mais adiante.

### 3.1.4 Modo de produção feudal

O modo de produção feudal se caracteriza pelas **relações desiguais** entre os senhores feudais e os servos. Estes últimos não eram escravos, pois não eram propriedade do senhor, mas trabalhavam para ele em troca de proteção, casa e de um pedaço de terra junto à propriedade feudal, na qual podiam trabalhar parte do tempo para o seu sustento.

O feudalismo foi um modo de organização social e político baseado nas relações servo-senhor e cuja origem remonta ao esfacelamento do Império Romano na Europa. Perdurou por cerca de mil anos, durante toda a Idade Média.

Segundo Martins (2015a, p. 97),

> *a passagem do feudalismo ao capitalismo insere-se num longo processo sócio-político-econômico-religioso que passava a Europa.[...] Wallerstein não concebe o feudalismo existindo com duas economias, uma de subsistência (rural) e uma de mercado (nas cidades), não podendo o feudalismo ser pensado como antitético ao comércio, pois ambos evoluem de par. Contudo, o feudalismo podia apenas suportar um volume limitado de comércio longínquo, pois a logística era cara, devendo, por isso, ser composto apenas por especiarias e bens de luxo, em contraposição ao comércio local que era de alimentação e artesanato.* (Wallerstein, 1974)

O fim do feudalismo e o início do capitalismo ocorrem com o processo de reorganização política e a formação dos primeiros Estados-nação na Europa, ao final da Idade Média, propiciando a "base para tributação que poderia financiar funcionários para cobrar impostos e tropas assalariadas, pois houve crescimento da população, renascimento do comércio, circulação monetária mais abundante e impostos são cobrados" (Martins, 2015a, p. 98).

### 3.1.5 Modo de produção socialista

O modo de produção socialista refere-se à organização econômica que pleiteia a **administração e a propriedade pública ou coletiva dos meios de produção** (fábricas e instalações, equipamentos e maquinários) e a **distribuição dos bens**. Esse sistema tem por objetivo implantar uma sociedade definida pela igualdade de oportunidades e meios para todos (Newman, 2005).

No Caderno Pedagógico de Sociologia do Estado de Santa Catarina (2012, p. 158), consta que:

> *A base econômica do socialismo é a propriedade social dos meios de produção, isto é, os meios de produção são públicos ou coletivos, não existem empresas privadas. A finalidade da sociedade socialista é a satisfação completa das necessidades materiais e culturais da população: emprego, habitação, educação, saúde. Nela não há separação entre proprietários do capital (patrões) e proprietários da força do trabalho (empregados). Isto não quer dizer que não continuem existindo diferenças sociais entre as pessoas, bem como salários desiguais em função de o trabalho ser manual ou intelectual.*

Assim, o modo de produção socialista é formado pelo intervencionismo do Estado sob a forma de um planejamento econômico centralizado, que controla os meios de produção de acordo com as necessidades das pessoas. *Tecnocracia, planejamento industrial* e *propriedade coletiva dos meios de produção* são termos definidores desse modo de produção, aventado inicialmente por Saint-Simon (1760-1825) e posto em prática em um experimento na Escócia e nos Estados Unidos por Robert Owen (1771-1858), que desejava dar condições mais humanas e estudo aos operários.

Marx e Engels(2006) e Lênin (2010) definem o socialismo como uma fase intermediária entre o capitalismo e o comunismo. Este último é definido pela ausência total da propriedade privada e não apenas dos meios de produção. O auge do socialismo e do comunismo se deu com a Guerra Fria (1945-1991), quando o mundo foi dividido em duas grandes áreas de influência: o Ocidente, capitalista, comandado pelos Estados Unidos; e a Europa Central e Oriental, socialista/comunista, dirigida pela União das Repúblicas Socialistas Soviéticas (URSS). Seu apogeu ocorreu nos anos 1950-1960, quando cerca de 60% da população mundial vivia sob regimes socialistas ou comunistas.

## 3.2
*Modo de produção capitalista*

O *capitalismo tem* sua premissa e essência no funcionamento da economia de mercado, com base na propriedade privada, na liberdade de empreender (livre-iniciativa), na separação do capital (meios de produção) e no trabalho remunerado (mão de obra paga).

O capitalismo faz uma ruptura com os modos de produção anteriores. Para visualizar essas transformações, reproduzimos a seguir um quadro de Edgell (2012) que resume e compara o trabalho em sociedades pré-capitalistas e em sociedades capitalistas industriais.

Quadro 3.1 – *Trabalho nas sociedades pré-industriais e capitalistas industriais*

| Características-chave | Trabalho nas sociedades pré--capitalistas | Trabalho nas sociedades industriais capitalistas |
|---|---|---|
| Sistema de produção | Ferramentas manuais/água/humano/energia animal | Máquinas/energia inanimada (carvão, gás, óleo etc.) |
| Unidade de produção | Família/âmbito doméstico | Indivíduos adultos/organizações de larga escala |
| Divisão do trabalho | Rudimentar/baixo nível de diferenciação | Complexa/alto nível de diferenciação |
| Tempo | Irregular/sazonal | Regular/permanente |
| Educação e recrutamento | Mínimo/geral ou particularista/família | Extensa/especializada/universalista/indivíduos adultos |
| Sistema econômico | Tradicional/não mercado | Racional/mercado |
| Significado do trabalho | Mal necessário | Trabalho como virtude |
| Objetivo do trabalho | Meio de vida/subsistência/lucro a curto prazo | Recompensa máxima/renda/lucro a longo prazo |
| Pagamento | Em natura/dinheiro | Salários/vencimentos/lucros |
| Concepção subjacente do trabalho | Incorporado em instituições não econômicas | Separado de outras instituições |

Fonte: Elaborado com base em Edgell, 2012, p. 8, tradução nossa.

Antes do advento do **capitalismo industrial**, há cerca de 200 anos (na Inglaterra), o trabalho, de forma geral, era diretamente relacionado à atividade humana de sobrevivência, ou seja, a maioria das pessoas estava no nível da subsistência. Dos 40 mil anos ou mais de história humana, somente no passado recente o trabalho se tornou sinônimo de uma forma de emprego regular com salário.

Por outro lado, não se pode falar de apenas uma forma de capitalismo. Para melhor entender esse fenômeno, vamos dividi-lo em etapas pelas quais o capitalismo passou. Contudo, a gênese de uma etapa não elimina necessariamente a anterior, como é o caso atual: ainda vivemos o capitalismo industrial, mas a predominância está no **capitalismo financeiro**.

## 3.2.1 Etapas do capitalismo

O capitalismo não constitui uma unicidade na sua forma de ser e no foco de atuação e pode ser dividido em quatro etapas:

- *Pré-capitalismo (séculos XII a XV): o modo de produção feudal ainda predomina, mas já se desenvolvem as relações capitalistas.*

- *Capitalismo comercial (XV a XVIII): a maior parte do lucro concentra-se nas mãos dos comerciantes, que constituem a camada hegemônica da sociedade; o trabalho assalariado torna-se mais comum.*

- *Capitalismo industrial (XVII a XX): com a Revolução Industrial, o capital passa a ser investido basicamente nas indústrias, que se torna a atividade econômica mais importante; o trabalho assalariado firma-se definitivamente.*

- *Capitalismo financeiro (século XX): os bancos e outras instituições financeiras passam a controlar as demais atividades econômicas, por meio de financiamentos à agricultura, à indústria, à pecuária e ao comércio. (Santa Catarina, 2012, p. 157-158)*

Na era da economia do conhecimento, constata-se uma mudança estrutural do capitalismo: a **passagem do capitalismo industrial ao financeiro**. As tecnologias da informação permitem que o capitalismo, na sua vertente financeira, possa operar em escala global, sendo essa a etapa que predomina atualmente. Em outras palavras, as grandes corporações não têm mais seu foco na produção. Abordaremos essa questão em detalhes mais adiante, no item "Pós-industrialismo e globalização", no Capítulo 5, exemplificando essa mudança de paradigma com a empresa norte-americana Nike.

### 3.2.2 Fontes teóricas do capitalismo

As bases e os pressupostos da economia de mercado foram postos por Adam Smith (1723-1790). Contudo, gostaríamos de destacar dois precursores nos quais Smith baseou sua teoria: William Petty (1623-1687) e Bernard de Mandeville (1670-1733).

Em 1662, William Petty publicou a obra *Tratado sobre os impostos*. Nela, o autor argumenta que a riqueza se origina no trabalho. Contrariamente a outros economistas clássicos, como David Ricardo (1772-1823), Petty observou que a Irlanda exportava muito e era pobre. Portugal tinha uma indústria têxtil melhor e mais avançada que a inglesa, portanto, não precisaria concentrar-se na produção de vinhos e azeites, conforme proposto pela teoria de Ricardo. Em 1703, com o Tratado de Methuen (1703), terminou essa diferença, pois Portugal se subordinou à Inglaterra, atendendo aos anseios de hegemonia da indústria inglesa e de seus industriais, dos quais David Ricardo era porta-voz e defensor.

Também em 1703, Bernard de Mandeville, certamente o primeiro grande liberal, conhecido por *A fábula das abelhas*, que é parte de sua extensa obra, discorre sobre como os homens realmente são: segundo ele, o açougueiro não quer matar a fome de ninguém, mas apenas ganhar dinheiro, no seu egoísmo (Mandeville, 1988). Esse argumento foi retomado mais tarde por Adam Smith como base de sua **teoria da mão invisível**. Mandeville também admite a criação de riqueza pelo trabalho ao argumentar que o homem nobre não cria riqueza.

Adam Smith, em sua obra-prima *A riqueza das nações* (1776), publicada na mesma época da independência dos Estados Unidos, afirma que a origem das riquezas se dá pela divisão social do trabalho. Sua obra *Teoria dos sentimentos morais* (1759) – sua obra predileta – contém um tratado de princípios de economia e política econômica que é a base de sua obra-prima e de seu argumento da **teoria da mão invisível**: não importa se o homem quer apenas seu único e exclusivo benefício, ele vai, de alguma forma, produzir o bem comum por meio de uma mão invisível.

### 3.2.3 O capitalismo e as crises

O capitalismo é um sistema que necessita de um ambiente socioeconômico e jurídico estável para o seu bom funcionamento. Daí a necessidade de haver um ente de tal envergadura, como o Estado, para proporcionar um ambiente propício para seu funcionamento. Se deixado por si só e às forças do mercado, o capitalismo tende naturalmente à formação de oligopólios e monopólios, o que é contrário à própria premissa do sistema, ou seja, de um mercado com competição e concorrência, como preconizou Adam Smith.

Para o sociólogo Immanuel Wallerstein, o capitalismo floresceu como o vemos hoje porque conta com o Estado para a absorção de suas perdas, algo manifesto nos "resgates" aos bancos e no sistema financeiro em geral por meio de ajuda, subsídios, isenção fiscal, empréstimos subsidiados, entre outros mecanismos de suporte ao capitalismo. Wallerstein é enfático nessa questão:

*Não estou a defender aqui o clássico argumento da ideologia capitalista segundo o qual o capitalismo é um sistema baseado não na interferência do Estado nos assuntos econômicos. Antes pelo contrário! O capitalismo baseia-se na constante absorção das perdas econômicas pelas entidades públicas, enquanto os ganhos econômicos se distribuem entre mãos "privadas".* (Wallerstein, 1974, p. 338)

Portanto, contrariamente ao senso comum, a sobrevivência do capitalismo necessita da existência do Estado para que esse sistema proporcione um ambiente jurídico estável, com previsibilidade jurídica, regras antitruste e mesmo mecanismos para regatá-lo de tempos em tempos, como ocorreu nas crises de 1929 e de 2008.

Essas duas maiores crises mundiais, de 1929 e de 2008, evidenciaram que, sozinhas, as forças de mercado não conseguem corrigir disfunções do sistema financeiro, bem como demonstraram que a crença na independência da economia é um mito. A falta de transparência e de democracia na gestão dos mercados, predominando a manipulação e a força dos mais fortes, como na crise de 2008, mostrou que as instituições financeiras internacionais foram incapazes de redirecionar o colapso financeiro, necessitando da liderança e do aporte financeiro do Estado, ou seja, da coletividade para salvar os interesses privados. Todavia, por que isso acontece? Ora, porque há uma **dependência estrutural entre capitalismo e Estado**.

O cientista político e sociólogo alemão Claus Offe (1984) nos ajuda a entender essa questão intrincada, ao definir que a principal função do Estado capitalista é garantir o funcionamento do capitalismo. O Estado precisa do capitalismo para se reproduzir, ou seja, para manter sua estrutura, seu aparato e suas políticas públicas em funcionamento. Segundo Offe (1984), as funções do Estado no contexto do capitalismo são:

- O Estado não deve inibir a rentabilidade da acumulação privada.
- O Estado e seus agentes dependem dos impostos que arrecada, havendo uma dependência estrutural com o capitalismo.
- Essa dependência define o sentido da ação estatal, uma vez que cria e garante as condições exteriores que mantêm o processo de acumulação, impede a revolução e mantém a ordem e a obediência (por meio da polícia e prisões) – a burocracia já se encarrega parcialmente disso, motivo pelo qual os capitalistas não precisam estar no comando da política diretamente.
- O Estado desempenha funções globais do capitalismo e está de acordo com seus "interesses globais" (constrói trilhos para ajudar a mineradora a escoar seu minério, mantém o sistema judiciário e as prisões etc.), e qualquer política, tema, interesse e conflito que ponha em risco o processo de acumulação capitalista não deve se tornar agenda.
- Para se manter no poder e se legitimar, o Estado deve ocultar suas reais intenções. De acordo com Martins (2015b), isso é feito ao se conceder políticas sociais marginais de um lado (por exemplo, Bolsa Família) e, de outro, benefícios e isenções fiscais (por exemplo, juros altos aos bancos, isenções de IPI, empréstimos via BNDES, dar garantias aos investimentos de empresas privadas, como ao projeto do trem rápido ligando Rio, São Paulo e Campinas, entre outros incentivos).

> Contrariamente ao senso comum, a sobrevivência do capitalismo necessita da existência do Estado para que esse sistema proporcione um ambiente jurídico estável, com previsibilidade jurídica, regras antitruste e mesmo mecanismos para regatá-lo de tempos em tempos, como ocorreu nas crises de 1929 e de 2008.

O sistema de economia de mercado certamente é um dos melhores e mais criativos. Contudo, a economia de livre mercado por si só mostra-se incapaz de atender as necessidades da população. Sem regulamentação ou sem controle social, o capitalismo de livre mercado torna-se uma máquina incontrolável de produção de riqueza concentrada nas mãos de poucos, geralmente em torno de 1% da população (UOL, 2015; Pikety, 2014). No Brasil, a concentração de riqueza, devido a um dos sistemas tributários mais injustos do mundo, é ainda mais crítica: 45% do PIB está nas mãos de apenas 0,36% dos brasileiros (Salvador, 2016).

### *O capitalismo como sistema-mundo e a divisão internacional do trabalho*

*Immanuel Wallerstein desenvolve* sua obra – *O Sistema Mundial Moderno, vol. I, II e III* – a partir do conceito de **divisão internacional do trabalho** produzida pela estrutura capitalista. A partir desse conceito elabora a tese central de sua obra, enunciando que a componente central dessa estrutura internacional resulta na divisão do mundo em três estamentos hierárquicos: centro, periferia e semiperiferia (Sarfati, 2005, p. 140). Nessa divisão, formada a partir dos primórdios do capitalismo ocidental, os países ocupam uma função na ordem produtiva capitalista, sendo que os países centrais ocupam-se da produção de alto valor agregado, os periféricos fabricam bens de baixo valor e fornecem *commodities* e matérias-primas para a produção de alto valor dos países centrais e, por fim, os países da semiperiferia, ora comportam-se como centro para a periferia, ora como periferia para os Estados centrais, tendo um papel intermediário.

Esse padrão de troca desigual cria uma relação de dependência entre os países periféricos e os do centro, acentuando essa diferença econômica e fazendo com que esses Estados periféricos se tornem dependentes de empréstimos e de ajuda financeira e humanitária dos países centrais. Neste quesito, a Teoria do Sistema Mundo (TSM) de Wallerstein se aproxima da Teoria da Dependência [...]. Esta coloca sua ênfase na criação de relação estrutural de dependência.

Este artigo tem como objetivo explicitar a TSM de Wallerstein, fazendo um *aggiornamento* em sua validade para a compreensão da estrutura do mundo atual, bem como de verificar em que medida a TSM é ainda válida à sociedade global hodierna em suas relações sócio-político-econômicas. É de nosso entender que toda teoria social, como esta de Wallerstein, tem a contribuir para a compreensão da realidade, especialmente acerca das relações assimétricas do mundo globalizado.

Para atingir o objetivo proposto partimos da própria obra de Wallerstein, lançamos mão de bibliografia especializada e fazemos análise da atuação de organismos internacionais, como o Fundo Monetário Internacional (FMI), o Banco Mundial (BM), as Nações Unidas (ONU) e a Organização Mundial do Comércio (OMC). Ademais, analisamos as relações de recursos e capital e a divisão internacional do trabalho no sistema-mundo.

Este artigo está estruturado da seguinte forma: iniciamos com a presente introdução, seguida de duas seções: a primeira apresenta a obra de Wallerstein, como foco no tomo I onde o autor define e detalha o surgimento e consolidação do sistema-mundo, sendo finalizada por uma síntese apreciativa da obra; a segunda seção verifica a atualidade e aplicação da análise do sistema-mundo e suas implicações para com o mundo atual. Nesta segunda seção são abordados temas como o sistema de Bretton Woods e o Consenso de Washington; as Nações Unidas e a paz liberal; os recursos naturais, mão de obra e capital; a nova divisão internacional do trabalho; e, por fim, o passado e presente na análise do sistema-mundo, que inclui um aporte epistemológico atualizado de Wallerstein a respeito de sua própria obra. Por último, apresentamos sucintamente as considerações finais.

O escopo de abrangência desse estudo se justifica pelo fato que Wallerstein não vê sua teoria do sistema-mundo apenas como um avanço na epistemologia interpretativa do mundo. Como cientista social engajado, quer que seja antes "um movimento social, uma força de mudança social" (Wallerstein, 2012, p. 17). Mais adiante, em sua obra, ele assim expõe tal engajamento:

> A marca do mundo moderno é a imaginação dos seus beneficiários e a contra-afirmação dos oprimidos. A exploração e a recusa em aceitar a exploração como inevitável ou justa constituem a perene antinomia da era moderna, unidas numa dialética que está longe de alcançar seu máximo no século XX. (Wallerstein, 1974a, p. 346)

## *A obra* "o sistema mundial moderno"

O *Sistema Mundial* Moderno é uma obra verdadeiramente monumental e está dividida em três volumes. Publicada na década de 70 do século passado, condensa os seguintes títulos: "A agricultura capitalista e as origens da economia-mundo europeia no século XVI", "O mercantilismo e a consolidação da economia-mundo europeia, 1600-1750" e "A segunda era de grande expansão da economia-mundo capitalista, 1730-1840."

O primeiro volume ocupa-se "das origens e das condições iniciais do sistema mundial" (Wallerstein, 1974a, p. 22). E estas se circunscrevem à Europa do período de 1450 a 1640, que engloba a passagem do feudalismo ao capitalismo. No segundo volume o autor analisa a consolidação desse sistema que acontece no período de 1640 a 1815 e no volume III estuda a "conversão da economia-mundo num empreendimento global" (*Id.*), tornado possível pelo rápido avanço tecnológico-industrial no período de 1815 a 1917. O quarto volume, não publicado, iria analisar a consolidação desta economia-mundo capitalista pós 1917 até a atualidade, incluindo as tensões, até mesmo revolucionárias, que esta consolidação provocou [...]

A passagem do feudalismo ao capitalismo insere-se num longo processo sócio-político-econômico-religioso que passava a Europa. "A Europa feudal foi uma 'civilização', mas não um sistema mundo" (Wallerstein, 1974a, p. 28), sendo civilização aqui a cristandade. Wallerstein não concebe o feudalismo existindo com duas economias, uma de subsistência (rural) e uma de mercado (nas cidades), não podendo o feudalismo ser pensado como antitético ao comércio, pois ambos evoluem de par. Contudo, o feudalismo podia apenas suportar um volume limitado de comércio longínquo, pois a logística era cara, devendo, por isso, ser composto apenas por especiarias e bens de luxo, em contraposição ao comércio local que era de alimentação e artesanato (Wallerstein, 1974a, p. 30).

Wallerstein, na sequência, elabora uma análise sobre as razões da crise do feudalismo. Para o autor, a crise medieval é produto de tendências cíclicas – ponto ótimo/ápice de uma tecnologia havia sido atingido – ou mesmo como produto de uma tendência secular: após mil anos de apropriação feudal do excedente, atingira-se um ponto de rendimentos decrescentes; e argumenta também com a explicação climatológica: alterações das condições meteorológicas fez baixar a produtividade dos solos, agravada pelo estado primitivo da tecnologia agrícola e artesanal, enfim o aumento das epidemias que causam saturação populacional. Essas razões foram agravadas por uma economia de guerra que é instaurada, o que fez elevar o fardo fiscal que, por sua vez, levou à redução da produção e da circulação monetária. Os empréstimos régios em muitos casos conduziram à insolvência da corte, que por sua vez fez aumentar a crise de crédito, causando entesouramento do ouro. Tal fato produziu alteração nos padrões do comércio internacional: houve aumento de generalizado de preços e a consequente redução de clientes que acarretou a estagnação do comércio.

Segundo o autor, com a estagnação do comércio e dilemas monetários e financeiros causados pelas despesas crescentes, surge o conflito social, "clima de revolta endêmica" (revoluções camponesas, séc. XIII-XIV) e revolta camponesas em toda a Europa (repúblicas camponesas por volta de 1525 na Alemanha agora tornando-se luteranas). Por outro lado, não havia investimentos na agricultura para aumentar a produtividade e sair das limitações tecnológicas e a falta de fertilizantes. Wallerstein ressalta que a organização social da produção não era idêntica por toda a Europa, havendo domínios maiores na Europa Ocidental onde existia maior densidade populacional. Na Europa Central houve abandono de terras na crise que foram mais tarde adquiridas pelos senhores (Wallerstein, 1974a, p. 36).

Foi justamente nesse colapso e estagnação que aconteceu, segundo o autor, a passagem para a economia-mundo capitalista: no século XV aparecem restauradores da ordem interna na Europa, como foi o caso de Luís XI na França, Henrique VII na Inglaterra e Fernando de Aragão e Isabela de Castela na Espanha. Nesse processo de restauração, ou seja, de organização do Estado, advém a base para tributação que poderia financiar funcionários para cobrar impostos e tropas assalariadas, pois houve crescimento da população, renascimento do comércio, circulação monetária mais abundante e impostos são cobrados.

Segundo Chabol (1958, *apud* Wallerstein, 1974a, p. 40), "A par do poder do príncipe, outro poder crescia também: o do 'corpo' burocrático." A burocracia era o principal aliado do príncipe, emergindo como um grupo social distinto, com características e interesses especiais, mas que permanecia como um grupo social ambivalente: era um corpo composto majoritariamente por nobres que os reis tentavam usar contra a nobreza e esta contra o rei.

O autor se pergunta por que nações-estados e não impérios se formavam na Europa ao final do feudalismo, entre os séc. XII e XIV? Wallerstein pondera que na Europa da Baixa Idade Média existia uma "civilização cristã, mas não existia nenhum império-mundo nem uma economia-mundo" (Wallerstein, 1974a, p. 44). A maior parte da Europa feudal consistia em nódulos econômicos pequenos e autossuficientes com pequenos excedentes agrícolas apropriados por uma pequena classe nobre. Contudo, o autor afirma que coexistiam na Europa duas pequenas economias-mundo: uma baseada nas cidades-estados do norte da Itália e a outra nas cidades-estados da Flandres e do norte da Alemanha, tendo seu período de expansão (de 1150 a 1300) e de retração (de 1300 a 1450).

É fundamental reconhecer na obra de Wallerstein quais foram os três pilares essenciais para "o estabelecimento de uma tal economia-mundo capitalista: (i) uma expansão com a dimensão geográfica do mundo; (ii) o desenvolvimento de métodos diferenciados de controle do trabalho para diferentes produtos e diferentes zonas da economia-mundo; e (iii) a criação de aparelhos de Estado relativamente fortes naqueles que viriam a tornar-se os estados centrais desta economia-mundo capitalista." (Wallerstein, 1974a, p. 45-46).

Para descrever as origens das condições iniciais do sistema mundial e funcionamento inicial por meio da passagem do feudalismo ao capitalismo, Wallerstein formula uma concepção de um sistema mundo, seu conceito teórico:

*Um sistema mundo é um sistema social, um sistema que possui limites, estruturas, grupos associados, regras de legitimação e coerência. A sua vida é feita das forças em conflito que o mantém unido por tensão e o dilaceram na medida em que cada um dos grupos procura eternamente remodela-lo a seu proveito. Tem as características de um organismo, na medida que tem um tempo de vida durante o qual suas características mudam em alguns aspectos e permanecem estáveis noutros.* (Wallerstein, 1974a, p. 337)

Por "sistema social", Wallerstein compreende que a vida neste sistema mundo seja "auto-contida" e que a "dinâmica de seu desenvolvimento seja em grande medida interna" (*id.*). Isto quer dizer que mesmo que fosse – hipoteticamente – isolado, o sistema iria continuar a funcionar, pois possui estrutura, grupos associados, regras de legitimação e é dinâmico: está em constante remodelação, mas também numa constante tensão, na qual os diferentes Estados participantes o remodelam a seu favor. É um organismo vivo.

As regras de legitimação são fornecidas pelos próprios Estados. Contudo, o sistema não se contém dentro de um ou alguns Estados; possui um escopo maior, tal como os antigos impérios; por isso é chamado de mundo, conclui Wallerstein (Wallerstein, 1974a, p. 338).

Esse sistema não se restringe apenas ao econômico. Se fosse o caso, diz o autor, seria chamado de "economia-mundo" e não de "sistema-mundo", como advoga. Wallerstein chama atenção para a peculiaridade que esse sistema econômico já perdura por cerca de 500 anos e não se transformou em um império-mundo. E "esta peculiaridade é o aspecto político da forma de organização econômica chamada capitalismo". E acrescenta:

*O capitalismo foi capaz de florescer precisamente porque a economia-mundo continha dentro dos seus limites não um mas múltiplos sistemas políticos [....e porque] baseia-se na constante absorção das perdas econômicas pelas entidades políticas, enquanto os ganhos econômicos se distribuem entre as mãos 'privadas'"* (Wallerstein, 1974a, p. 338).

Dessa forma, para o autor, o capitalismo baseia-se e conta com o político, apesar de sua ideologia dizer o contrário, que quer a mínima ou nenhuma interferência do Estado. [...] Nosso autor prossegue afirmando que o capitalismo – "como modo econômico" – baseia-se no fato de que os fatores econômicos operarem numa "arena maior do que qualquer entidade política pode controlar totalmente", fornecendo uma grande margem de manobra aos capitalistas e tornando constantemente possível "a expansão econômica do sistema mundial" (*id.*), apesar de distribuição desigual de seus resultados.

Wallerstein ressalta que não há um sistema mundial alternativo capaz de concorrer com este sistema econômico mundial e realizar uma melhor distribuição econômica, pois não há governo mundial. E este deveria ser um governo socialista, segundo o autor, para que fizesse a redistribuição das riquezas geradas e produzidas, o que, nas suas palavras, seria uma terceira forma de sistema-mundial. Não houve sistema-mundial em outras épocas, pois este demanda certas condições para sua gênese e expansão, especialmente o estado da tecnologia, que inclui as possibilidades de transporte e comunição dentro de seus limites. Como a tecnologia e as possibilidades tecnológicas são fluidas, os limites do sistema-mundo também o são.

Este sistema-mundo, como mencionado acima, comporta uma divisão funcional e geográfica do trabalho, em função da organização social do trabalho, "que legitima a capacidade de certos grupos dentro do sistema explorarem o trabalho dos outros, isto é, receberam uma maior parte do excedente" (Wallerstein, 1974a, p. 339). A má distribuição do capital acumulado e do capital humano fornece uma "forte tendência" para a automanutenção do sistema-mundo moderno. Ou seja, são forças que contribuem para a manutenção de um centro (com predominância de capital acumulado e de alta capacitação da força de trabalho) e de regiões periféricas (onde predomina a baixa poupança, por conseguinte, baixos investimentos e baixa qualificação da força de trabalho, e com Estados débeis com baixo nível de autonomia).

A ideologia construída e mantida nos países do centro e a homogeneização cultural também contribuem para proteger a manutenção da divisão dispare do mundo. Em síntese, a economia-mundo moderna é essencialmente capitalista.

Como síntese apreciativa, avaliamos que a obra de Wallerstein é original, vasta e envolve conceitos de variadas ciências, sobretudo da História, Economia, Sociologia e Ciência Política. A despeito da diversidade epistemológica, a obra é desenvolvida dentro de um conceito central: o do sistema-mundo como um sistema social. Trata-se de uma teoria sistêmica [...] e estruturalista [...], como o fizeram Raúl Prebisch, Fernando Henrique Cardoso, Enzo Faletto, André Gunther Frank e Theotônio dos Santos com a Teoria da Dependência a respeito do atraso econômico da América Latina entre os anos 1950 e 1970. Por seu turno, Wallerstein assume o intento de explicar a formação do sistema-mundo do século XVI – início do sistema capitalista – até nossos dias, analisando o sistema capitalista como sistema mundial, incorporando estudo histórico. A unidade de análise é o sistema "mundo" e não os países. E dentro desse sistema, analisa as esferas econômicas, política e sociocultural como intrinsecamente conectadas, e não como tradicionalmente separadas.

O autor estuda a evolução do sistema capitalista, como este vai ampliando suas fronteiras até atingir o mundo todo. Existiram outros sistemas, políticos e econômicos, que propunham ser mundiais, porém apenas o capitalismo o foi. Na sua teoria, Wallerstein divide o mundo em três níveis hierárquicos, não sendo uma classificação fixa, pois países do centro podem tornar-se semiperiferia ou periferia e vice-versa. Aspectos econômicos, políticos e culturais são importantes para caracterizar e definir se um país faz parte do centro, semiperiferia ou da periferia do sistema-mundo. Abaixo retomamos, na forma de um quadro, os elementos que constituem e definem se uma nação faz parte do centro, periferia ou semiperiferia, a partir dos aspectos econômico, político e cultural.

**Quadro 1** – *Aspectos definidores do Sistema-Mundo.*

| Nível | Aspecto Econômico | Aspecto Político | Aspecto Cultural |
|---|---|---|---|
| Centro | Países com produção de alto valor agregado tecnológico; produtor e exportador de tecnologia; mão de obra especializada | Países que são Estados fortes, tendo a capacidade de ampliar seu domínio para além de suas fronteiras | Possuem forte identidade nacional e ampliam sua identidade como referencial para além das fronteiras |
| Semiperiferia | Países de industrialização de baixo valor tecnológico agregado; não produz tecnologia, mas a absorve; mão de obra semiespecializada e não especializada | Estados que têm o controle de sua política interna, mas não exercem influência externa | Possuem identidade cultural e nacional média |
| Periferia | Países que produzem produtos primários apenas; mão de obra não especializada | Estados que nem possuem o controle da sua política interna, nem exercem influência externa | Não possuem identidade nacional ou é fragmentada, prevalecendo identidades étnica ou religiosa |

Fonte: O autor, baseado na obra de Wallerstein.

A semiperiferia não é apenas um fator residual, ou seja, aquele fator que não se encaixaria nem em um, nem em outro nível. Ao contrário, ela possui função específica e serve como amortecedor, como tampão para assegurar que os problemas da periferia não cheguem diretamente ao centro. Países como México, Brasil, África do Sul e China possuem tais funções de "amortecedores" em relação à sua respectiva periferia.

> As relações internacionais entre os países são, nesta visão wallersteiniana, relações de forças sociais se expandindo em classes mundiais, acompanhando o interesse do capitalismo. Com relação à religião, esta desempenha um papel importante na expansão do capitalismo, conforme demonstrou Marx Weber (2004) em *A Ética Protestante e o Espírito do Capitalismo*. Do mesmo modo o Confucionismo, pelo seu princípio da "reverência" e respeito aos mais velhos e aos patrões, desempenhou papel importante na expansão do capitalismo na Ásia.

Fonte: Martins, 2015a, grifos nossos e do original.

## 3.3
### *Taylorismo, fordismo e toyotismo*

*Taylorismo, fordismo e toyotismo* são sistemas que representam um aprofundamento na divisão do trabalho e um aperfeiçoamento na forma de produzir uma visão do trabalho, que passa a ser objeto da ciência para aprimoramento da **produtividade**. Nos dois primeiros sistemas, os trabalhadores eram vistos como entes produtivos, uma extensão da máquina, ou seja, sua inteligência não era requisitada, apenas sua mão de obra, como visto anteriormente. Contudo, a partir dos anos 1970, o toyotismo iniciou um movimento de desmassificação do trabalho e de enriquecimento das funções.

### *3.3.1 Taylorismo*

O taylorismo é um sistema de produção criado por Frederick Taylor (1856-1915) no início do século XX, nos Estados Unidos, cuja preocupação central era o **aumento da produtividade** e a **lucratividade**.

A realidade que Taylor tinha diante de si era, de um lado, a indústria em plena ascensão e precisando produzir cada vez mais porque a demanda era maior que a oferta; e, de outro, uma massa de trabalhadores composta predominantemente por camponeses e imigrantes sem qualificação para o trabalho industrial. Assim, Taylor buscou uma metodologia científica para lidar com essas questões. Com base em seus estudos sobre a produção do trabalho, foi criada a **administração científica**.

A busca pela eficiência proposta por Taylor indica que a organização utiliza produtivamente, ou de maneira econômica, seus recursos. Quanto mais alto o grau de produtividade ou de economia na utilização dos recursos, mais eficiente é a organização. Isso significa usar menor quantidade de recursos, inclusive recursos humanos, para produzir mais.

A questão dos salários e o *piece-rate system* (sistema de pagamento por peça) foi a primeira preocupação de Taylor. A produção estava atrelada à remuneração, por isso estabeleceu-se o tempo máximo, tempo mínimo e tempo-padrão para cada tarefa, sendo a administração definida como *task management* (administração de tarefa), com foco nas tarefas, na racionalização do trabalho operário, no estudo de tempos e movimentos, na seleção mais racional de trabalhadores e no pagamento de incentivos pela produtividade (Maximiano, 2009).

Para Taylor, a grande questão da produção era estabelecer o *the best way*: sempre existe uma única maneira certa que, descoberta e adotada, maximizará a eficiência do trabalho. A forma de descobrir essa maneira é analisar o trabalho em suas diferentes fases e estudar os movimentos necessários a sua execução, de modo a simplificá-los e reduzi-los ao mínimo. O que resultou desses experimentos de Taylor foi um **trabalho padronizado** e o **controle dos aspectos da produção**, que culminou numa **alienação** ainda maior do trabalhador (Maximiano, 2009).

Numa segunda fase, Taylor se propôs a aprimorar os métodos de trabalho. Para ele, os males fundamentais das indústrias eram a vadiagem dos trabalhadores, o desconhecimento das rotinas, o tempo de execução do trabalho e a falta de uniformidade das técnicas e métodos. Isso o levou a propor a administração científica, mencionada anteriormente, que tinha como proposta colocar a administração no patamar de ciência para definir a organização racional do trabalho e o *shop-management* (administração das operações fabris ou das operações no chão de fábrica).

Em sua terceira fase, Taylor desenvolve os princípios da administração científica, cujas bases são o desenvolvimento de uma verdadeira ciência (identificação da melhor maneira de executar tarefas), a seleção científica do trabalhador (que deveria estar na função certa, de acordo com suas habilidades), a instrução e o treinamento científico, a cooperação profunda e cordial entre a direção e os trabalhadores e salários altos e custos baixos de produção. Contudo, o que se viu nesses anos que Taylor aprimorava e propagava sua teoria foi um aumento de cerca de 300% na produtividade, enquanto o aumento salarial dos trabalhadores ficou em cerca de 90% (Maximiano, 2009).

### *3.3.2 Fordismo*

Henry Ford (1863-1947), fundador da fábrica de veículos Ford, foi um grande difusor do taylorismo. Era considerado o homem mais rico do mundo na época, e chegou a possuir 88 usinas e a empregar 150 mil trabalhadores que produziam 2 milhões de carros por ano. Ford aumentou o salário dos empregados para US$ 5,00 por dia com oito horas de jornada e defendia que eles deveriam ter a possibilidade de adquirir um de seus carros.

A organização racional do trabalho estava ancorada nos seguintes critérios: produção em massa, análise do trabalho, divisão e especialização do trabalho, desenho de cargos e tarefas, compensação pela produtividade (prêmio de produção), estudo das condições de trabalho, padronização (métodos, processos, ferramentas, materiais etc.), supervisão funcional e princípio da exceção (Maximiano, 2009).

Para Ford, a produção em massa era caracterizada pela progressão do produto através do processo produtivo de forma planejada, ordenada e contínua: o trabalho é entregue ao trabalhador (que é privado de ter iniciativa) e as operações são analisadas profundamente pelo gestor.

Ford calculava suas estratégias e ações fundamentadas em três princípios:

1. **Princípio da intensificação**: Diminuição do tempo de duração do processo, através de emprego imediato de matéria-prima e equipamentos e rápida colocação no mercado.
2. **Princípio de economicidade**: Redução do volume de estoque – o minério sai da mina no sábado e é entregue sob a forma de um carro, ao consumidor, na terça-feira, à tarde.
3. **Princípio da produtividade**: Aumento da capacidade de produção do homem no mesmo período, através da especialização e da linha de montagem (Maximiano, 2009).

### 3.3.3 *Toyotismo ou modelo japonês de administração*

O modelo japonês de administração surgiu após o esgotamento dos modelos taylorista e fordista no Ocidente, especialmente no que se refere à especialização excessiva do trabalho (com atividades repetitivas e pouco desafiadoras) e à estagnação da produtividade. Foi levada em conta também a distância geográfica que o Japão se encontrava tanto para o fornecimento de matérias-primas quanto para a venda de sua produção. Assim, não era considerado racional desperdiçar matérias-primas ou exportar a produção com defeitos (a substituição ou a correção do produto era muito cara). Nesse contexto, os japoneses, sobretudo a empresa Toyota, tomaram com muita seriedade as iniciativas relacionadas à eficiência de Taylor e Ford, assim como os estudos de qualidade dos americanos Shewhart e Deming, e desenvolveram sua versão de organização da produção.

Os princípios do modelo japonês de produção estão relacionados à busca da **qualidade** e **flexibilidade**, mais do que uma alternativa à produção em massa; métodos de racionalização da manufatura: *kanban* ("puxa" a produção), *just-in-time* (produzir quantidade certa na hora certa), linearização das máquinas; procedimentos como zero-defeito, 5S (utilidade, organização, limpeza, padronização e disciplina), círculos da qualidade e *kaizen* (melhoramento contínuo); trabalho em grupo, constituindo uma unidade produtiva; simultaneidade de fabricação e flexibilidade: vários produtos são produzidos, com séries menores e com mais agilidade e eficiência; ganhos com qualidade e variedade em vez de ganhos com escala (Mello e Silva, 2006).

Assim, o **toyotismo**, método desenvolvido na Toyota, se caracteriza por reduzir a divisão entre concepção e execução, sendo os operários instados a colaborar na busca da qualidade, aumentando o envolvimento destes com a própria atividade. O resultado de sua implementação foram pequenas melhorias contínuas de processos e disposição dos operários em aprender com os erros e ganhos de produtividade.

Outra característica do toyotismo é a rotação de atividade: **conhecimento sobre operações diferenciadas** (visão do conjunto do processo); *lean production* (produção enxuta); **aprendizado organizacional** – aperfeiçoamento contínuo como uma postura ativa do próprio operário, alto investimento em treinamento, políticas de benefícios/bonificações anuais, manutenção de emprego e fidelização do empregado à empresa; e, finalmente, a **naturalização da necessidade de adicionar valor ao produto**.

Portanto, são elementos centrais do sistema Toyota de produção: a participação do trabalhador, a qualidade e a produtividade. Nesse modelo, "produzir com qualidade significa fazer certo da primeira vez, corrigir causas fundamentais dos erros e utilizar círculos da qualidade" (Maximiano, 2009, p. 190).

Além disso, o modelo toyotista de produção desenvolveu três estratégias de eliminação dos desperdícios: a **racionalização da força de trabalho** (produzir sem defeitos, melhoria contínua, arranjo fabril); o *just-in-time* (fabricar apenas o necessário e na hora certa); e a **produção flexível** (a produção pode ser modificada constantemente, de acordo com a necessidade do mercado) (Mello e Silva, 2006).

> *Mello e Silva* destaca ainda outros modelos de produção:
> - **Modelo sueco**: Caracteriza-se pela produção que visa à qualidade e à conquista de nichos de mercado. Tem como pressupostos a humanização e a satisfação no trabalho; o enxugamento de escalões intermediários; a estabilização dos operários; a flexibilização do trabalho; prêmios e *performance*; o longo tempo de treinamento; trabalhadores sindicalizados; a aproximação do momento de comercialização para o de produção, entre outras características.
> - **Modelo alemão**: Caracteriza-se, segundo Mello e Silva (2006), por: produção diversificada de qualidade; força de trabalho altamente treinada; altos investimentos em tecnologia microeletrônica; *performance* e *design*; custos e preços mais elevados; flexibilidade organizacional; muitas horas de aprendizagem; polivalência do trabalhador; volume de produção, mais qualidade e diferenciação.
> - **Modelo italiano**: Distingue-se pela flexibilidade da força de trabalho e dos maquinários; pelos quesitos de qualidade,

diferenciação e *design*; e pela importância da tecnologia. Além disso, ele nasce do alto conhecimento e especialidade dos artesãos, configurando-se como um saber disseminado entre os parceiros de negócios; arranjo de pequenas empresas, que forma uma rede de pequenos produtores altamente qualificados; confiança recíproca entre as empresas; sindicatos, município, igreja e associações se envolvem; trabalhadores altamente sindicalizados; economia de escopo (mudar rapidamente).

- **Modelo brasileiro**: Mello e Silva (2006) também lança um olhar sobre o modelo brasileiro, que propõe: adaptação do *lean production* (produção enxuta) do modelo japonês; planejamento; formalismo; "jeitinho"; flexibilidade; autoritarismo; admiração pelo estrangeiro; heterogeneidade cultural.
- **Modelo coreano**: Distingue-se pelo vigoroso apoio governamental à educação de alto nível; forte apoio governamental para P&D (desenvolvimento de produtos) por meio de redução de impostos e de estímulos financeiros; política governamental de substituição de importações e de exportação de produtos com tecnologia agregada; investimento de capital estrangeiro direcionado aos *chaebols* (conglomerados empresariais) nacionais; base alicerçada no toyotismo, porém observando seus erros e limitações; redução na terceirização, elevando o controle sobre o desenvolvimento e a produção e, assim, aumentando a qualidade do produto; toyotismo refinado, logística melhorada, diretoria reduzida (com controle de qualidade mais acirrado); abertura de fábricas apenas em países com mão de obra barata; grandes investimentos em P&D, estando quase sempre à frente com novas tecnologias; enfoque comportamental na família (Mello e Silva, 2006).

### 3.3.4 Críticas aos sistemas de produção

Desde o início, o taylorismo e o fordismo receberam críticas por parte dos sindicatos e dos políticos. Os congressistas americanos, na época, realizaram uma investigação para compreender por que os ganhos de produtividade (que chegaram, em certos setores, a 300% em um curto espaço de tempo) não refletiam na mesma medida os salários dos trabalhadores, que obtiveram ganhos de cerca de 90% no mesmo período.

Outra crítica ao taylorismo foi em razão de o sistema ter tirado do trabalhador sua autonomia (pensar se tornou uma atividade reservada à gerência). O planejamento e a divisão do trabalho vinham "de cima", e cabia ao trabalhador apenas obedecer e executar tarefas pouco complexas. Em outras palavras, o trabalhador devia ser imbecil, forte e dócil, domesticado por uma política de "punir os indolentes" e "premiar os produtivos". O fordismo, por sua vez, aprofundou a automação do trabalho e a despersonalização do trabalhador. Apesar de ter aumentado significativamente a remuneração, a rotatividade não diminuiu.

> As críticas aos modelos de produção taylorista e fordista concentram-se principalmente na fragmentação e divisão exageradas do trabalho, no fato de o trabalhador ser considerado uma extensão da máquina e um ser não pensante, resultado da divisão das funções em uma realidade em que somente a gerência pensa e os trabalhadores apenas executam.

As técnicas de produção massificadas do taylorismo e do fordismo foram disseminadas mundo afora e, com o aumento vertiginoso da produção, deu-se também origem ao *marketing* e, consequentemente, iniciou-se a era do consumismo, caracterizada pela produção e pelo consumo em massa.

O toyotismo, que se define como especialização flexível do trabalho, foi uma forma de responder às críticas ao fordismo, possibilitando maior especialização do trabalhador por meio do enriquecimento das funções, da menor fragmentação do trabalho, de times autogerenciáveis e de círculos de controle da qualidade que instigam maior participação do trabalhador e do seu saber, elementos desprezados pelo taylorismo.

É claro que o trabalho especializado concentra-se nos chamados *países do centro*, enquanto o trabalho massificado ainda persiste e concentra-se nos países da *periferia* e *semiperiferia* (Antunes, 2013a).

As críticas aos modelos de produção taylorista e fordista concentram-se principalmente na fragmentação e divisão exageradas do trabalho, no fato de o trabalhador ser considerado uma extensão da máquina e um ser não pensante, resultado da divisão das funções em uma realidade em que somente a gerência pensa e os trabalhadores apenas executam. Como resultado, verifica-se que no sistema taylorista e também no fordista é difícil manter a motivação dos trabalhadores no longo prazo e há pouca satisfação com o trabalho, alta taxa de absenteísmo e aumento das doenças relacionadas ao trabalho, como LER (lesão por esforço repetitivo), ansiedade, depressão e síndrome de *burn-out* (esgotamento nervoso). São fontes dessas doenças as tarefas repetitivas e pouco desafiadoras, o alto nível de pressão por resultados e a instabilidade constante ou possibilidade permanente de, no dia seguinte, não ter mais o emprego e ser considerado descartável do mesmo modo que se tornaram as mercadorias.

A esse respeito, Antunes (2009) destaca a falácia no conceito de *qualidade total*. Segundo o autor, o discurso que envolve esse conceito leva à ilusão de que as mercadorias são produzidas com mais qualidade e são, portanto, mais duradouras, embora haja um planejamento de obsolescência de todos os produtos (a lâmpada é programada para durar mil horas, embora há quase 50 anos já se disponha da tecnologia para produzir lâmpadas para toda a vida). Conforme afirma Mészáros (2002), essa consequente intensificação da taxa de utilização decrescente do valor de uso das mercadorias é necessária para a reposição do processo de valorização do capital. Antunes (2009), por seu turno, alerta que a qualidade total, tão aclamada e difundida no mundo empresarial moderno, na verdade significa que **quanto mais qualidade total os produtos têm, menor é seu tempo de vida útil**, pois a regra e a necessidade imperiosa são de aumentar a velocidade do circuito produtivo, o que passa pela redução da duração do produto e por uma ágil reposição no mercado.

## 3.4
### Cooperativismo e economia solidária

*Diante do quadro* apresentado na seção anterior (que será mais amplamente discutido adiante), o cooperativismo e a economia solidária surgem como uma alternativa de desenvolvimento econômico e social e são, ao mesmo tempo, uma possibilidade de resgate do verdadeiro sentido do trabalho embasado na solidariedade e na partilha. A organização do cooperativismo segue uma lógica diferente daquela da empresa capitalista, pois os cooperados são os donos do negócio e participam nas decisões da organização e da divisão dos resultados financeiros. Uma cooperativa é uma sociedade cujo capital é formado pelos associados e que tem a finalidade de somar esforços para atingir objetivos comuns que beneficiem a todos (Cooperativismo, 1998).

O cooperativismo pode ser definido como:

> *um movimento, filosofia de vida [associada a valores universais] e modelo socioeconômico capaz de unir desenvolvimento econômico e bem-estar social. [...] É o sistema fundamentado na reunião de pessoas e não no capital. Visa às necessidades do grupo e não do lucro. Busca prosperidade conjunta e não individual. Estas diferenças fazem*

*do Cooperativismo a alternativa socioeconômica que leva ao sucesso com equilíbrio e justiça entre os participantes.* (Portal Brasil Cooperativo, 2017a)

Assim, o cooperativismo representa mudança no sistema de produção, oportunidade para os associados vislumbrarem um novo modo de vida apoiado na cooperação e na solidariedade, em que todos os associados são os donos do empreendimento. No entanto, esse modelo também traz desafios, pois esses valores não fazem parte do sistema de produção capitalista, que prima pela competição. O resultado é que a cooperativa pode se tornar uma empresa como outra qualquer.

### 3.4.1 Uma breve história do cooperativismo

O cooperativismo tem suas origens no século XVIII, como uma alternativa política e econômica ao capitalismo, na qual os trabalhadores são proprietários dos seus instrumentos de trabalho e do resultado do seu trabalho. Robert Owen (1771-1858), Charles Fourier (1772-1837) e Louis Blanc (1811-1882), os chamados *socialistas utópicos* ou *socialistas cristãos*, estão na origem dessa forma de organização do trabalho. Suas primeiras experiências foram as associações de caráter assistencial, surgidas entre os operários.

Na Inglaterra, o cooperativismo surgiu a partir de 1838, com o movimento cartista, que procurava garantir inclusão política e direitos aos trabalhadores. Mais tarde, em 1844, 28 tecelões de Rochdale, nos arredores de Manchester, formaram a Sociedade dos Pioneiros Probos de Rochdale, a primeira cooperativa moderna do mundo. Essa sociedade foi fundada a fim de superar suas dificuldades como trabalhadores e, sobretudo, os salários baixos. A expansão dos tecelões de Rochdale, reunidos em âmbito formal na cooperativa de consumo, foi muito rápida, tanto em número de associados quanto em resultado financeiro (OCB, 2017).

Na França, Louis Blanc fundou "oficinas sociais" que reuniam artesãos do mesmo ofício em cada oficina, enquanto na Alemanha eram criadas cooperativas de crédito e consumo. As cooperativas de crédito, comuns na Alemanha do século XIX, atuavam junto com as de consumo, e serviam principalmente aos pequenos produtores urbanos e artesãos. Em 1859, Hermann Schulze fundou a Associação das Cooperativas Alemãs (Polônio, 1999; Cooperativismo, 1998).

No Brasil, o movimento cooperativista surgiu no fim do século XIX, reunindo funcionários públicos, militares, profissionais liberais e operários, com o objetivo de atender suas necessidades. A primeira cooperativa registrada foi uma de consumo, em 1889, em Ouro Preto, Minas Gerais: a Sociedade Cooperativa Econômica dos Funcionários Públicos de Ouro Preto. Outras cooperativas dessa modalidade se espalharam pelo Brasil. Em 1902, foram criadas as primeiras cooperativas de crédito no Rio Grande do Sul, por iniciativa do padre suíço Theodor Amstad. A partir de 1906 foram criadas as cooperativas rurais pelos imigrantes alemães e italianos, que trouxeram da Europa a cultura do trabalho associativo e a experiência comunitária de atividades familiares. Essas experiências positivas que os imigrantes haviam experimentado na Europa, diante das adversidades vividas na colonização no Brasil, foram o grande elemento motivador para estes se reunirem em cooperativas (OCB, 2017).

No Brasil, o cooperativismo se expandiu e foi criado um modelo autônomo de organização socioeconômica, voltado a atender as necessidades de seus membros, evitando a dependência dos especuladores. Assim, em 1969 foi criada a Organização das Cooperativas Brasileiras (OCB). Em 1998 foi criado o Serviço Nacional de Aprendizagem do Cooperativismo (Sescoop), parte do Sistema S, que por meio da educação cooperativista é responsável pelo ensino, pela formação profissional, pela organização e pela promoção social dos trabalhadores, associados e funcionários das cooperativas brasileiras (OCB, 2016).

### 3.4.2 Princípios do cooperativismo

O cooperativismo não é uma ciência, mas uma prática econômico-social que tem como base o verbo *cooperar* e o substantivo *cooperação*, que são assim explicitados:

> COOPERAR – *significa trabalhar simultânea ou coletivamente com outras pessoas na busca por um objetivo comum. A palavra "cooperar" deriva etimologicamente da palavra latina cooperari, formada por cum (com) e operari (trabalhar).*
>
> COOPERAÇÃO – *é entendido como o método de ação pelo qual indivíduos ou famílias com interesses comuns, [sic] se propõem a constituir um empreendimento no qual os direitos de todos são iguais e as sobras alcançadas são repartidas somente entre os associados, de acordo com a sua participação na atividade societária. É uma forma de trabalho [em] que, de forma coletiva, planejam-se os serviços, produção, comercialização e outros [aspectos] necessários ao alcance dos objetivos do grupo. Isto significa unir e coordenar meios e esforços de cada um para a realização de uma atividade comum, visando alcançar um resultado procurado por todos. [...]*
>
> COOPERATIVA – *é a associação de produtores, fabricantes, trabalhadores ou consumidores que se organizam e administram empresas econômicas, com o objetivo de satisfazerem uma variada gama de necessidades. Em outras palavras, [...] é uma associação [...] constituída para partilhar sobras que, de outra forma, iriam para intermediários.* (Reisdorfer, 2014, p. 16, grifos do original)

Ou ainda, na definição da OCB (2017): "Cooperativa é uma associação autônoma de pessoas que se unem, voluntariamente, para satisfazer aspirações e necessidades econômicas, sociais e culturais comuns, por meio de uma empresa de propriedade coletiva e democraticamente gerida".

Atualmente, são necessárias pelo menos 7 pessoas físicas (chamadas *cooperados*) para formar uma cooperativa no Brasil (anteriormente eram 20). "Este é o trabalhador rural ou urbano que livremente se associa para participar de um dos segmentos cooperativos, assumindo responsabilidades, direitos e deveres" (Reisdorfer, 2014, p. 16).

Os sete princípios que guiam o cooperativismo em todos os tempos foram discutidos e estabelecidos pela primeira cooperativa, em 1844, conforme apresentado pela Aliança Cooperativa Internacial (ICA, 2017):

1. Adesão voluntária e livre
2. Gestão democrática
3. Participação econômica dos membros
4. Autonomia e independência
5. Educação, formação e informação
6. Intercooperação
7. Interesse pela comunidade

Atualmente, a Aliança Cooperativa Internacional, fundada em 1966 para congregar as cooperativas de todo o mundo, mantém vivos e atuais os princípios do cooperativismo.

### *3.4.3 Tipos de cooperativas*

Comumente, as cooperativas são classificadas em três categorias: de **produção**, de **consumo** e de **crédito**, mas também existem as cooperativas de **serviço** e mesmo a **agrícola**. Esses tipos de cooperativas (ao todo são mais de 70 mil cooperativas no Brasil) estão presentes em 13 ramos de atividades: agropecuária, mineração, produção, educação, saúde, turismo e lazer, habitação, trabalho, transporte, infraestrutura, consumo, especial e crédito (Reisdorfer, 2014). A seguir, elencamos e definimos sucintamente cada um dos tipos de cooperativas:

- As **cooperativas de produção** são aquelas que processam os produtos primários produzidos por seus membros e comercializam esses mesmos produtos já industrializados, com o fim de proporcionar melhor renumeração aos seus cooperados. Além da transformação da matéria-prima em produto final, essas cooperativas fornecem insumos, armazenamento, transporte, publicidade e pesquisa aos associados. O ramo de atuação dessas cooperativas geralmente são o da produção e/ou transformação de cereais (soja, milho, trigo, cevada), carnes e laticínios, além de outras culturas, como algodão, fumo, lã e frutas.
- As **cooperativas de consumo** são aquelas que têm a finalidade de comprar bens no atacado e revendê-los a seus associados a preços mais baixos que os praticados pelo mercado. A primeira cooperativa, a de Rochdale, foi uma cooperativa de consumo. Ainda hoje é comum ver, junto a grandes empresas, cooperativas de consumo, funcionando como um hiper ou supermercado, mas praticando preços mais baixos a seus cooperados. Essas cooperativas se dividem em **fechadas** (somente pessoas ligadas a uma mesma empresa, sindicato ou profissão podem se tornar cooperados e se abastecer) e **abertas** (aceitam qualquer pessoa que queira se associar) (Reisdorfer, 2014).

- As **cooperativas de crédito** fornecem recursos financeiros aos seus associados (tanto crédito rural quanto urbano). Para Reisdorfer (2014, p. 53), trata-se de "um dos segmentos mais dinâmicos do cooperativismo no passado, que foi brutalmente esfacelado pelo poder econômico dominante durante o regime militar". Apesar disso, desde a década de 1980 esse segmento vem tentando se reerger, o que tem sido possível atualmente devido à participação deste no mercado de crédito.
- A **cooperativa agrícola** é "uma modalidade que funde os três tipos anteriores, atuando em todo o universo da atividade econômica vinculada à agricultura: compra de sementes e outros insumos, financiamento da produção, construção de silos e armazéns, plantio e colheita, comercialização etc." (Cooperativismo, 1998, p. 400).
- A **cooperativa de serviço** é uma modalidade ampla que pode prestar serviços, como transporte de carga, abastecimento de água, distribuição de energia elétrica, contratação de mão de obra e saúde.

## 3.4.4 Desvio dos princípios do cooperativismo

É necessário destacarmos, no entanto, que nem tudo nas cooperativas segue o ideal dos princípios fundacionais do cooperativismo. Em muitas cooperativas, vemos a disputa de poder exagerada e o exercício do cargo de presidente por uma única pessoa por tempo indeterminado, como se fosse o dono da cooperativa. Outra questão a ser levantada é o fato de que quando uma cooperativa entra em um município, ela tende a destruir o comércio local e os empregos relacionados àquela atividade, como a comercialização de sementes, adubos, defensivos agrícolas (agrotóxicos), maquinário e equipamentos, pois esses itens, usualmente, são fornecidos diretamente pela cooperativa aos cooperados.

Podemos destacar, ainda, o mau uso que se tem feito das cooperativas de serviço que, usualmente, tornaram-se uma forma de terceirização de mão de obra e de precarização do trabalho, pois esses trabalhadores e profissionais, até mesmo na área de educação, não são verdadeiramente cooperados e nem estão lá de livre e espontânea vontade ou pelos ideais do cooperativismo. Paul Singer, economista e professor austríaco de cidadania brasileira, chama a atenção para o grande número de cooperativas de fachada, as quais ele chama de *cooper fraudes*. Segundo o autor, esse tipo de "cooperativa" tem encontrado grande expansão, pois, conforme a legislação brasileira, as cooperativas são consideradas "associações de trabalhadores autônomos, e, consequentemente, a cooperativa não tem nenhuma responsabilidade sobre o ganho e os direitos sociais de seus próprios sócios" (Singer, 2008, p. 290).

Na cooperativa não há obrigatoriedade de salário mínimo, nem de FGTS, férias, 13º salário e demais direitos trabalhistas, o que torna a forma jurídica de cooperativa muito atraente para o fornecimento de mão de obra terceirizada. Nesses casos, as cooperativas tornam-se empreendimentos capitalistas regulares que estão burlando as leis trabalhistas, pois pagam apenas o salário direto e se esquivam da parte indireta do salário de seus pseudocooperados: "é extremamente sedutor para um empresário transformar a sua firma numa pseudocooperativa e praticamente reduzir pela metade o seu gasto com a folha de pagamentos" (Singer, 2008, p. 290).

Assim, podemos dizer que a falta de profissionalização nas gestões das cooperativas, especialmente as de pequeno porte, e a falta ou ineficiência de uma educação adequada vêm comprometendo a competitividade e a sobrevivência das cooperativas. Podemos citar como exemplo os seguintes problemas:

> a lentidão nas decisões por envolver consenso entre os cooperados; falta de competência administrativa dos dirigentes (baixa profissionalização), principalmente no que se refere ao conhecimento de mercado e planejamento financeiro; centralização do poder e longos períodos de permanência nos cargos, dificultando o surgimento de novas e qualificadas lideranças; pouca participação dos associados nas assembleias, e, finalmente, falta de planejamento de longo prazo. (Reisdorfer, 2014, p. 57)

A despeito dessas questões, o cooperativismo, além do papel relevante que tem no desenvolvimento regional, constitui uma forma mais justa e equitativa de distribuição da riqueza produzida. Além disso, verifica-se que nos municípios onde há presença de cooperativas, o Índice de Desenvolvimento Humano (IDH) é de 0,7, enquanto naqueles onde não há, esse índice é de 0,6 (Reisdorfer, 2014). O faturamento das cooperativas também representa participação importante no Produto Interno Bruto (PIB) brasileiro e no dos estados da federação onde elas estão estabelecidas.

### 3.4.5 Economia solidária

A economia solidária compreende uma variedade de práticas econômicas e sociais organizadas sob a forma de cooperativas, associações, clubes de troca, empresas autogestionárias, redes de cooperação, entre outras, que realizam atividades de produção de bens, prestação de serviços, finanças solidárias, trocas, comércio justo e consumo solidário. O Conselho Nacional de Economia Solidária (CNES) a define como "o conjunto de atividades econômicas – produção de bens e de serviços, distribuição, consumo e finanças – organizados e realizados solidariamente por trabalhadores e trabalhadoras na forma coletiva e autogestionária" (Brasil, 2015, p. 41). Ainda segundo o CNES, trata-se de uma forma de organização da produção, consumo e distribuição de riqueza centrada na valorização do ser humano, e não do capital, caracterizada pela igualdade.

Paul Singer, grande especialista da área, define a economia solidária como

> um modo de produção que se caracteriza pela igualdade. Pela igualdade de direitos, os meios de produção são de posse coletiva dos que trabalham com eles – essa é a característica central. E a autogestão, ou seja, os empreendimentos de economia solidária são geridos pelos próprios trabalhadores coletivamente de forma inteiramente democrática, quer dizer, cada sócio, cada membro do empreendimento tem direito a um voto. (Singer, 2008, p. 289)

Para a Prefeitura Municipal de Curitiba, "a economia solidária é uma alternativa inovadora na geração de trabalho e na inclusão social, na forma de uma corrente do bem que integra quem produz, quem vende, quem troca e quem compra. Seus princípios são autogestão, democracia, solidariedade, cooperação, respeito à natureza, comércio justo e consumo solidário" (Prefeitura Municipal de Curitiba, 2012).

O CNES estabelece como centrais na economia solidária as seguintes características:

- AUTOGESTÃO: *os/as participantes das organizações exercitam as práticas participativas nos processos de trabalho, nas definições estratégicas e cotidianas dos empreendimentos, na direção e coordenação das ações nos seus diversos graus e interesses etc.;*

- COOPERAÇÃO: *organizações coletivas associativas com existência de interesses e objetivos comuns, a união dos esforços e capacidades, a propriedade coletiva de meios de produção, a partilha dos resultados e a responsabilidade solidária;*

- DIMENSÃO ECONÔMICA: *agregação de esforços e recursos para produção, beneficiamento, crédito, comercialização e consumo, envolvendo elementos de viabilidade econômica permeados por critérios de eficácia e efetividade, ao lado dos aspectos culturais, ambientais e sociais;*

- SOLIDARIEDADE: *expressa a justa distribuição dos resultados alcançados; nas oportunidades que levam ao desenvolvimento de capacidades e da melhoria das condições de vida dos participantes; no compromisso com um meio ambiente saudável; na participação ativa nos processos de desenvolvimento sustentável local, territorial, regional e nacional; nas relações com os outros movimentos sociais e populares de caráter emancipatório; na preocupação com o bem-estar de consumidores/as; e no respeito aos direitos dos trabalhadores/as.* (Brasil, 2015, p. 41-42)

A economia solidária, segundo Paul Singer, prescreve o entendimento do trabalho como um meio de emancipação humana dentro de um processo de democratização econômica. Com isso, surge uma alternativa à dimensão alienante e assalariada das relações de trabalho capitalistas, sobretudo para as pessoas que passam "a vida inteira cumprindo as mesmas tarefas, o que é profundamente alienante do ponto de vista do desenvolvimento humano. [...] O trabalho é uma forma de aprender, de crescer, de amadurecer, e essas oportunidades a economia solidária oferece a todos, sem distinção" (Singer, 2008, p. 290).

> A economia solidária compreende uma variedade de práticas econômicas e sociais organizadas sob a forma de cooperativas, associações, clubes de troca, empresas autogestionárias, redes de cooperação, entre outras, que realizam atividades de produção de bens, prestação de serviços, finanças solidárias, trocas, comércio justo e consumo solidário.

Tendo isso em vista, podemos verificar atualmente uma expansão rápida do número de trabalhadores desse setor como consequência da desindustrialização e da redução de empregos em certos setores de serviços, o que resulta em formas alternativas de ocupação com características mais comunitárias, incluindo o trabalho voluntário, que abrange atividades assistenciais sem fins lucrativos, as quais se desenvolvem basicamente à margem do mercado (Antunes, 2013a).

*Ameaças à economia solidária*

A economia solidária quase sempre atua à margem da lógica mercantil e com seu escopo reduzido, não sendo, portanto, uma ameaça ao modo de produção capitalista, pois o próprio Estado, para a sua reprodução, precisa do mercado funcionando e está estruturado para a manutenção do capitalismo (Offe, 1984). O Estado emprega seu poder para instigar o desenvolvimento do capitalismo, sendo ele próprio o financiador das relações sociais e o protetor da divisão cada vez mais desigual das riquezas. O poder do Estado tem sido utilizado também para enriquecer a classe capitalista (Braverman, 1987).

No Brasil, a economia solidária enfrenta múltiplas ameaças em seu processo de fortalecimento e expansão. O CNES lista algumas dessas forças desfavoráveis:

> *a. A hegemonia do sistema capitalista [...] favorece o acúmulo de capital, gerando crescimento econômico sem desenvolvimento social, [...] contrário aos princípios da economia solidária e que limitam a expansão de seus empreendimentos, com destaque para:*
> › *O monopólio produtivo do setor empresarial com base em incentivos creditícios, fiscais e de concessões que ampliam a capacidade de concorrência das grandes empresas enquanto que [sic] para os empreendimentos econômicos solidários inexistem incentivos econômico [sic] com investimentos de capital, além da permanência de altas cargas tributárias e das dificuldades de logística para armazenamento e escoamento da produção;*

> A produção industrial em larga escala, baseada na exploração da mão de obra, com forte presença de atravessadores e a predominância do consumo inconsciente e do consumismo estimulados pela mídia;
> Avanço do agronegócio, do latifúndio e da monocultura no campo, com reconcentração de terras, compra de terras por estrangeiros, bem como o amplo uso de agrotóxicos que envenenam as terras, os trabalhadores e os consumidores;
> As condições de trabalho precarizado, com elevadas jornadas de trabalho que impõem limites aos trabalhadores e trabalhadoras para participarem dos espaços de formação em economia solidária.

b. Um contexto político marcado ainda pelas políticas neoliberais, com seus aparatos ideológicos conduzidos por forças conservadoras da sociedade que têm poder de repressão, criminalização, cooptação e degeneração das estratégias e alternativas sociais emancipatórias, a exemplo da economia solidária, com as seguintes ameaças:
> Não priorização da economia solidária na agenda central do governo, enquanto instrumento de promoção do desenvolvimento sustentável e solidário;
> O incentivo ao empreendedorismo com foco no microempreendedor individual e na micro e pequena empresa, em detrimento das iniciativas coletivas autogestionárias;
> Baixo reconhecimento da sociedade em relação aos princípios da economia solidária e ao valor solidário dos seus produtos e serviços;
> Os ajustes fiscais como reação à crise mundial, que podem afetar diretamente a economia solidária com impactos na redução das políticas públicas;
> A conjuntura política apresenta uma onda conservadora, apoiada pela grande mídia e com reflexos no Congresso Nacional, com perfil e composição mais reacionária, conservadora e insensível, ameaçando retroceder nas conquistas de direitos humanos e sociais;
> Ausência, no debate do legislativo, de questões como a reforma política e o marco regulatório das organizações da sociedade civil, que limitam os avanços e a participação nas políticas públicas de economia solidária;

> *Criminalização das ações e das reivindicações dos movimentos sociais;*
> *Dificuldade de reconhecimento e desinteresse de parte do poder público pelas práticas e políticas da economia solidária, seja pela inoperância burocrática, pelo desinteresse, pelo descumprimento de políticas nacionais – a exemplo da Política Nacional de Resíduos Sólidos – seja pela descrença política e ideológica, bem como pela ausência do marco legal e ampliação das políticas públicas para os empreendimentos da economia solidária;*
> *A influência da mídia na disputa de modelo de sociedade, no direcionamento das políticas públicas e na ameaça aos direitos das minorias.* (Brasil, 2015, p. 8-9)

Essas ameaças fazem com que a economia solidária esteja sempre na defensiva, pois não é interesse do capitalismo que seja expressiva. Além disso, inibem a expansão da economia solidária – um desafio constante que, para ser superado, tornaram necessárias as políticas afirmativas para a economia solidária.

## *A função da economia solidária na sociedade capitalista*

Há céticos que não acreditam que a economia solidária e o terceiro setor sejam alternativas efetivas e duradouras ao mercado de trabalho capitalista. Contudo, são alternativas que revelam seu valor pela funcionalidade ao incorporar parte dos trabalhadores desempregados pelo capital (Antunes, 2013a). Nesse sentido, ao proporcionar empregos aos excluídos do mercado de trabalho, o terceiro setor e a economia solidária mostram um papel de funcionalidade para um sistema capitalista que não deseja a manutenção do Estado do bem-estar social, ou seja, que não quer que se gaste com desempregados e políticas sociais. O fato positivo a assinalar é que esses desempregados passam a exercer atividades efetivas e dotadas de sentido social, e a economia solidária cumpre seu papel de amenizar, em uma parcela bastante limitada, o desemprego estrutural do sistema, ou seja, o desemprego causado pela tecnologia e automação. Todavia, seria um equívoco e uma mistificação acreditar que a economia solidária pudesse se expandir e transformar o sistema global capitalista (Antunes, 2013a).

Nessa visão crítica externada por Antunes (2013a), o terceiro setor e, em particular, a economia solidária dão suporte ao Estado do bem-estar social no âmbito da coesão social, tentando suprir o que seria função do Estado. Como o mercado por si só não resolve essas questões sociais, ao contrário, aprofunda-as – como as desigualdades que se intensificam, conforme estudo de Pikety (2014) –, o terceiro setor e a economia solidária preenchem, em pequena escala, essas falhas de funcionamento do mercado e do Estado. Por sua vez, Luiz Inácio Gaiger (2013, p. 181) divisa na economia solidária a germinação de uma "nova forma social de produção", a qual contraditoriamente se abriga sob o modo de produção capitalista.

## Síntese

*Cada modo de* produção corresponde a uma estrutura social, modo de organização social (forma de a sociedade se organizar) e de relação entre os diversos membros e estratos que a compõe. O modo de produção capitalista corresponde a uma composição de classes determinada pela propriedade privada, que define o lugar que cada um ocupa nessa sociedade, tendo reflexo na divisão social do trabalho. A economia solidária e o cooperativismo podem ser entendidos como uma doutrina econômica que se assenta na cooperação e na aspiração de justiça por meio do trabalho e da ajuda mútua. Dessa forma,

> *o cooperativismo, sob o prisma da doutrina social, sistematiza a reforma da sociedade, ao aspirar o aperfeiçoamento moral do homem, pelo sentido usual da solidariedade, contribuindo na [...] aplicação de valores fundamentais do ser humano. De outro modo, o cooperativismo também é visto como um instrumento eficaz para a organização da sociedade, e, como já dito, não existe sociedade desenvolvida sem organização. Isto significa, entre outros, a democracia dos investimentos, a distribuição da renda, a regularização do mercado, a geração de empregos e justiça econômica e social.*
> (Reisdorfer, 2014, p. 17)

O verdadeiro cooperativismo permanece, portanto, como a alternativa ideal para a geração de trabalho, renda e bem-estar social, enquanto a economia solidária reafirma a objetividade do que o bem-estar social como finalidade de todas as sociedades, sendo a economia o meio para atingir esse fim.

## Indicações culturais

### Artigo

UFF – Universidade Federal Fluminense. **Economia Solidária**. v. 1. Disponível em: <http://www.uff.br/incubadoraecosol/docs/ecosolv1.pdf>. Acesso em: 20 jul. 2017.

Recomendamos a leitura desses artigos seminais sobre a economia solidária, escritos por autores como Paul Singer.

### Documento

BRASIL. Ministério do Trabalho e Emprego. Conselho Nacional de Economia Solidária. **1º Plano Nacional de Economia Solidária (2015-2019)**. Brasília, 2015. Disponível em: <http://trabalho.gov.br/images/Documentos/EconomiaSolidaria/PlanoNacionalEcoSol.pdf>. Acesso em: 20 jul. 2017.

Recomendamos a leitura desse documento para quem quiser saber mais informações sobre o cooperativismo e a economia solidária.

### Livros

DURKHEIM, E. **Da divisão do trabalho social**. Tradução de Educação Brandão. São Paulo: M. Fontes, 1983.

Sugerimos a leitura dos capítulos que discutem as duas formas de solidariedade: a mecânica e a orgânica.

MARX, K. Prefácio. In: MARX, K. **Para a crítica da economia política**. São Paulo: Abril Cultural, 1974. p. 133-138. (Coleção Os pensadores, v. 35).

Recomendamos a leitura dessas poucas páginas desse prefácio, no qual o Marx delineia o sistema econômico capitalista formado, de um lado, pelo capital, pela propriedade fundiária e pelo trabalho assalariado e, de outro, pelo Estado, pelo comércio exterior e pelo mercado mundial. Nesse contexto, o filósofo alemão apresenta sua concepção geral da sociedade formada pela estrutura e pela superestrutura.

OLIVEIRA, O. M. de. **Teorias globais e suas revoluções**: impérios de poder e modos de produção. Ijuí: Ed. Unijuí, 2005. v. 2.

É difícil delimitar partes dessa obra como leitura complementar, pois o livro forma um todo "monolítico" que discorre com detalhes as abordagens dos modos de produção. A obra se inicia com o feudalismo, passa pelo modo de produção mercantil, destacando as raízes do capitalismo e o impacto da classe burguesa para, em seguida, abordar o modo de produção capitalista. Na sequência, o autor aborda a era do capital, o capitalismo global e a revolução tecnoinformacional.

WALLERSTEIN, I. Análise dos sistemas mundiais. In: GIDDENS, A.; TURNER, J. (Org.). **Teoria social hoje**. Tradução de Gilson César Cardoso de Souza. São Paulo: Ed. da Unesp, 1999. p. 447-470.

Wallerstein analisa como o mundo se estruturou para que o fornecimento e a produção de riqueza fossem estruturados em torno do centro, da semiperiferia e da periferia do mundo.

## *Atividades de autoavaliação*

1. Analise as afirmativas a seguir e assinale V (verdadeiro) ou F (falso):
   ( ) Modos de produção se definem como formas pelas quais uma sociedade se organiza para produzir, distribuir e consumir seus produtos e serviços.
   ( ) O impacto da escravatura nas relações sociais no Brasil foi quase imperceptível, sendo facilmente possível desvencilhar-se dessas relações.

( ) A concepção econômica determina o funcionamento da sociedade.
( ) A atual etapa do capitalismo é a industrial.
( ) No cooperativismo, os cooperados não são os donos do negócio; já na empresa privada, os empregados são os donos da empresa.
( ) A economia solidária é uma alternativa inovadora na geração de trabalho e na inclusão social.

Agora, assinale a alternativa que apresenta a sequência correta:
a) F, F, F, F, F, V.
b) V, V, V, F, V, V.
c) V, F, V, F, F, V.
d) V, F, F, F, F, F.

2. Analise as afirmativas a seguir e assinale V (verdadeiro) ou F (falso):
( ) Segundo a teoria do sistema-mundo de Wallerstein, o mundo foi dividido em três esferas hierárquicas na divisão internacional do trabalho: centro, periferia e periferia-sul.
( ) Weber, em *A ética protestante e o espírito do capitalismo*, demonstrou que a religião não exerceu relevância na expansão do capitalismo.
( ) Segundo Claus Offe, o Estado desempenha funções globais do capitalismo e está de acordo com seus "interesses globais".
( ) O capitalismo é um sistema que não necessita de um ambiente socioeconômico e jurídico estável para ter bom funcionamento.
( ) Antes do capitalismo, o trabalho era visto como uma virtude; depois, como um mal necessário.
( ) Os principais tipos de cooperativas são: de produção, de consumo, de crédito, agrícola e de serviço.

Agora, assinale a alternativa que apresenta a sequência correta:

a) V, V, V, F, F, V.
b) V, F, V, F, V, V.
c) F, V, V, F, F, F.
d) F, F, V, F, F, V.

3. O capitalismo pode ser dividido em quatro etapas. Relacione cada etapa ou fase com sua respectiva definição:

1. Pré-capitalismo
2. Capitalismo comercial
3. Capitalismo industrial
4. Capitalismo financeiro

( ) Com a Revolução Industrial, o capital passa a ser investido basicamente nas indústrias, que se tornam a atividade econômica mais importante, e o trabalho assalariado firma-se definitivamente.

( ) A maior parte dos lucros concentra-se nas mãos dos comerciantes, que constituem a camada hegemônica da sociedade, e o trabalho assalariado torna-se mais comum.

( ) Os bancos e outras instituições financeiras passam a controlar as demais atividades econômicas através de financiamentos à agricultura, à indústria, à pecuária e ao comércio.

( ) O modo de produção feudal ainda predomina, mas já começam a se desenvolver relações capitalistas.

Agora, assinale a alternativa que apresenta a sequência correta:

a) 1, 3, 2, 4.
b) 3, 2, 4, 1.
c) 4, 1, 2, 3.
d) 3, 1, 4, 2.

4. Immanuel Wallerstein defende que a estrutura internacional resulta na classificação do mundo em três estamentos hierárquicos: centro, periferia e semiperiferia. Sendo assim, relacione corretamente os estamentos citados com suas respectivas definições.

   1. Centro
   2. Periferia
   3. Semiperiferia

   ( ) Países com essa classificação, por vezes, agem como centro para a periferia, ou como periferia para os países centrais, exercendo um papel intermediário.
   ( ) Países com essa classificação encarregam-se da produção de alto valor agregado.
   ( ) Países com essa classificação produzem bens de baixo valor e aprovisionam *commodities* e matérias-primas para a produção de alto valor dos países centrais.

   Agora, assinale a alternativa que apresenta a sequência correta:
   a) 1, 3, 2.
   b) 3, 2, 1.
   c) 1, 2, 3.
   d) 3, 1, 2.

5. Observe os tipos de cooperativas descritos a seguir e marque apenas as cinco definidas por Reisdorfer (2014):
   1. Cooperativa de produção
   2. Cooperativa de consumo
   3. Cooperativa de navegação
   4. Cooperativa de crédito

5. Cooperativa de consórcios
6. Cooperativa agrícola
7. Cooperativa de ensino
8. Cooperativa de serviços

Agora, assinale a alternativa que apresenta a sequência correta:
a) 1, 2, 3, 5, 8.
b) 1, 2, 4, 6, 8.
c) 1, 4, 5, 6, 7.
d) 1, 2, 3, 4, 6.

## Atividades de aprendizagem

### Questões para reflexão

1. Cite e descreva os principais sistemas de produção ao longo da história.

2. Cite e justifique os impactos do modo de produção capitalista na sociedade.

3. O cooperativismo e a economia solidária são alternativas reais ao modo de produção capitalista? Justifique sua resposta.

### Atividade aplicada: prática

1. Realize uma pesquisa sobre o cooperativismo e a economia solidária em sua cidade e região. Investigue quantas cooperativas há em sua cidade e região e de que tipos elas são. Faça um relatório escrito de sua pesquisa.

# 4

Trabalho no Brasil

Neste capítulo, faremos uma abordagem geral das políticas de trabalho no Brasil, das relações de trabalho e emprego, do sindicalismo e da precarização do trabalho. As temáticas apresentadas neste capítulo têm o objetivo de torná-lo capaz de identificar como e quais foram as principais políticas relacionadas ao trabalho que existiram no Brasil, compreender como acontecem as relações de trabalho e emprego no país, avaliar a atuação sindical e o sindicalismo e, finalmente, analisar a precarização do trabalho brasileiro nas suas diversas formas.

## 4.1
### Políticas de trabalho no Brasil

No Brasil, as leis que regulam as relações de trabalho ganharam ímpeto no governo de Getúlio Vargas, em 1943, e foram firmadas pela Consolidação das Leis do Trabalho (CLT), legislação trabalhista que garantiu aos trabalhadores direitos como férias remuneradas, licença-maternidade e salário mínimo. Passaremos, a seguir, a delinear como se formaram as políticas de trabalho e de que forma aconteceu o processo de passagem do trabalho escravo ao trabalho remunerado. Compreenderemos também o desenvolvimento histórico da legislação trabalhista no Brasil, bem como a sindicalização e o processo mais recente de precarização do trabalho.

#### 4.1.1 A lenta transição do trabalho escravo ao trabalho livre

Podemos considerar que o trabalho no Brasil tem sua origem associada à escravidão. Praticamente todo o trabalho, fosse nas plantações de cana-de-açúcar e café, fosse no comércio ou no trabalho doméstico, era realizado por escravizados. Nesse modo de produção, o próprio ser humano é considerado uma mercadoria. O regime de escravidão implantado no Brasil cristão e católico foi um dos mais cruéis e desumanos de todos os tempos, conforme descreve Alberto Cardoso (2010, p. 65-66): "o senhor podia tomar qualquer decisão quanto à vida de seu escravo, conforme seu arbítrio", ou seja, o indivíduo escravizado era visto como um bárbaro e um objeto.

A longa duração do regime de escravidão no Brasil (mais de três séculos) contribuiu para tornar natural tal abominação e fazer com que o trabalho fosse, de fato, considerado um castigo, algo indigno, apropriado apenas para o escravizado. Essa longevidade escravagista também contribuiu para a construção das hierarquias sociais no Brasil, como as étnicas, religiosas e financeiras (Cardoso, 2010). Dessa forma, foi consolidada a degradação do trabalho braçal (Cardoso, 2010), promovendo uma **desvalorização do conceito de trabalho**, uma vez que este estava associado à escravidão.

Pelo caráter de degradação que o trabalho adquiriu, tornou-se difícil pensá-lo como fator de engrandecimento e emancipação humana, fato que começou a ser superado somente por meio das organizações trabalhistas, especialmente aquelas associadas ao movimento comunista trazido pelos imigrantes no início do século XX.

Cardoso (2010, p. 66) aponta outra consequência da longa escravidão: a consolidação de um "padrão de violência estatal e privada que sobreviveu ao fim do extenso período escravagista, transferindo-se para diversas esferas da relação entre o Estado e o mundo do trabalho", incluindo nesse cenário o processo de repressão e administração da justiça no país, especialmente sobre os movimentos operários organizados. A ordem vigente escravocrata determinava que o senhor ou o patrão aplicasse as penas sobre os escravizados, fazia suas próprias leis e, além disso, contava com a polícia ou o aparato estatal para auxiliá-lo na aplicação de sua "justiça".

Sérgio Buarque de Holanda, em *Raízes do Brasil*, escrito em 1936, descreve bem a dificuldade da elite em aceitar que a lei deveria ser igual para todos e que fosse implementada uma burocracia moderna do tipo weberiana no país, tamanha era a dificuldade de separar a coisa pública da privada, isto é, de permitir que fosse modificado um sistema há tanto tempo estabelecido e que estava intimamente relacionado à vida pessoal dessa elite.

A senzala, no entanto, perdurou mesmo após o fim formal da escravidão, em 1888, especialmente no âmbito simbólico, pois as famílias brasileiras estavam acostumadas a ter alguém para servi-las. Dessa necessidade surgiu a profissão de "empregada doméstica" (cuja designação e errônea, pois a trabalhadora não tinha carteira assinada nem gozava dos benefícios que, por exemplo, o operário de fábrica tinha – portanto, não era "empregada"). Sua habitação, o costumeiro "quartinho da empregada", localizava-se na pior parte da casa ou do apartamento, o lado mais úmido e escuro, dividindo espaço com a área de serviço e a lavanderia, como uma espécie de resquício da senzala.

Com relação às novas legislações que estão sendo implementadas desde 2013 (PEC das domésticas, por exemplo) para regular essas relações dos domésticos, chamam a atenção dois elementos: 1) a tardia legislação do assunto, ou seja, foi preciso esperar até a segunda década do século XXI para garantir plenos direitos trabalhistas às trabalhadoras e aos trabalhadores domésticos e sua cidadania como qualquer outro cidadão brasileiro; e 2) as reações contrárias que essa legislação e esses direitos encontraram junto às classes que usufruíam dos trabalhadores domésticos.

De fato, o longo período de escravidão implementado no Brasil deixou marcas profundas na sociedade brasileira, especialmente no que se refere à organização e à divisão social do trabalho, relações hierárquicas e aplicação da lei e da justiça. O sentimento de estranheza acerca da aplicação da lei de forma não igualitária para todos habita a consciência coletiva brasileira até os dias atuais. Desse modo, permanece difícil aplicar e vigorar em nosso país uma democracia moderna, como bem demonstrou Buarque de Holanda.

Na história do Brasil, os senhores dos engenhos, das plantações de café ou dos pampas eram também os políticos dominantes (também representados por candidatos apadrinhados e eleitos para as funções políticas de deputado, senador, presidente das províncias, delegados de polícia e ocupantes de cargos na máquina estatal em seus diferentes níveis). O Estado funcionava como aliado subsidiário do *pater familias*, ou seja, do patriarca e mandatário local. Essas relações são definidas da seguinte forma por Holloway (citado por Cardoso, 2010, p. 68):

> A senzala perdurou mesmo após o fim formal da escravidão, em 1888, especialmente no âmbito simbólico, pois as famílias brasileiras estavam acostumadas a ter alguém para servi-las.

*[No início do século XIX], a polícia funcionava como extensão, sancionada pelo Estado, do domínio da classe proprietária sobre as pessoas que lhe pertenciam. A polícia cresceu acostumada a tratar os escravos e as classes inferiores livres de maneira semelhante, e com a diminuição do número de escravos na população após meados do século, as atitudes e práticas do sistema de repressão foram aos poucos sendo transferidas para as classes inferiores não escravas – e perduraram.*

Podemos destacar ainda uma última consequência da lenta transição que o regime escravocrata deixou para a sociedade brasileira. Ancoradas na ausência de revoltas importantes de escravizados (como a do Haiti em 1804, quando eles se revoltaram e proclamaram a sua independência dos franceses), as elites econômicas conceberam "o trabalhador brasileiro como 'pacífico', 'ordeiro', 'cordial', contrariamente aos imigrantes que trouxeram novas ideologias, como o anarquismo ou o comunismo" (Cardoso, 2010, p. 70). Durante quase toda a República Velha, anarquistas, socialistas, grevistas, feministas e sindicalistas, entre outros, foram presos indistintamente como desordeiros, sob alegação de serem inimigos da ordem pública (Fausto, 1984, p. 34).

Junto a essa concepção do brasileiro pacífico, encontra-se a ideia de escravidão "benigna", exposta por viajantes como Saint-Hilaire ou por outros estrangeiros estabelecidos na Corte, como John Luccock, que emitia em seus livros pareceres muito favoráveis ao tratamento dispensados aos escravizados (Cardoso, 2010). Há ainda o exemplo do famoso romancista José de Alencar (1829-1877), que aponta em suas *Cartas a favor da escravidão* (dirigidas ao Imperador D. Pedro II) os benefícios da escravidão tanto para a sociedade como para o próprio escravizado. Com base nessa conjunção e na miscigenação e possibilidade de ascensão social do mulato, foi criado, por Gilberto Freyre (1900-1987), o conceito de "democracia racial" na obra *Casa-grande & senzala* (1933). Esse conceito afirmava que no Brasil não havia racismo. Foi com base em uma demanda das Nações Unidas (ONU) que Florestan Fernandes (1920-1995) e Roger Bastide (1898-1974), no final dos anos 1950, estudaram o racismo, passando-se, assim, muitos anos para que a ideologia da "democracia racial" fosse questionada.

### 4.1.2 Legislação trabalhista no Brasil

As leis trabalhistas têm duas funções básicas: 1) criar um patamar mínimo e civilizatório entre empregado e empregador, pois, se a lei piora, a situação das pessoas não é mais um marco civilizatório; e 2) distribuir renda, ou seja, o trabalhador deve receber parte da riqueza que gerou, não apenas para seu sustento e sobrevivência, mas para usufruir dos benefícios, comodidades e conforto que o avanço tecnológico e societário geram.

O desenvolvimento da legislação trabalhista no Brasil pode ser dividido em três períodos: 1) do descobrimento à abolição (1500-1888); 2) da República à Era Vargas (1889-1930); e 3) da Era Vargas aos nossos dias (1930 até hoje).

Conforme Villar (2006), o primeiro período é conhecido como o *período pré-histórico dos direitos trabalhistas*, quando a legislação e os direitos trabalhistas eram parcos ou sequer existiam. Com a Constituição de 1824, a organização de corporações foi interditada, o que garantiu a liberdade de trabalho. Mais tarde, foram promulgadas leis regulamentando o trabalho, como a Lei n. 396, de 2 de setembro de 1846, que limitava a presença de trabalhadores estrangeiros a dois por empresa; ou, caso a empresa contratasse mais, ela deveria pagar determinado valor. O Código Comercial de 1850, por sua vez, regulamentou a forma de contratação dos caixeiros, incluindo aviso prévio por demissão injusta, enumerando as justas causas e prevendo indenização para acidentes de trabalho.

Na década de 1870, surgiram as primeiras organizações profissionais, como as ligas e uniões operárias. Esse período culminaria na **Lei Áurea**, que aboliu o trabalho escravo no Brasil e é, segundo Villar (2006), a lei trabalhista mais importante no país até hoje.

No segundo período, o da Proclamação da República até o início da Era Vargas (1889-1930), tivemos a Constituição de 1891, que foi vaga em relação ao trabalho. Certamente essa questão estava vinculada a um espírito liberal, segundo o qual não era recomendável ao Estado regular as relações de trabalho que, em seu espírito de liberdade de empresa e do trabalho, servia aos interesses rurais, que haviam sido contrariados pela administração do Império por meio da abolição da escravidão. Para a elite agrária, o Estado não deveria gerir ou interferir na administração de seus negócios, especialmente em sua força de trabalho, sendo os mecanismos de dominação, como o coronelismo, mantidos intactos pela República (Cardoso, 2010).

Contudo, houve ainda o Decreto n. 1.313, de 17 de janeiro de 1891, que regulamentava o trabalho de jovens de 12 a 18 anos. Em 1903 tivemos a Lei Sindical Rural e, em 1907, a Lei Geral dos Sindicatos, a primeira dessa espécie que adotou a pluralidade e a autonomia sindical. Ainda nesse período tivemos o Código Civil de 1916, que determinava em detalhes a locação de serviços, e a Lei Maurício de Lacerda, em 1917, do Departamento Nacional do Trabalho, assim como a Lei de Acidentes do Trabalho, desse mesmo ano. Viu-se nesse período um adensamento de leis que trouxeram uma garantia mínima ao trabalhador.

Também é digna de nota a criação, em 1922, em São Paulo, dos Tribunais Rurais (presididos pelo Juiz de Direito), que foram o embrião da Justiça do Trabalho. Por sua vez, a Previdência Social foi introduzida em 1923 com a criação de Caixas de Aposentadorias e Pensões para, inicialmente, os trabalhadores ferroviários e marítimos, tendo sucessiva expansão para que as novas categorias profissionais fossem abrangidas, alcançando, em 1930, 47 outras categorias profissionais. No final de 1925, foi promulgada a lei que concedia 15 dias de férias remuneradas aos trabalhadores da indústria, comércio e bancos. Já em 1927, foi aprovado o Código de Menores, que proibiu o trabalho dos menores de 12 anos e, em praça pública, dos menores de 14 anos.

Pela primeira vez, na Constituinte de 1926, que realizava uma reforma constitucional, fez-se menção ao Direito do Trabalho, delegando-se à União a competência para legislar privativamente sobre essa matéria. Com isso, pôde-se uniformizar as normas sobre o trabalho no Brasil, ainda que se mantendo uma separação entre o trabalho urbano e o rural. Na República Velha, comandada pelas elites rurais ainda ressentidas pela abolição da escravidão, havia forte resistência em conceder direitos trabalhistas aos trabalhadores urbanos, como a redução da jornada de trabalho (sendo Borges de Medeiros seu forte opositor), pois temia-se que os trabalhadores rurais exigissem o mesmo. Outro exemplo que ilustra essa questão é a Convenção n. 12, de 1921, da Organização

Internacional do Trabalho (OIT). Esse documento, que garantia indenização por acidentes de trabalho aos trabalhadores rurais, demorou a ser ratificado pelo Brasil, o que aconteceu somente em 1956.

Com a vitória de Getúlio e o início da Era Vargas, em 1930, iniciou-se a terceira e atual fase da legislação trabalhista no Brasil. Rapidamente, Getúlio criou o Ministério do Trabalho, Indústria e Comércio, que mais tarde foi transformado em Ministério do Trabalho e Emprego. O primeiro titular foi o político-sociólogo Lindolfo Collor, que deu início à organização do arcabouço do direito do trabalho que temos hoje. Diversas leis foram promulgadas, versando especialmente sobre organização sindical, nacionalização do trabalho, acidentes do trabalho, convenções coletivas e Justiça do Trabalho (Villar, 2006).

O Governo Provisório sofreu influência de constituições progressistas de sua época, como a do México, de 1917, que pela primeira vez na história garantiu direitos ao trabalhador em um texto constitucional, elevando-o à categoria de pessoa; e a de Weimar, Constituição alemã de 1919, que deu grande ímpeto ao Estado do bem-estar social. Contrariamente à Constituição liberal de 1891, o governo introduziu fortes elementos do Estado do bem-estar social em seu texto. Em seguida, por inspiração dessa nova Carta Magna, em 1935 foi aprovada a Lei n. 62, a primeira Lei Geral do Trabalho.

A Constituição de 1937, por outro lado, redigida sob os auspícios da ditadura getulista e sob inspiração das constituições nazifascistas, especialmente do fascismo de Mussolini, foi um retrocesso político e institucional. Não obstante, não se pode dizer o mesmo no que tange aos direitos trabalhistas, pois uma grande quantidade de artigos de proteção ao trabalhador foram incorporados no texto constitucional que culminou na CLT, em 1º de maio de 1943, que regula as relações de trabalho até hoje.

A Constituição Federal de 1988, conhecida como *constituição cidadã*, versa em seu título II sobre os direitos e garantias fundamentais e declara, em seu art. 7º, que são assegurados aos trabalhadores urbanos e rurais os seguintes direitos:

> *I – relação de emprego protegida contra despedida arbitrária ou sem justa causa, nos termos de lei complementar, que preverá indenização compensatória, dentre outros direitos;*
>
> *II – seguro-desemprego, em caso de desemprego involuntário;*
>
> *III – fundo de garantia do tempo de serviço;*
>
> *IV – salário mínimo, fixado em lei, nacionalmente unificado, capaz de atender a suas necessidades vitais básicas e às de sua família com moradia, alimentação, educação, saúde, lazer, vestuário, higiene, transporte e previdência social, com reajustes periódicos que lhe preservem o poder aquisitivo, sendo vedada sua vinculação para qualquer fim;*
>
> *V – piso salarial proporcional à extensão e à complexidade do trabalho;*
>
> *VI – irredutibilidade do salário, salvo o disposto em convenção ou acordo coletivo;*
>
> *VII – garantia de salário, nunca inferior ao mínimo, para os que percebem remuneração variável;*
>
> *VIII – décimo terceiro salário com base na remuneração integral ou no valor da aposentadoria;*
>
> *IX – remuneração do trabalho noturno superior à do diurno;*
>
> *X – proteção do salário na forma da lei, constituindo crime sua retenção dolosa;*
>
> *XI – participação nos lucros, ou resultados, desvinculada da remuneração, e, excepcionalmente, participação na gestão da empresa, conforme definido em lei;*
>
> *XII – salário-família para os seus dependentes;*
>
> *XIII – duração do trabalho normal não superior a oito horas diárias e quarenta e quatro semanais; facultada a compensação de horários e a redução da jornada, mediante acordo ou convenção coletiva de trabalho;*
>
> *XIV – jornada de seis horas para o trabalho realizado em turnos ininterruptos de revezamento, salvo negociação coletiva;*

XV – repouso semanal remunerado, preferencialmente aos domingos;

XVI – remuneração do serviço extraordinário superior, no mínimo, em cinquenta por cento à do normal;

XVII – gozo de férias anuais remuneradas com, pelo menos, um terço a mais do que o salário normal;

XVIII – licença à gestante, sem prejuízo do emprego e do salário, com a duração de cento e vinte dias;

XIX – licença-paternidade, nos termos fixados em lei;

XX – proteção do mercado de trabalho da mulher, mediante incentivos específicos nos termos da lei;

XXI – aviso prévio proporcional ao tempo de serviço, sendo no mínimo trinta dias, nos termos da lei;

XXII – redução dos riscos inerentes ao trabalho, por meio de normas de saúde, higiene e segurança;

XXIII – adicional de remuneração para as atividades penosas, insalubres ou perigosas, na forma da lei;

XXIV – aposentadoria;

XXV – assistência gratuita aos filhos e dependentes desde o nascimento até seis anos de idade em creches e pré-escolas;

XXVI – reconhecimento das convenções e acordos coletivos de trabalho;

XXVII – proteção em face da automação, na forma da lei;

XXVIII – seguro contra acidentes de trabalho, a cargo do empregador, sem excluir a indenização a que este está obrigado, quando incorrer em dolo ou culpa;

XXIX – ação, quanto a créditos resultantes das relações de trabalho, com prazo prescricional de:

    a) cinco anos para o trabalhador urbano, até o limite de dois anos após a extinção do contrato;

    b) até dois anos após a extinção do contrato, para o trabalhador rural;

XXX – proibição de diferença de salários, de exercício de funções e de critério de admissão por motivo de sexo, idade, cor ou estado civil;

*XXXI – proibição de qualquer discriminação no tocante a salário e critérios de admissão do trabalhador portador de deficiência;*

*XXXII – proibição de distinção entre trabalho manual, técnico e intelectual ou entre os profissionais respectivos;*

*XXXIII – proibição de trabalho noturno, perigoso ou insalubre aos menores de dezoito e de qualquer trabalho a menores de quatorze anos, salvo na condição de aprendiz;*

*XXXIV – igualdade de direitos entre o trabalhador com vínculo empregatício permanente e o trabalhador avulso.* (Brasil, 1988)

Assim, a Constituição de 1988, ao contrário da de 1891, pretendeu deliberadamente garantir os direitos dos trabalhadores, explicitando e valorizando o trabalho humano e a solidariedade social.

### 4.1.3 A flexibilização das leis trabalhistas

A flexibilização tem por finalidade tornar flexível o que é rígido. Assim, no trabalho, flexibilidade quer dizer tornar as relações trabalhistas mais maleáveis. O professor Maurício Godinho Delgado (2013) distingue dois tipos de flexibilização: aquela que o governo implanta por meio de lei, e a autônoma, a qual as partes, via sindicato, acordam em flexibilizar os direitos.

O início da flexibilização ocorreu em 1965, durante o regime militar, quando foi autorizada a possibilidade de redução dos salários. Também em 1966 tivemos a Lei do FGTS (Lei n. 5.107, de 13 de setembro de 1966), que substituiu o direito de estabilidade decenal, segundo o qual qualquer trabalhador que estivesse por mais de dez anos no emprego não podia mais ser dispensado, a não ser por justa causa verificada pelo Ministério do Trabalho. Com a nova lei, e com a vigência do FGTS, qualquer funcionário poderia ser demitido a qualquer momento. A flexibilização também está presente na Constituição de 1988, que instituiu a possibilidade de redução de salário e de jornada de mais de oito horas por dia, com turno de revezamento de seis horas, que poderia ser estendido até oito horas.

No governo de Fernando Henrique Cardoso (1995-2002), foi instituído o banco de horas, liberando os patrões da obrigação de pagar hora extra com 50% de acréscimo em troca de dias de folga, correspondentes ao tempo trabalhado (em dias escolhidos pelo empregador). Instituiu-se também, nessa época, o *salário utilidade* ou *salário in natura*, que ofertava planos de saúde, odontológico e vale-transporte, entre outros. Até 2001, esses itens contavam para o cálculo de INSS, FGTS e aposentadoria. Desde então, entretanto, não contam mais e passaram a ser benefícios.

Criou-se a ideia de que o trabalhador brasileiro é caro, pois tudo é classificado como benefício. Chega-se, assim, ao cálculo do custo adicional de 102,4% do salário nominal, quando, na verdade, os encargos não passam de 60%. Esse valor reduz-se para cerca de 40% para as empresas enquadradas no sistema de tributação simples. Considera-se, aqui, que férias e descanso semanal não são encargos, mas salários.

As leis trabalhistas vigentes no país representam o principal obstáculo aos planos de acelerar o processo de flexibilização das relações de trabalho no país. São muitos os projetos de lei que pretendem alterar a CLT, além daqueles que já flexibilizaram pontos importantes relativos ao processo de produção, sobretudo quanto às formas de contratação. Conforme aponta o jornalista Fabiano Costa, do *G1*, quando a CLT completou 70 anos em 2013, havia no Congresso Nacional 569 Projetos de Lei (PL) propondo mudanças a ela. Desses projetos, 437 eram da Câmara dos Deputados e 132 eram do Senado. As propostas requeriam "modernização" – palavra muito usada nos textos dos projetos de lei –, que em seu escopo incluía desde a redução da jornada de trabalho semanal de 44 para 40 horas semanais até a regulamentação e terceirização total das atividades produtivas (Costa, 2013). O Projeto de Lei da Terceirização (PL n. 4.330/2004), de autoria do deputado e empresário Sandro Mabel, era a prioridade do empresariado e foi aprovado dois anos mais tarde, em 2015, e resultou na promulgação da Lei n. 13.429, de 31 de março de 2017. Essa nova lei trabalhista estende a terceirização para as atividades-fim da empresa, revogando norma do Tribunal Superior do Trabalho, que limitava a terceirização às atividades-meio. Assim, de agora em diante, aceita-se a subcontratação de atividade especializada, ou seja, a quarteirização, permitindo que a empresa contratante seja responsável apenas subsidiariamente pelos direitos do trabalhador terceirizado.

> As leis trabalhistas vigentes no Brasil representam o principal obstáculo aos planos de acelerar o processo de flexibilização das relações de trabalho no Brasil. São muitos os projetos de lei que pretendem alterar a CLT, além daqueles que já flexibilizaram pontos importantes relativos ao processo de produção, sobretudo quanto às formas de contratação.

Especialistas como José Pastore assinalam que há necessidade de fazer uma revisão técnica na CLT, eliminando os artigos que foram suplantados por novas leis ou que caducaram, ou seja, que divergem da legislação mais recente ou da própria Constituição de 1988, o que é fonte de grande demanda judicial trabalhista. Contudo, o ato de "modernizar" a CLT carrega em si o perigo da extinção dos direitos trabalhistas e da generalização do precariado do trabalho, como ocorreu com o a Lei n. 13.429/2017, que possibilitou a terceirização de todas as atividades de uma empresa. Sabe-se que a empresa que contrata mão de obra terceirizada não tem compromissos com esse trabalhador, que não recebe treinamento adequado, não tem estabilidade no emprego, recebe em média entre 50% e 60% do salário do trabalhador regular da empresa, não recebe participação nos lucros e não aufere nenhum benefício que o trabalhador regular da empresa recebe, como plano de saúde, plano de previdência, auxílio educação e creche.

Com relação à terceirização total, de um lado, os empresários argumentam que ela irá "ampliar a competitividade" da indústria nacional, enquanto as entidades sindicais argumentam, de outro, que esta é a "versão da surrada e falsa teoria neoliberal segundo a qual a depreciação do trabalho, com a elevação do grau de exploração dos assalariados, é indispensável para o desenvolvimento", como avalia a professora Graciete Santana (2011), para quem a história da luta de classes continua.

Dessa maneira, é possível perceber que a reforma trabalhista, aprovada em 13 de julho de 2017, atende prioritariamente a agenda do empresariado em detrimento dos trabalhadores. Entre as mudanças mais prejudiciais está o item que concede a prevalência do acordo entre padrão e empregado sobre a legislado – o que, na prática, permite qualquer renegociação, visto que o empregado está sujeito ao patrão. Além disso, em tempos de crise e desemprego, sempre haverá alguém que aceitará condições inferiores de trabalho para garantir o sustento, o que leva os trabalhadores já contratados a se sujeitarem a praticamente qualquer condição para manter o emprego.

## 4.2
### *Relações de trabalho e emprego*

*Falar de trabalho* e emprego significa discutir a arquitetura regulatória do Estado, ou seja, de políticas públicas. As políticas públicas manifestam a relação do Estado com a sociedade, bem como evidenciam o Estado que corrige as falhas do mercado. O trabalho e o emprego, regulados pelo mercado, estão à mercê das flutuações deste, especialmente na Era Pós-Industrial, na qual a financeirização (ou seja, a predominância do capital financeiro em detrimento do setor produtivo da economia) conduz à acumulação de riqueza abstrata, desvencilhada dos "incômodos" da produção material (Belluzzo, citado por Braga, 2012). Essa nova fase do capitalismo cria uma dinâmica na relação entre trabalho e emprego, que por sua vez se traduz em um agravamento do sentido da terceirização e em uma tentativa de subordinar os trabalhadores às oscilações cíclicas do mercado – especialmente às flutuações do mercado financeiro –, conforme demonstra o sociólogo Ruy Braga (2012).

As relações de trabalho e emprego são, assim, mediadas pela **financeirização da economia**, que tem o poder de influenciar não apenas o âmbito financeiro, mas todos os setores, incluindo o produtivo. A característica principal dessa relação, segundo Braga (2012), é o precariado, que corresponde à personificação da fase vigente do capitalismo, que sujeita as relações de trabalho à lógica da financeirização.

Assim, a atuação do Estado, por meio de suas políticas públicas, é necessária para amenizar os resultados negativos da relação entre capital e trabalho. Definir e compreender o papel que o Estado tem e desempenha na sua ação ou relação diante da sociedade, especialmente nas relações de trabalho, é crucial para compreender as políticas públicas. Essa compreensão da função do Estado passa por um gradiente amplo no escopo ideológico-político, da direita à esquerda e vice-versa. De forma simplificada, define-se que o **ideário de direita** pressupõe a mínima intervenção do Estado no mercado de trabalho, sendo reservado ao Estado apenas um papel regulador, enquanto o mercado, por si só, incumbe-se de fazer as regras e distribuir a renda, sendo esta uma forma adequada de se fazer justiça social, especialmente quando não é necessário retirar de um grupo para distribuir a outro por meio de políticas redistributivas. Já o **ideário de esquerda** prescreve ampla presença do Estado na sociedade, regulando as relações de emprego e capital-trabalho e encarregando-se do papel de distribuir e redistribuir renda (as políticas públicas, nesse ideário, existem para preencher as deficiências do mercado).*

As ações e intervenções do Estado objetivam, em tese, sanar e preencher as deficiências do mercado. O conceito de mercado já carrega em si a naturalização da ideia de ganhadores e perdedores e é considerado um gerador de justiça social. Nesse contexto, o Estado se faz necessário para dar suporte aos "perdedores", por meio de políticas distributivas, a fim de que eles possam se inserir no mercado de consumo; e para colocar limites à ação dos "ganhadores" por meio de políticas regulatórias, de forma que a justiça do mercado não seja apenas a justiça do mais forte, e sim uma justiça isenta, como o próprio ultraliberal Mills (2000) preconizava.

---

\* Bobbio (2001) relaciona direita e esquerda ao binômio igualdade-desigualdade. Para a direita, a desigualdade é o motivo para o progresso e aumento da riqueza da sociedade. Para a esquerda, a desigualdade não é natural, e a verdadeira causa da riqueza é social. O sistema de produção capitalista faz com que as desigualdades sejam ampliadas. Elas existem, mas poderiam ser diminuídas. Por isso, segundo o ideário de esquerda, esse sistema é injusto, e medidas corretivas – por meio de políticas públicas – são necessárias.

Nesse contexto, o Estado é necessário, em primeiro lugar, para fazer a passagem do *estado de natureza* hobbesiano*, no qual impera a lei e a justiça do mais forte, para a sociedade civil. Segundo Locke (1978), a sociedade política ou civil tem por finalidade remediar os infortúnios do estado de natureza que se tornam inevitáveis sempre que cada homem julga em causa própria. Ainda segundo outro contratualista, Rousseau, o Estado surge a partir e por causa das desigualdades.

### 4.2.1 Regulação e ação do Estado por meio de políticas públicas

Como visto anteriormente, a ação do Estado é justificada para regular, incluir e fazer justiça social. Isso ocorre por meio de suas políticas distributivas, redistributivas, regulatórias e constitutivas ou estruturadoras, conforme a conceituação elaborada por Theodore Lowi (1972).

---

\* Para Hobbes (1999), o Estado constitui a passagem do estado de natureza (anarquia, apolítico) ao estado civil (à *archia*, ao político, à ordem). O Estado é formado quando os indivíduos renunciam ao direito de cada um usar sua própria força (o que seria o estado de natureza ou a selvageria) para confiar em uma única pessoa ou corpo (o que acontece pela transferência de poder ao soberano), que será o único autorizado a usar a força contra eles com o fim de preservar a vida. Ainda, segundo Hobbes, três fatores levam à discórdia entre os homens, havendo necessidade de o Estado impor a ordem: a competição, que visa ao lucro; a desconfiança, que traz o medo (fazendo o outro atacar primeiro); e a glória e a honra, que promovem a busca pelo respeito e pelo reconhecimento perante os outros. As principais propriedades dos homens, segundo Hobbes, são a vida, a liberdade e os bens. E, em vista de preservar a vida, os homens renunciam aos outros dois. Já para Locke (1978), a função principal do Estado é proteger a liberdade de pensamento, de propriedade e de comércio. Porém, incorre-se no perigo de o Estado se tornar grande demais, podendo tirar a liberdade dos indivíduos. Por isso, o filósofo defende o Estado mínimo, aos moldes de um vigia noturno. Tal qual o vigia, quanto menos trabalhasse, melhor. Assim, para Locke, o Estado é um mal necessário, e nessa visão liberal o indivíduo é mais importante que a sociedade.

As **políticas distributivas** "envolvem recursos não finitos, cuja distribuição não geraria jogo de soma zero, mas de soma positiva"* (Marques; Faria, 2013, p. 30). Em outras palavras, elas produzem vantagens para um grupo da sociedade e não acarretam custos e perdas para outros, a exemplo do Programa Bolsa Família, nem são orientadas para o conflito: "Esse tipo de política tende a apresentar um padrão de negociação muito pluralista, assim como baixo potencial de conflito" (Marques; Faria, 2013, p. 30).

Já as **políticas redistributivas** envolvem "distribuição de recursos finitos, com uma natureza mais conflitiva" (Marques; Faria, 2013, p. 30): uma parte perde para que outra receba, como ocorre com a reforma agrária (Movimento dos Trabalhadores Sem terra – MST *versus* proprietários). São políticas que podem gerar conflitos.

Por sua vez, as **políticas regulatórias** são "políticas através das quais o Estado estabelece regras para o funcionamento de atividades produzidas externamente a ele" (Marques; Faria, 2013, p. 30). Nelas, trabalha-se com ordens proibições, decretos e portarias, que procuram regulamentar situações como a carga horária de trabalho semanal e as condições de trabalho, entre outros aspectos da relação entre capital e trabalho.

Por fim, as **políticas constitutivas ou estruturadoras** têm em vista estruturar e construir as regras vigentes. Elas estão associadas à criação e à transformação das próprias regras do jogo político (Marques; Faria, 2013) e afetam outros tipos de políticas, como a reforma política.

Muller e Surel (2004) assinalam a complexidade dessa inter-relação entre os diversos atores, a sociedade e seus grupos empresariais, sindicais,

---

\* *Jogo de soma zero* descreve situações sociais nas quais, para que algum ator ganhe algo, outro deve perder. Em *jogo de soma positiva*, o ganho de um não implica a perda do outro; todos podem ganhar ao mesmo tempo.

governo e Estado, que se relacionam e se influenciam reciprocamente em um espaço de conflitos e consensos:

> *a ação do Estado pode ser considerada como o lugar privilegiado em que as sociedades modernas, enquanto sociedades complexas, vão colocar o problema crucial de sua relação com o mundo através da construção de paradigmas ou de referenciais, sendo que este conjunto de matrizes cognitivas e normativas intelectuais determina, ao mesmo tempo, os instrumentos graças aos quais as sociedades agem sobre elas mesmas e os espaços de sentido no interior das quais os grupos sociais vão interagir.*

No contexto de políticas públicas, é fundamental distinguir e compreender os pressupostos da visão do Estado que está sendo posta em prática, porque é justamente com base nessa visão ou premissa do Estado que as políticas públicas são delineadas. A visão liberal defende que a função do Estado é proteger a sociedade. Citando novamente os contratualistas, para Hobbes, o dever estatal é garantir a vida; para Locke, sua função é garantir os contratos, os direitos, a liberdade e a propriedade; e, para Rousseau, o Estado é o garantidor do interesse geral. Apesar disso, na visão marxista, o Estado não é neutro nem garantidor do interesse geral e do bem comum. Por não ser neutro, não pode atender ao interesse de todos. O Estado, portanto, representaria o interesse institucionalizado de uma classe sobre outra.

Engels (1984) argumenta que o Estado surge da sociedade (não tendo um fundamento divino), e não de um contrato; portanto, ele surge do antagonismo das classes, e justamente da classe mais poderosa, dominante, que visa manter a coesão social e o seu domínio. Para Engels, é através do Estado que a classe economicamente dominante torna-se politicamente dominante.

Claus Offe (1984) define que a principal função do Estado capitalista – e o consequente *output* em forma de políticas públicas – é garantir o funcionamento do capitalismo. O Estado precisa do capitalismo para se reproduzir. Segundo esse autor, estas são as funções do Estado no contexto do capitalismo:

1. O Estado não deve inibir a rentabilidade da acumulação privada.
2. O Estado e seus agentes dependem dos impostos que arrecadam, havendo uma dependência estrutural com o capitalismo.
3. Essa dependência define o sentido da ação estatal: criar e garantir as condições exteriores que mantêm o processo de acumulação, impedir a revolução e manter a ordem e a obediência (por meio da polícia e da prisão), sendo que a burocracia já se encarrega parcialmente disso e, por esse motivo, os capitalistas não precisam estar diretamente no comando da política.
4. O Estado desempenha funções globais do capitalismo e está de acordo com os "interesses globais do capitalismo": constrói trilhos para ajudar a mineradora a escoar seu minério, oferece políticas de isenção fiscal para que certos setores produtivos se tornem mais competitivos, mantém sistema judiciário e prisões etc. Além disso, qualquer política, tema, interesse e conflito que ponha em risco o processo de acumulação capitalista não deve se tornar agenda (e a mídia oferece sua colaboração a esse respeito, fazendo uma triagem dos temas que são colocados em debates ou como notícias).
5. Para se manter no poder e para se legitimar, o Estado deve ocultar suas reais intenções – isso é feito ao este conceder políticas sociais marginais de um lado (por exemplo, o Programa Bolsa Família) e, de outro, benefícios e isenções fiscais (por exemplo, juros altos aos bancos, isenções de IPI, empréstimos via BNDES e investimento sem risco, como o projeto do trem rápido ligando Rio, São Paulo e Campinas, entre outros incentivos e garantias que não fariam parte de um verdadeiro sistema capitalista).

Offe (1984) aponta ainda que há filtros, ou seja, estruturas seletivas que impedem a entrada de agentes de conflito. Esses filtros são: 1) o sistema político; 2) a ideologia – seleção estrutural dos interesses por meio da ideologia (assim, políticas que põem em risco a redução da acumulação não entram na agenda, como a regulamentação dos juros em 12% ao ano, conforme previsto na Constituição Federal); 3) o processo decisório – relações de favorecimento e de exclusão das agendas; e 4) o sistema representativo, legal, policial e militar.

Por seu turno, Nicos Poulantzas (1986) assevera que a função do Estado inclui promover a organização política das classes dominantes e a desorganização política das classes dominadas, o que se traduz em ações de deslegitimação ou ação policial brutal em movimentos, manifestações ou greve de professores, ou mesmo de outras categorias organizadas de trabalhadores. Para esse autor, a autonomia do Estado representa a delegação de poder dos capitalistas ao Estado que, na prática, representa uma autonomia muito relativa do Estado.

Enfim, o ideário liberal ressalta que, quanto mais flexibilização houver nas relações de trabalho e emprego, mais empregos serão gerados. Contudo, contrariamente ao pensamento liberal e às justificativas dadas por políticos e patrões, a flexibilização não aumenta o emprego – pelo menos não há casos que mostrem que o emprego aumenta. A taxa de desemprego aumenta com o crescimento da atividade econômica, do consumo e com políticas de geração de trabalho e emprego. Na Espanha, com o Decreto Real n. 89, de 2001, que visava à flexibilização das relações trabalhistas, houve aumento dos contratos por prazo determinado (90 ou 120 dias), ou seja, trabalho temporário. Esses contratos precarizados não geraram empregos. Ao contrário, o desemprego aumentou para 22% da força de trabalho ativa. Além disso, essas pessoas no trabalho temporário não conseguiam mais crédito para comprar bens duráveis a prazo, o que agravou a crise econômica do país. Por fim, a lei foi revista.

## 4.3
## Sindicalismo

A *sociologia do* sindicalismo se apresenta como uma relevante área de estudo da sociologia do trabalho. Michel Crozier deu importante contribuição a esssa área, analisando-a com base em cinco pontos de vista: genérico, estrutural, funcional, ideólogico e de mudança. Realizamos, no quadro a seguir, uma síntese da pesquisa de Crozier (1973) para tornar mais didática a compreensão das questões fundamentais do movimento operário.

*Quadro 4.1 – Sistema sindical de Crozier*

| Ponto de vista | Questões centrais | Prováveis respostas |
|---|---|---|
| Genérico | A que necessidades corresponde o movimento operário, como se desenvolveu e por quê? | Nasceu da Revolução Industrial, sendo uma criação voluntária e racional de alguns líderes que souberam reunir em torno de si a "nata" da massa operária. Surgiu em resposta às más condições de trabalho e à tecnologia que tomava o lugar dos operários, entre outras respostas ao ambiente de trabalho da época. |
| Estrutural | Que espécie de organização é o movimento operário? Como se distribuem nele os papéis e os poderes? | Estuda a organização interna do sindicato (sua burocracia). A estrutura condiciona o modo de organização operária – uma burocracia oligárquica ou um movimento espontâneo das massas. Robert Michels mostra que ela advém de elite interna, ou "uma verdadeira oligarquia que dispõe, de fato, do poder no seio do movimento operário" (Michels, citado por Crozier, 1973, p. 209). Nos grandes sindicatos da indústria, encontra-se uma burocracia sindical semelhante à administração pública ou privada. Além da burocracia, são questões importantes na estrutura sindical: a concentração do poder, relações entre massa (o operariado) e dirigentes. As relações aparentemente democráticas na cúpula escondem, às vezes, relações autocráticas entre massa e dirigentes. |

*(continua)*

*(Quadro 4.1 – conclusão)*

| Ponto de vista | Questões centrais | Prováveis respostas |
|---|---|---|
| Funcional | Quais são as funções do movimento operário na sociedade global e como ele as desempenha? | Observa-se que diversos movimentos, nos primórdios do sindicalismo, tinham como função acabar com o trabalho assalariado e voltar ao sistema de cooperativas. Como tal missão não estava sendo bem-sucedida, o sindicalismo voltou-se a um papel mais factível. A função primordial do sindicato, portanto, é a negociação coletiva, especialmente a discussão dos salários e as condições de trabalho, e constitui o meio mais elaborado de que dispõe o movimento dos trabalhadores. Sua função não se restringe à elaboração das convenções coletivas, mas abrange também a administração cotidiana das convenções coletivas (por meio dos delegados sindicais nãos locais de trabalho) e a relação com os poderes públicos, bem como a representação dos interesses dos trabalhadores no plano nacional. |
| Ideológico | Por que a importância da alavanca ideológica no movimento operário é considerável? | A ideologia (ou seja, as convicções) sempre teve um papel primordial na atuação sindical e acreditava que seria o motor de toda ação sindical. Contudo, há de se considerar o nível prático da ação sindical ou a distância entre os líderes que detêm o monopólio da expressão oficial (ideológica) e a grande parte dos membros que são alheios à filosofia da elite sindical dirigente. Contudo, é igualmente necessário considerar que a ideologia constitui os próprios fundamentos da organização sindical. Esses não são movimentos de ideias, mas só puderam desenvolver-se utilizando armas ideológicas, especialmente revolucionárias, que eram respostas às crises sociais. |
| De mudança | O movimento operário é apenas uma reação a uma situação dada? Por que se constitui como uma das peças indispensáveis do equilíbrio social? Por que se constitui como um fator de mudança? | A proposta para iniciar um movimento sindical se dá em torno da ideia de mudança, de sair de um determinado *status quo* – uma força motora que age sobre os indivíduos e a própria sociedade. |

Fonte: Elaborado com base em Crozier, 1973.

Formas institucionalizadas de diálogo, por meio de sindicatos, são fundamentais para a manutenção de boas relações de trabalho. A regulamentação do trabalho por meio de instituições de negociação coletiva, conforme Hall e Taylor (1996), tem por finalidade mediar as pressões econômicas e sociais, distribuir o poder entre os atores e oferecer soluções para problemas de coordenação que as economias de mercado enfrentam.

Visser (2013) aponta três funções da negociação coletiva: uma **função protetora** para os trabalhadores (que garante remuneração adequada e condições dignas de trabalho), uma **função de voz** (que permite aos trabalhadores expressarem seus interesses) e uma **função distributiva** (que assegura uma participação nos resultados e na produtividade).

Conforme Crozier (1973), com relação à estrutura, os sindicatos são agrupados por células territoriais (mesma cidade ou região), profissionais (mesma categoria profissional ou mesmo ofício) ou industriais (todos os operários pertencem à mesma indústria). Essa última divisão surgiu a partir do "declínio dos ofícios tradicionais e das formas artesanais de atividade. Seguiu, com grande atraso, o crescimento das empresas poderosas e da produção em massa e constitui, até agora, o único meio de que dispõe o movimento operário para lutar de igual com as consideráveis concentrações de *capita*" (Crozier, 1973, p. 209-210).

Há uma forte organização hierárquica que, a partir da base e similarmente aos sindicatos patronais, é reunida em federações, confederações e centrais. As principais organizações sindicais brasileiras, no nível macro, são a Central Única dos Trabalhadores (CUT), a Confederação Geral dos Trabalhadores (CGT) e a Força Sindical. As duas primeiras têm um caráter ideológico de esquerda e a última é uma central alinhada aos interesses dos patrões, chegando mesmo a se posicionar a favor da terceirização total do trabalho.

## 4.3.1 O sindicalismo na Era Vargas

Ao final do século XIX e início do XX, houve iniciativas solidárias entre os operários e foram promovidas rodas de discussões, sobretudo pelos adeptos do anarquismo, que vieram da Europa como imigrantes. Nesse período da Velha República (1889-1930), podemos afirmar que houve um protossindicalismo no Brasil. Contudo, o movimento sindical no país iniciou-se somente com Getúlio Vargas. Antes disso, movimentos e organizações de trabalhadores eram considerados caso de polícia, conforme afirmava o presidente Washington Luís.

Não obstante, é necessário fazer alguns esclarecimentos a respeito do trabalhismo getulista. Este, em primeiro lugar, foi concebido pelo populismo, estilo de liderança política caracterizado pelo carisma do líder (bem como devoção e paixão a ele), pela dádiva, pela passividade das massas e pela ausência de mediação institucional entre o líder e a massa, sem a intermediação de partido. O populismo pode ser ainda entendido como culto do Estado, pois é o Estado que protege o cidadão contra a exploração – trata-se do Estado fundido na pessoa do líder, nesse caso, Getúlio Vargas. Assim, a CLT não foi uma conquista dos trabalhadores, mas um dom (uma doação) direto de Getúlio às massas, o que se enquadra no conceito de *cidadania regulada* (Cardoso, 2010), pois a finalidade do trabalhismo, segundo Ângela de Castro Gomes (1988), que analisa o processo de constituição da classe trabalhadora como ator político no Brasil, era o **disciplinamento das massas**. Os próprios sindicatos eram criados pelo Ministério do Trabalho e os inúmeros benefícios sociais instituídos por Vargas eram acessíveis a quem trabalhava e fosse sindicalizado, sendo o lema da época: "quem tem ofício, tem benefício". Dessa forma, o sindicalismo também representava expectativa de inclusão social, sendo um verdadeiro privilégio. Os privilégios se davam àqueles que tivessem carteira assinada. Os trabalhadores rurais não se habilitavam a esses direitos, nem poderiam se organizar em sindicatos, tamanha era ainda a força política dos fazendeiros, resquício da República Velha. Os sindicatos rurais foram permitidos 20 anos mais tarde, no governo de João Goulart.

Após a promulgação da Constituição de 1934, "inaugurou-se a partir de 1935 um novo quadro na vida política brasileira e, em especial, na dinâmica das relações Estado/classe trabalhadora" (Gomes, 1988, p. 177). A incorporação da classe trabalhadora como ator relevante na política nacional durante o Estado Novo é vista como resultado não apenas da mera concessão de benefícios sociais, mas também como um investimento simbólico que tomou, do discurso das classes trabalhadoras do início da República, "elementos-chaves de sua autoimagem e os investiu de novo significado, em outro contexto discursivo" (Gomes, 1988, p. 23), ou seja, houve uma cooptação da classe trabalhadora ao Estado.

Por intermédio da lógica material, os benefícios sociais foram transformados em incentivos seletivos, uma vez que era necessária uma sindicalização para adquiri-los. Estabeleceu-se, então, um pacto social entre Estado e classe trabalhadora, em que a lógica material era essencial, apresentando os benefícios como uma conquista ou reparação, o que era, na verdade, um ato generoso, digno de reciprocidade. A lógica da dádiva-reciprocidade foi o instrumento integrador de todo esse pacto.

O momento populista seguiu até o golpe de 1964, período no qual os movimentos operários não eram tolerados.

### 4.3.2 O novo sindicalismo

Ao final dos anos 1970, começou-se a sentir a força dos metalúrgicos do ABC paulista, que não aceitavam mais os aumentos de salários ditados pelo governo militar (com participação das câmaras setoriais) e passaram a negociar aumentos maiores com as empresas em 1978, num claro gesto de desobediência civil – tanto por parte dos sindicatos quanto por parte das empresas. Em 1982, aconteceu a famosa greve dos metalúrgicos, tendo se destacado na liderança Luís Inácio Lula da Silva (preso na época em decorrência disso). Os movimentos dos trabalhadores nesse período exerceram grande pressão para a democratização do país.

Com a democratização, a pauta reivindicatória dos direitos trabalhistas das centrais sindicais se modificou, passando a ter um caráter voltado para a organização e a gestão das condições de trabalho e manutenção do emprego, e não mais apresentando a postura conflitiva inicial em relação às elites econômicas e ao empresariado:

> *Começa a ganhar cada vez mais força [. . .] uma postura de abandono das concepções socialistas e anticapitalistas, em nome de uma* ACOMODAÇÃO DENTRO DAS ORDENS. *O culto da negociação, das câmaras setoriais, do programa econômico para gerir* PELO CAPITAL *a sua crise, tudo isso está inserido num projeto de maior fôlego, cujo oxigênio é dado pelo ideário e pela prática social-democrática. Trata-se de uma crescente definição* POLÍTICA E IDEOLÓGICA *no interior do movimento sindical brasileiro. É uma postura cada vez* MENOS *respaldada numa* POLÍTICA DE CLASSE. *E cada vez* MAIS *numa política para o* CONJUNTO *do país, o "*PAÍS INTEGRADO DO CAPITAL E DO TRABALHO*".* (Antunes, 2013a, p. 171, grifos do original)

Hoje, as relações de trabalho e capital estão institucionalizadas pela Constituição de 1988, pela manutenção da CLT e pelas cortes trabalhistas. E os sindicatos, atualmente, concentram sua atuação na fiscalização da aplicação das leis trabalhistas, com uma perspectiva de ação pragmática.

## 4.4
### Precarização do trabalho

A *partir da* evolução científica e tecnológica, da concorrência global acirrada – que requer empresas mais "enxutas" – e da passagem do capitalismo industrial ao financeiro, o trabalhador cada vez mais se viu diante da triste escolha entre o trabalho formal, com menos garantias e direitos trabalhistas, e o trabalho informal, sem nenhum direito ou garantias. Ricardo Antunes (2005, p. 34) argumenta que a "sociedade do capital e sua lei do valor necessitam cada vez menos do trabalho estável e cada vez mais das diversificadas formas de trabalho parcial ou part-time, terceirizado, que são, em escala crescente, parte constitutiva do processo de produção capitalista". Tal situação de flexibilização do trabalho e dos direitos trabalhistas constitui o **precariado do trabalho**.

> Hoje, as relações de trabalho e capital estão institucionalizadas pela Constituição de 1988, pela manutenção da CLT e pelas cortes trabalhistas. E os sindicatos, atualmente, concentram sua atuação na fiscalização da aplicação das leis trabalhistas, com uma perspectiva de ação pragmática.

O precariado do trabalho, segundo Ruy Braga (2012), é uma categoria sociológica de origem francesa que retrata a crise das relações salariais fordistas e das condições precárias, como o contrato temporário. Braga (2012) ressignifica o conceito para o Brasil, posicionando-o como categoria que explica os setores das classes trabalhadoras que não têm qualificações específicas e não permanecem muito tempo no trabalho (contrato temporário), bem como os jovens que estão à procura do primeiro emprego e setores que estão submetidos a condições degradantes e sub-remuneradas de trabalho (ou seja, submetidos ao pauperismo).

A lógica da **acumulação financeira** está cada vez mais presente nas empresas, pressionando-as a aumentarem suas taxas de rentabilidade. Essa lógica está submetendo os trabalhadores às flutuações cíclicas do mercado, que contrata e demite muito rapidamente, de acordo com suas oscilações (Braga, 2012).

Seguindo essa lógica, a terceirização se torna uma solução cômoda às empresas contratantes, pois estas não necessitam arcar com os custos de contratação e de demissão, que são atribuídos à empresa fornecedora. Como vimos anteriormente, um trabalhador terceirizado ganha em média 60% daquilo que ganha seu colega com emprego estável, não tem participação no lucro da empresa, nem estabilidade, não recebe benefícios ou treinamento adequado, tampouco subsídio à educação, como os outros trabalhadores contratados pela empresa recebem. Portanto, o trabalhador terceirizado tornou-se uma subclasse laboral que encarna o precariado do trabalho em toda a sua dimensão. Assim, os trabalhadores são submetidos:

- à terceirização;
- à pressão permanente dos mercados financeiros;
- à pressão por metas e produtividade sempre crescente;
- à dinâmica da rentabilidade financeira;
- a condições de trabalho mais duras, com salários achatados.

O resultado para o trabalhador envolvido nesse processo de precariado pode ser delineado por meio dos dados apresentados a seguir.

- O índice de insatisfação em relação ao trabalho aumenta constantemente. Pesquisa realizada em 2014 e publicada pela Associação Brasileira de Recursos Humanos (ABRH) mostra que 70% dos profissionais estão insatisfeitos com seu trabalho.

Já a revista *Exame*, em 2015, apontou que 80% dos profissionais querem mudar de trabalho, o que demonstra que não estão plenamente satisfeitos. Numa média mundial, segundo pesquisa da Towers Watson, "65% das pessoas se consideram desconectadas da organização, não acreditam que tenham suporte para realizar suas tarefas ou não se sentem bem física ou emocionalmente na empresa" (Sendin, 2013). A infelicidade é o maior problema atual das empresas brasileiras, de acordo com o professor e consultor Vicente Falconi (citado por Sendin, 2013).

- As doenças mais frequentemente relacionadas à degradação do trabalho são: síndrome de esforço repetitivo (LER), estresse, síndrome de *burnout* (último nível de estresse antes de um colapso nervoso), ansiedade e depressão (20% das pessoas sofrem com uma dessas doenças, segundo a Organização Mundial de Saúde – OMS), entre outras. Essas doenças são, na maioria das vezes, ocasionadas pela pressão exagerada em relação ao atingimento de metas e resultados ou, de modo mais amplo, pelo ambiente de trabalho.
- A alta rotatividade, levada pela insatisfação dos trabalhadores, implica maiores custos e menor produtividade para a empresa: "Quando a rotatividade cresce, o custo da mão de obra sobe, o nível de acidente de trabalho aumenta e a produtividade e a lucratividade da empresa caem", afirma Falconi (citado por Sendin, 2013). Para os consultores do mercado de trabalho ouvidos para o artigo de Tatiana Sendin (2013), o desejo de "fuga" ocorre porque os trabalhadores "se sentem explorados, dando mais de si e recebendo menos tanto em reconhecimento financeiro quanto em oportunidades de carreira".

- A insegurança constante faz com que o trabalhador nunca esteja certo de que amanhã terá seu ganha-pão e tenha receio até de tirar férias (devido à possibilidade de não retornar mais). Essa situação não traz a tranquilidade necessária para que se possa realizar bem as funções ou ser criativo; ao contrário, provoca as doenças já mencionadas, sobretudo a ansiedade: "No ambiente de trabalho, nada é suficiente e tudo é imprevisível. [...] Você acaba de ter uma ideia, bater uma meta, conseguir um feito e as pessoas começam a falar 'isso é passado, não importa mais' e partem para a próxima cobrança", afirma Cícero Penha (citado por Sendin, 2013), vice-presidente de talentos humanos do Grupo Algar.
- A degradação do conceito de trabalho faz com que o trabalhador, ao invés de poder se realizar com uma atividade produtiva e prazerosa, por meio da qual cresceria como pessoa e aumentaria suas potencialidades, encara o trabalho como um peso em sua vida e uma obrigação para que possa sobreviver, sendo este um terreno fértil para as doenças elencadas. As pessoas se sentem como uma mercadoria e não veem propósito no trabalho.
- Degradação da pessoa humana: os valores pessoais necessitam, muitas vezes, ser suspensos para que se possa executar as atividades e políticas da empresa, que, por sua vez, devido à pressão do mercado e dos acionistas por resultados, também abre mão de seus valores propagados. Essa situação de dubiedade causa impactos psicológicos e existenciais profundos sobre os trabalhadores. Tais fatos são configurados como assédio moral.

## Síntese

*As políticas brasileiras* relacionadas ao trabalho começaram a ganhar relevância a partir da Era Vargas, nos anos 1930, e tornaram-se substanciais, sendo explicitadas no texto constitucional de 1988. As relações de trabalho e emprego no Brasil necessitam da intermediação de instituições, como o Estado e os sindicatos – patronais ou laborais –, para assegurar uma relação mais equilibrada entre capital e trabalho, mediar as pressões econômicas e sociais, distribuir o poder entre os atores e oferecer soluções para problemas de coordenação que as economias de mercado enfrentam. Todavia, mantém-se a precarização do trabalho no Brasil, fundamentada na competição global e na falta de competitividade nacional. Por outro lado, não se ataca o verdadeiro problema da falta de competitividade, que são o baixo investimento (sobretudo em maquinários e instrumentos de trabalho mais modernos e atualizados) e a baixa qualificação da mão de obra. Nesse sentido, Braga (2012) destaca que a reprodução do capitalismo na periferia se dá menos por uma massa de trabalhadores empobrecidos que dependem da caridade e da seguridade do Estado e mais pela existência de trabalhadores com alta rotatividade e submetidos a condições degradantes de trabalho.

## Indicações culturais

### Livros

Como leitura complementar, são sugeridos os seguintes textos, todos muitos atuais e pertinentes à sociologia do trabalho:

ANTUNES, R. **Os sentidos do trabalho**: ensaio sobre a afirmação e a negação do trabalho. São Paulo: Boitempo, 2009.

Recomendamos a leitura dos textos do apêndice, especialmente "A crise do movimento operário e a centralidade do trabalho hoje" e "Os novos proletários do mundo na virada do século".

AZEVEDO, A. **O cortiço**. 30. ed. São Paulo: Ática, 1997.

Obra naturalista do final do século XIX, O *cortiço* mostra o declínio do sistema escravocrata e o cotidiano de alguns trabalhadores. Nessa obra, acompanhamos a transição de João Romão, dono do cortiço, da vida difícil de trabalhador para a condição de nobre, algo que ocorre por meio da trapaça e da exploração do trabalho de terceiros, e que também custa a liberdade (e a vida) da ex-escrava Bertoleza.

CANDIDO, A. A passagem do dois ao três. **Revista de História**, São Paulo, v. 50, n. 100, p. 787-800, 1974. Disponível em: <http://www.revistas.usp.br/revhistoria/article/view/132672/128757>. Acesso em: 9 jun. 2017.

Recomendamos, nesse ensaio do sociólogo e crítico literário Antonio Candido, a leitura da análise da obra O *cortiço*, feita com base na teoria marxista. Nela, Candido analisa os personagens da obra enquanto animais a serviço do capital, ressaltando as questões de exploração trabalhista.

GUIMARÃES, N. A. A sociologia dos mercados de trabalho, ontem e hoje. **Novos Estudos**, n. 85, p. 151-170, nov. 2009.

Recomendamos a leitura desse artigo por ele aprofundar a crítica ao mercado de trabalho atual, mostrar como as reflexões sobre o assunto deram origem à sociologia do trabalho moderna e abordar as especificidades latino-americanas.

Jatobá, R. **Crônicas da vida operária**. 3. ed. São Paulo: Global; Versus, 1980.

Escrita pelo ex-operário mineiro Roniwalter Jatobá, a obra apresenta uma série de histórias curtas ambientadas no ABC paulista, nos anos 1960. Nelas, encontramos operários nordestinos que migraram para São Paulo em busca de condições melhores de vida, mas que acabaram encontrando problemas como trabalhos insalubres e péssima remuneração. Recomendamos especialmente a crônica "A mão esquerda" (p. 19-26), que ilustra o modo de produção fragmentado, o trabalho alienado e desprovido de significado, as condições insalubres do trabalho industrial na época e o modo como o operário é descartável para a indústria.

Parente, C. C. R. **Construção social das competências profissionais**. Tese (Doutorado em Sociologia) – Universidade do Porto, Porto, 2003. Disponível em: <http://ler.letras.up.pt/uploads/ficheiros/945.pdf>. Acesso em: 20 jul. 2017.

Nessa tese, a autora apresenta uma pesquisa sobre como as competências sociais são construídas dentro da indústria, tendo em vista a relação entre trabalhador e empresa e enfatizando a área de recursos humanos.

## *Atividades de autoavaliação*

1. Analise as afirmativas a seguir e assinale V (verdadeiro) ou F (falso):
   ( ) O trabalho no Brasil tem sua marca indelével na escravidão.
   ( ) A longa duração do regime de escravidão no Brasil contribuiu para tornar a escravatura algo natural e fazer com que o trabalho fosse, de fato, considerado um castigo ou algo indigno, apropriado apenas para o escravo.

( ) Sérgio Buarque de Holanda, em *Raízes do Brasil*, descreve a facilidade da elite em aceitar que a lei é igual para todos e de implementar no país uma burocracia moderna do tipo weberiana, a fim de separar a coisa pública da privada ou das coisas do coração (cordial).

( ) Na história do Brasil, os trabalhadores rurais eram beneficiados com os mesmos direitos e garantias que os trabalhadores urbanos.

Agora, assinale a alternativa que apresenta a sequência correta:
a) V, V, F, F.
b) V, F, F, F.
c) F, V, F, F.
d) F, V, F, F.

2. Analise as afirmativas a seguir e assinale V (verdadeiro) ou F (falso):

( ) A Constituição de 1988, contrariamente a de 1891, pretendeu deliberadamente garantir os direitos dos trabalhadores, explicitando e valorizando o trabalho humano, além da solidariedade social.

( ) A atuação do Estado, por meio de suas políticas públicas, é necessária para amenizar os resultados negativos da relação capital-trabalho.

( ) O Estado regula a relação capital-trabalho por meio de políticas públicas.

( ) O precariado do trabalho, segundo Ruy Braga (2012), é uma categoria sociológica, com origem na França, que retrata a crise das relações salariais fordistas e das condições precárias, como o contrato regido pela CLT.

Agora, assinale a alternativa que apresenta a sequência correta:
a) V, F, V, F.
b) V, V, F, F.
c) V, V, V, F.
d) V, V, V, V.

3. Sobre a CLT, é correto afirmar:
   a) A CLT é um conjunto de leis trabalhistas que garantiu aos trabalhadores direitos como férias remuneradas, licença-maternidade e salário mínimo.
   b) A CLT é um conjunto de leis trabalhistas que garantiu apenas aos trabalhadores do sexo masculino direitos como férias remuneradas, licença-maternidade e salário mínimo.
   c) A CLT é um conjunto de leis trabalhistas que garantiu aos trabalhadores direitos como lazer e férias remuneradas.
   d) A CLT é um conjunto de leis trabalhistas que garantiu aos trabalhadores direitos como férias remuneradas, licença-maternidade e salário mínimo.

4. A respeito das funções da negociação coletiva definidas por Visser (2013), relacione corretamente as colunas a seguir:
   1. Função protetora para os trabalhadores
   2. Função de voz
   3. Função distributiva
   ( ) Assegura uma participação nos resultados e na produtividade.
   ( ) Garante remuneração adequada e condições dignas de trabalho.
   ( ) Permite aos trabalhadores expressarem seus interesses.

Agora, assinale a alternativa que apresenta a sequência correta:

a) 3, 1, 2.
b) 3, 1, 2.
c) 1, 2, 3.
d) 2, 3, 1.

5. Com relação ao papel do Estado, há diferentes visões de acordo com as diversas correntes ideológicas. Leia o trecho a seguir e assinale a alternativa que preenche corretamente as lacunas:

A visão liberal defende que a função do Estado é proteger a sociedade. Para _____, o dever estatal é garantir a vida; para _____, é garantir os contratos, os direitos, a liberdade e a propriedade; e, para _____, o Estado é o garantidor do interesse geral. Apesar disso, na visão de _____, o Estado não é neutro e nem garantidor do interesse geral e do bem comum. Por não ser neutro, não pode atender ao interesse de todos. O Estado, portanto, representaria o interesse institucionalizado de uma classe sobre outra. Por sua vez, _____ afirma que a função do Estado é garantir o funcionamento do sistema capitalista.

a) Offe; Hobbes; Marx; Locke; Rousseau.
b) Marx; Hobbes; Locke; Rousseau; Offe.
c) Hobbes; Locke; Rousseau; Marx; Offe.
d) Locke; Rousseau; Marx; Offe; Hobbes.

## Atividades de aprendizagem

### Questões para reflexão

1. Por que o sindicalismo patronal (por exemplo, sindicato das indústrias, federação das indústrias etc.) é normalmente mais aceito do que o sindicalismo operário?

2. Por que o trabalho pode conduzir à alienação?

3. Como a escravidão deixou suas marcas profundas na sociedade brasileira? Como e onde ela se manifesta?

### Atividade aplicada: prática

1. Pesquise um sindicato dos trabalhadores e investigue quais são as suas principais reivindicações, destacando os principais pontos de divergência entre capital e trabalho. Faça um relatório por escrito sobre o que você pesquisou e descobriu.

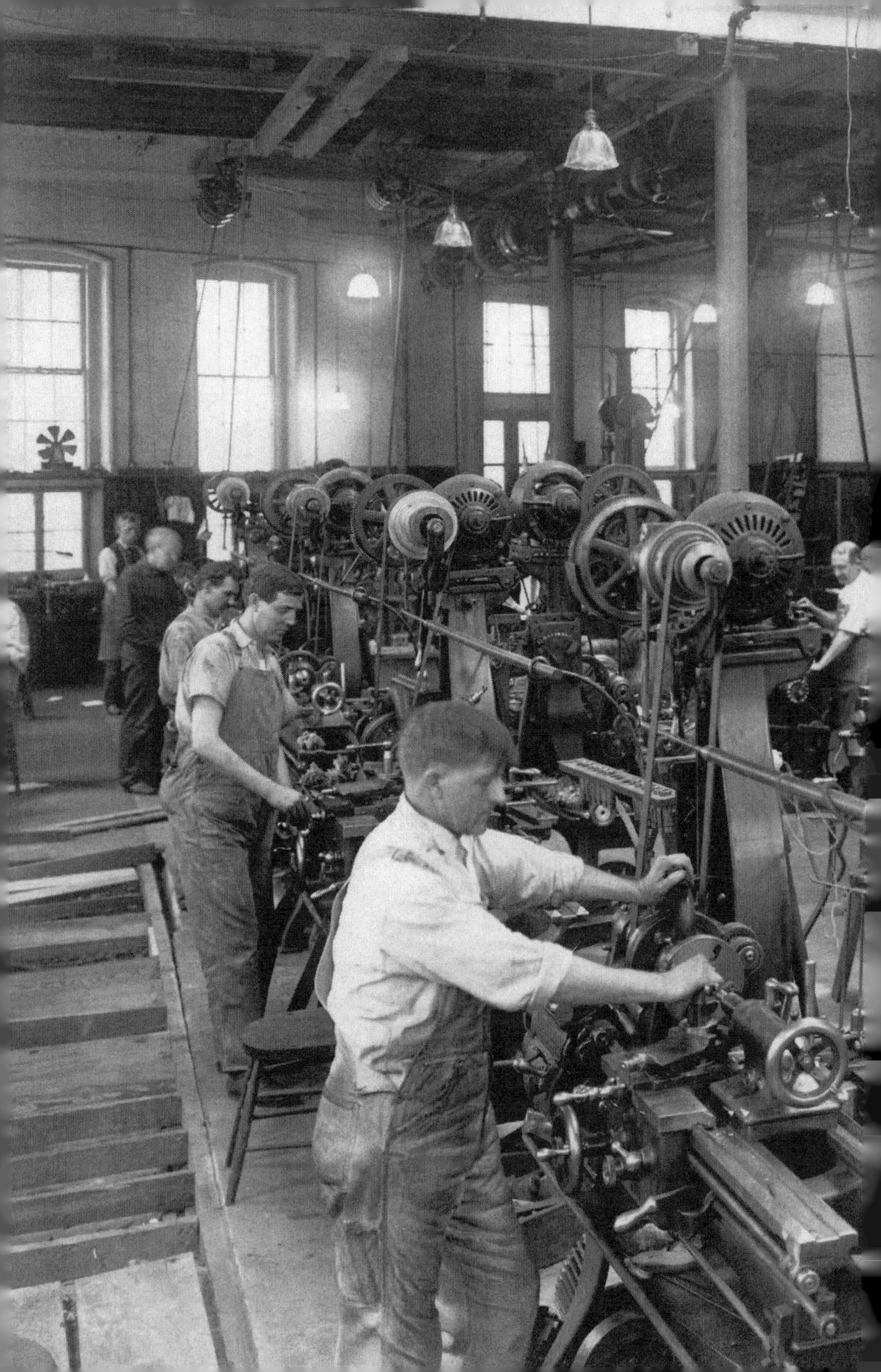

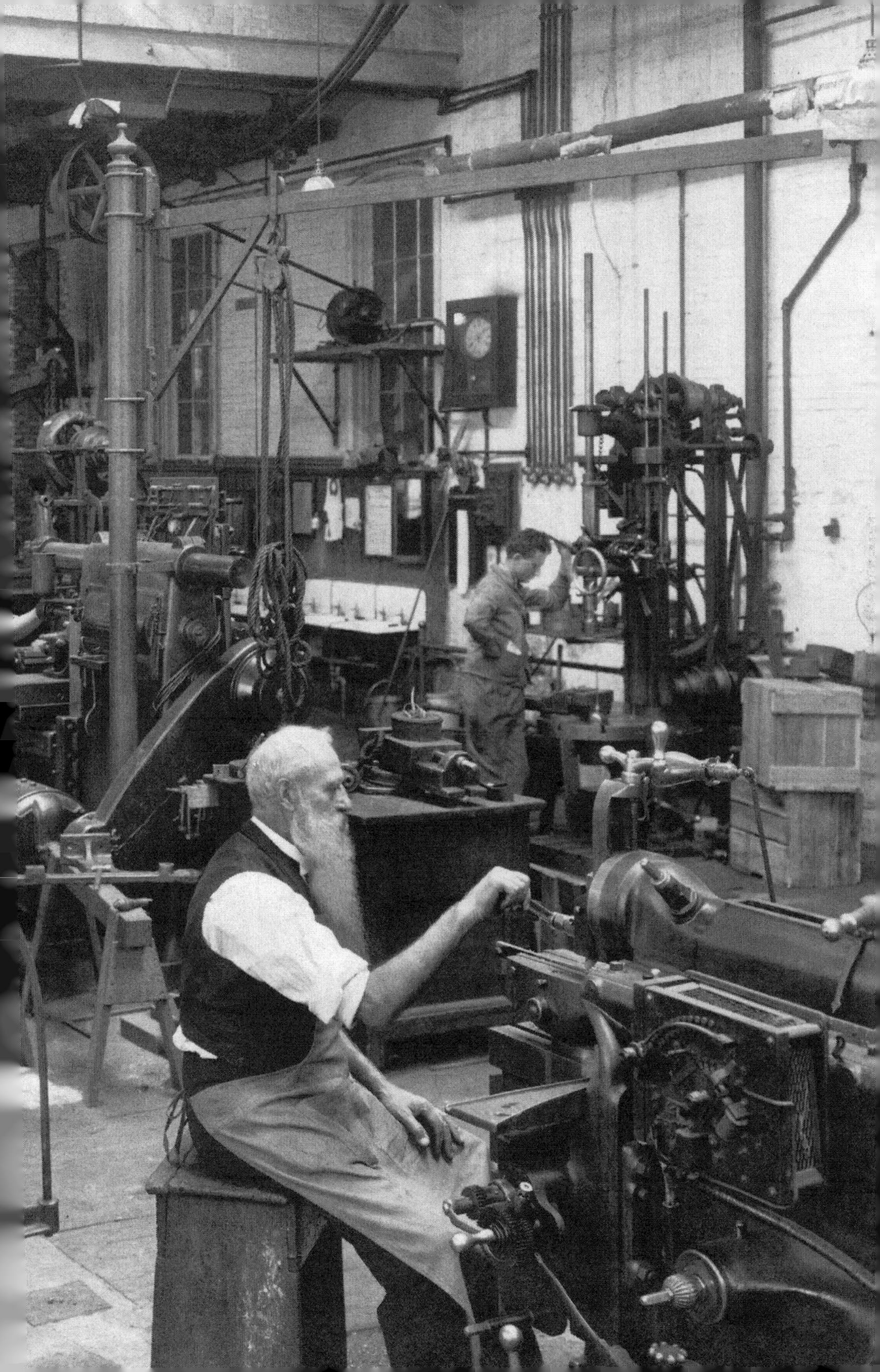

# 5

*Transformações e crise
no mundo do trabalho*

*Neste capítulo, discutiremos a crítica à fragmentação e à divisão do trabalho, o pós-industrialismo e a globalização, a precarização e o mito da liberdade do trabalhador, bem como as soluções corporativas estratégicas para o trabalho e o emprego em tempos de globalização. Nosso propósito é fazer com que você seja capaz de compreender quais são as críticas, discussões e à contribuições em relação à fragmentação e à divisão do trabalho; avaliar o que é pós-industrialismo e os impactos da globalização no mundo do trabalho; avaliar a precarização do trabalho e o mito da liberdade do trabalhador; e, finalmente, identificar quais são as soluções estratégicas em relação ao trabalho e emprego postas em prática pelas grandes corporações globais.*

## 5.1
### Crítica à fragmentação e divisão do trabalho

A *sociedade industrial* modificou completamente a humanidade. Seus impactos fizeram-se sentir na pintura (Kandinsky), na arquitetura (Le Corbusier), na música (Schoenberg) e na literatura (James Joyce). Nesse cenário, surgiram dois ícones da administração da produção e da empresa: Frederick W. Taylor (1856-1915) e Jules Henri Fayol (1841-1925). A produção passou a ser regida pela fórmula P/t, sendo *P* a produção e *t* o tempo, algo que aprisionou o trabalhador a uma fórmula e separou sua rotina entre executar o trabalho e pensar.

André Gorz (1996, p. 9), seguindo a linha de pensamento marxista, afirma que "a divisão capitalista do trabalho é a fonte de todas as alienações". Por sua vez, Marx, no capítulo 12 do livro I de *O capital*, analisa a decomposição do trabalho artesanal que acontece na manufatura e elenca os malefícios que causa ao trabalhador essa fragmentação do trabalho, ocorrida com o surgimento da fábrica a partir do artesanato. Nesse cenário, os artesãos são "privados de sua autonomia e unilateralizados até o ponto em que passam a constituir meras operações parciais e mutuamente complementares no processo de produção de uma única e mesma mercadoria" (Marx, 2013, p. 413). Gorz (1996, p. 9) aponta, com base em Marx, que o processo de manufatura

> *estropia o trabalhador e faz dele um monstro, favorecendo, como numa estufa, o desenvolvimento de habilidades parciais, suprimindo todo um mundo de instintos e capacidades. [...] Os conhecimentos, a inteligência e a vontade que o camponês ou o trabalhador independente desenvolvem, ainda que em modesta escala, são tirados do operário e confiscados pelo capital, que os concentra nas suas máquinas.*

Marx lembra que, já em *A riqueza das nações*, a obra fundante do liberalismo econômico, Adam Smith demonstrava clareza ao descrever o processo de estupidificação do trabalhador parcial que se dá com a prática do trabalho fragmentado:

> *A mente da grande maioria dos homens desenvolve-se necessariamente a partir e por meio de suas ocupações diárias. Um homem que consome toda sua vida na execução de umas poucas operações simples [...] não tem nenhuma oportunidade de exercitar sua inteligência. [...] Ele se torna, em geral, tão estúpido e ignorante quanto é possível a uma criatura humana.* (Smith, citado por Marx, 2013, p. 436)

Marx tem grande satisfação em deixar que sua argumentação das consequências desfavoráveis da divisão do trabalho seja feita pelo próprio pai do liberalismo econômico, pois o que ele pensa a respeito do trabalho fragmentado já fora escrito por Adam Smith e mesmo por outros, como Alex Ferguson. Marx ainda menciona outro trecho da obra de Smith:

> *A uniformidade de sua vida estacionária também corrompe, naturalmente, a coragem de sua mente. [...] Ela aniquila até mesmo a energia de seu corpo e o torna incapaz de empregar sua força de modo vigoroso e duradouro, a não ser na operação detalhista para a qual foi adestrado. Sua destreza em seu ofício particular parece, assim, ter sido obtida à custa de suas virtudes intelectuais, sociais e guerreiras. Mas em toda sociedade industrial e civilizada é esse o estado a que necessariamente tem de se degradar o pobre que trabalha [...], isto é, a grande massa do povo.* (Smith, citado por Marx, 2013, p. 436)

A reação de Marx ao trabalho parcelado era forte por considerar que esses trabalhadores eram desprovidos de sua inteligência, de seu potencial criativo e da sociabilidade no trabalho, sendo reduzidos a animais: "A divisão do trabalho marca o trabalhador manufatureiro a ferro em brasa como propriedade do capital" (Marx, 2013, p. 435). Em sua obra *A miséria da filosofia*, Marx já afirma que "a divisão manufatureira do trabalho é uma forma específica do modo capitalista de produção" (Marx, 2013, p. 436).

Para evitar a degeneração completa da massa dos trabalhadores, Marx lembra que Smith recomendava a educação popular. Contudo, apenas na medida necessária para não subverter a ordem social, ou seja, para que os trabalhadores continuassem trabalhadores, os capitalistas continuassem os donos dos meios de produção e os intelectuais continuassem sendo intelectuais. Marx lembra que Garnier, o tradutor de Smith na França e (mais tarde) senador, contesta o ensino popular, pois o governo não pode usar parte das receitas públicas para tentar confundir e misturar duas classes de trabalho (operários e intelectuais) que supostamente se esforçam para manter essa divisão (Garnier, citado por Marx, 2013).

O certo é que a divisão do trabalho, ou seja, o trabalho fragmentado, começou a ser absorvida como fato natural e necessário à maior produtividade industrial ao longo da história, como apontam os estudos de Frederick Taylor. Contudo, à época de Marx, as reações eram mais contundentes e a divisão do trabalho era vista como **atrofiamento espiritual e corporal**, como **cisão social**, o que tornava o indivíduo material para a patologia industrial. Era possível ainda identificar reações como esta de Urquhart: "Subdividir um homem é o mesmo que executá-lo, caso mereça a pena de morte, ou assassiná-lo, caso não o mereça. A subdivisão do trabalho é o assassínio de um povo" (Urquhart, citado por Marx, 2013, p. 437).

Diante de tais reações, podemos nos perguntar: por que reações tão extremadas? Afinal, o que está em jogo? O fato é que essa pergunta é uma questão central da sociologia do trabalho. Estamos diante da causa central da alienação, que compromete a realização do ser-humano-operário e de seu desenvolvimento como pessoa completa. Ao realizar operações simples e repetitivas ao longo de sua vida, o trabalhador está sendo condenado, em nome da produtividade, ao embrutecimento de sua natureza humana, o que faz dele um "monstro", pois ele não usa mais as principais características humanas (inteligência e criatividade), o que tira dele o prazer de ver uma peça ou uma obra sua produzida e o potencial de sua realização pessoal e social, impossibilitando ou dificultando o desenvolvimento de uma consciência de classe.

O parcelamento ou a decomposição do trabalho em partes fez diminuir o custo de formação do trabalhador e, com isso, também o seu valor. Leis de aprendizado que existiam na época, sobretudo nas corporações de ofício, que chegavam a oito anos de aprendizado, tornaram-se desnecessárias com o parcelamento do trabalho, pois as habilidades artesanais não eram mais requeridas. Conforme a teoria do valor de Marx, se menos horas-trabalho são necessárias para a produção de uma mercadoria, menor será também seu valor. Assim, o trabalhador torna-se uma mercadoria de menor valor, conforme esclarece Marx (2013, p. 424):

> *A desvalorização relativa da força de trabalho, decorrente da eliminação ou redução dos custos de aprendizagem, implica imediatamente uma maior valorização do capital, pois tudo o que encurta o tempo de trabalho necessário para a reprodução da força de trabalho estende, ao mesmo tempo, os domínios do mais-trabalho.*

Reações ou esforços de minimizar esse processo de alienação são vistos nas tentativas de "enriquecimento das tarefas", "empoderamento" e nos rodízios de atividades dentro da empresa, bem como na implementação de "equipes autogerenciáveis" que constituem investidas parciais de minimizar os efeitos do trabalho fragmentado. Contudo, não se pode esquecer que, com o avanço da eletrônica e da robotização, a inteligência humana e do trabalhador é subtraída dele e concentrada nessas máquinas, tornando sua inteligência obsoleta e desnecessária, escondendo o princípio regulador da produção social e removendo as barreiras para o domínio do capital, conforme assinala Marx (2013). Portanto, o grande resultado da divisão manufatureira do trabalho são as máquinas, o que acarreta a diminuição do caráter social do trabalho e o domínio do capital.

Por fim, assinalamos que esse processo requer "operadores" sem muita instrução ou capacidade intelectual, sobretudo sem nenhum posicionamento crítico. O perigo é de que, "quanto mais hábil é o trabalhador, mais voluntarioso e intratável ele se torna, causando, assim, grandes danos ao mecanismo global em razão de seus caprichos insolentes" (Ure, citado por Marx, 2013, p. 442).

## 5.2
### Pós-industrialismo e globalização

A *Revolução Industrial* gerou o pós-industrialismo, que, por sua vez, gerou a globalização. A grande marca da Revolução Industrial é a cisão entre tempo livre, lazer e trabalho, entre o prazer e o trabalho, entre o lugar de trabalho (a fábrica) e o lugar da vida (a casa e a oficina), entre o mundo feminino e o masculino, enfim, a separação do período de estudo do período de trabalho e deste da aposentadoria (De Masi, 2000b). A sociedade industrial, portanto, vive sob a insígnia da divisão do trabalho, da vida e da divisão do trabalho em suas multitarefas.

Contudo, a sociedade industrial gera grandes fatores de transformações. O primeiro deles é o fator científico e tecnológico, seguido pela globalização e a estrutura social fundamentada em sistemas científicos, englobando a escolarização e os meios de comunicação de massa. Tais elementos reunidos fizeram emergir a sociedade pós-industrial (De Masi, 2000b). Mais adiante veremos quais são seus paradigmas e suas premissas.

## 5.2.1 A sociedade pós-industrial

A sociedade pós-industrial consiste, pois, na mudança da estrutura social da sociedade ocidental, no modo como a economia é transformada e as profissões e o sistema ocupacional como um todo estão sendo redistribuídos nessa nova sociedade (Bell, 1977, p. 26). Na sociedade pós-industrial, acontece a passagem de uma economia de produção de bens para uma de prestação de serviços, na qual os trabalhadores de fábrica não são mais a classe predominante, dando lugar aos profissionais-técnicos.

Segundo Daniel Bell (1977, p. 60), essa sociedade "reforça o papel da Ciência e os valores cognitivos como necessidade institucional básica da sociedade". Por isso, é também chamada de *sociedade do conhecimento*, pois reforça e burocratiza o trabalho intelectual e a gestão do conhecimento nas empresas (o conhecimento tácito que existe na empresa é capturado e transformado em conhecimento explícito, ou seja, é colocado em manuais e fluxogramas e disponibilizado a todos).

A transformação que ocorre nessa transição de estrutura social, com ênfase na técnica e no conhecimento, "põe em questão a distribuição da riqueza, do poder e do status [...], [que] não são dimensões de classes, mas sim, valores buscados ou conquistados por classes" (Bell, 1977, p. 60). Propriedade e conhecimento são os eixos fundamentais que caracterizam e estratificam a sociedade ocidental, segundo Bell. Além desses dois eixos, o sistema político também faz surgir elites temporárias.

O conceito de sociedade pós-industrial é muito amplo, pois engloba várias importantes dimensões da sociedade. A seguir, apresentamos a visão de Daniel Bell sobre os diferentes aspectos da sociedade pós-industrial:

*(i) setor econômico: consiste na mudança de uma economia de produção de bens para a criação de uma economia de serviços, consumindo a maior parte da força de trabalho (comércio, finanças, transporte, lazer, entretenimento e sobretudo em saúde, pesquisa, educação e governo); (ii) distribuição ocupacional: a primazia da classe profissional e técnica em detrimento ao operário da indústria; (iii) princípio axial: a centralidade do conhecimento teórico como fonte de inovação e de formulação de políticas para a sociedade; (iv) orientação futura: o controle da tecnologia e da distribuição tecnológica [passa a ser mais democrático, não sendo apenas com quem detém o poder econômico]; novas fronteiras tecnológicas irão manter a produtividade e o padrão de vida elevados, para que não haja estagnação do capitalismo; e (v) tomada de decisões: a criação de uma nova "tecnologia intelectual", como o conhecimento embutido nos softwares que tornaram-se imprescindíveis para o gerenciamento e a tomada de decisão.* (Bell, 1977, p. 27-49)

> Na sociedade pós-industrial, acontece a passagem de uma economia de produção de bens para uma de prestação de serviços, na qual os trabalhadores de fábrica não são mais a classe predominante, dando lugar aos profissionais-técnicos.

Todo novo sistema de organização social, como esse da sociedade pós-industrial, de acordo com Bell (1977), gera hostilidade por quem se sente ameaçado ou pela própria resistência humana à racionalidade, gerando problemas para a sociedade. Esses problemas são de **ordem estrutural**, ou seja, relativos à estrutura social que divide os indivíduos nas funções que irão executar na sociedade, definindo modalidades limitadas de comportamento; e de **ordem administrativa** no que concerne ao sistema político (o relacionamento entre a estrutura social e a ordem política). São referentes, ainda, aos novos modos de vida que a sociedade pós-industrial engendra a partir da centralidade do conhecimento e da tecnologia. Nesse sentido, podemos verificar hoje as mudanças paradigmáticas que a internet possibilitou à sociedade, especialmente no modo de consumir (compras *on-line*), de se relacionar (contatos, amizades, namoros *on-line*), de trabalhar (trabalha-se em qualquer lugar e a qualquer momento), de estudar e pesquisar (as informações e o conhecimento estão disponíveis *on-line*, e estudiosos trabalham em rede, ou seja, formam-se comunidades epistêmicas com facilidade; empresas têm seus centros de pesquisa em diversos países interconectados), entre outras revoluções que a internet está gerando na sociedade. Talvez essa época não seja mais chamada de *sociedade pós-industrial*, mas ainda assim será responsável por ter "parido" um novo modelo de sociedade, a **pós-internet** ou **internética**.

## 5.2.2 A globalização e a forma de organização produtiva pós-industrial

Anthony Giddens (1991, p. 69), em *As consequências da modernidade*, define globalização como "a intensificação de relações sociais mundiais que unem localidades distantes de tal modo que os acontecimentos locais são condicionados por eventos que acontecem a muitas milhas de distância e vice-versa". Na verdade, o autor coloca a ênfase na globalização como interdependência e interconexão entre pessoas e mercados. Nesse sentido, globalização é um fenômeno que facilitou o transporte e a comunicação entre pessoas e empresas. Estas produzem onde é mais barato, sobretudo onde incide menos impostos e há menor salário e menos proteção legal aos trabalhadores, ou seja, menos leis trabalhistas.

A globalização pode ser dividida em três etapas: a mercantilista (de 1450 a 1850), a industrial (de meados do século XIX até 1950) e a terceira etapa, que teve início em 1950 e se estende até hoje. Os principais fatores responsáveis pela globalização atual, sobretudo pelo seu aprofundamento a partir da última década do século XX, são o impacto do desenvolvimento científico e o surgimento de estratégias globais de comercialização.

As mudanças ocorreram por meio da saturação dos mercados domésticos dos países centrais, da consequente busca por novos mercados em um primeiro momento e, em seguida, do rápido avanço tecnológico, sobretudo das novas tecnologias da informação, que se constituíram como fatores críticos para apoiar o processo de globalização, refletido na facilidade de comunicação entre as pessoas e empresas e em sistemas de transportes mais rápidos e econômicos.

O impacto da globalização na sociedade e nas organizações empresariais, segundo David Held e Anthony McGrew (2001), foi que as empresas passaram a operar em todo o planeta, vendendo os mesmos produtos em todos os lugares (produtos universais), o que resultou em perdas de identidade local e na instauração da competição global. Além disso, segundo Martins (2015a, p. 105), "as empresas reestruturaram-se para adaptar-se às novas exigências de produtividade, agilidade, capacidade de inovação e competitividade".

A globalização envolve transformação na esfera do trabalho, pois modificam-se as técnicas produtivas e as condições jurídicas, políticas e sociais; "a procura por mão de obra barata faz com que as grandes empresas busquem força de trabalho em todo o mundo" (Martins, 2015a, p. 106). Assim, foi instaurado um sistema financeiro global interconectado, sem (ou quase sem) controle da coletividade, causando um fortalecimento desproporcional do capital financeiro. Nesse adensamento da globalização, o ritmo de inovação/revolução tecnológica é marcante, especialmente na microeletrônica, microbiologia, engenharia genética e nanotecnologia. Dessa forma, consolidou-se o que se convencionou chamar de **sociedade do conhecimento**, sendo que os sistemas de educação ainda não estão preparados para esse novo trabalhador (Held; McGrew, 2001).

Sobreviver nesse espaço de concorrência acirrada e globalizada requer gestão competitiva, segundo a qual a empresa de sucesso é movida pela informação, pelo conhecimento, pela tecnologia e pela inteligência competitiva, acreditando que o capital humano é o recurso mais importante e definidor do futuro da empresa.

Nesse contexto de hipercompetição, as empresas buscam flexibilidade e redução de custos e são forjados novos paradigmas tecnológico-organizacionais, que se traduzem em novas formas de administrar e de operar no mercado global. Destacamos algumas tendências que fundamentam a mudança desses paradigmas:

- **As empresas buscam parcerias, ou fornecedores "parceiros"**: A organização não deseja mais um fornecedor tradicional, mas que esteja integrado às suas exigências de qualidade, prazos de entrega ou mesmo que realize a montagem do produto final em suas instalações.
- **Formas hierárquicas mais flexíveis**: A empresa torna-se horizontal, com poucos níveis hierárquicos.
- **Empresas mais ágeis por meio do desenvolvimento em rede**: Terceiriza-se a atividade de produção de seus produtos, bem como a logística, a tecnologia da informação, a cobrança, o desenvolvimento de produto, o *marketing*, entre outros elementos da operação, restando à empresa o comando central que toma as decisões estratégicas e se responsabiliza pela supervisão dos diversos terceirizados. Esse é o caso da Nike, que a partir de sua sede central em Beaverton, no Estado do Oregon (Estados Unidos), comanda seus parceiros espalhados pelo mundo: as fábricas estão localizadas na China, no Camboja, no Vietnã, entre outros países de mão de obra barata; a tecnologia da informação é realizada por uma empresa da Índia; a logística, por uma empresa na Inglaterra; e o *marketing*, por uma empresa de Nova York, nos Estados Unidos. Com isso, a Nike é uma empresa "enxuta" (*lean*),

que não possui ativos de grande monta nem muitos empregados (em situação de crise econômica, não terá custos de demissão ou de contratação e treinamento); não assume responsabilidade socioambiental, incluindo o problema de trabalho em condições análogas à escravidão, pois os atos são cometidos por seus "parceiros"; se um parceiro não estiver fornecendo a contento, a Nike apenas o substitui, e assim por diante. Observa-se, pois, que quase todos os riscos são assumidos pelos "parceiros".

- **Vantagens comparativas/competitivas**: Busca-se vantagens em qualquer parte do globo para instalar uma planta ou qualquer operação, que pode se aproveitar de mão de obra mais barata e menos organizada (menos sindicalizada) e de regimes fiscal e monetário mais favoráveis.
- **Vantagens locacionais**: A partir de países centrais em uma região, ou que representem um bloco de integração regional, a empresa atende aos outros mercados nessa região. Por isso, na era globalizada, é importante às empresas globais que os países estejam organizados em blocos de cooperação ou integração regional, como o Mercado Comum do Sul (Mercosul), a Comunidade Andina de Nações (CAN), o Acordo de Livre Comércio da América do Norte (Nafta), a União Europeia (UE) e tantos outros. Assim, a partir do país mais importante ou que oferece maiores vantagens, a empresa global instala uma operação ou uma planta para a região, tendo ganhos de escala, pois nessa região ou nesse bloco de integração regional, em geral, as mercadorias podem circular livremente sem haver aplicação de tarifas aduaneiras.
- **Interdependência dos mercados**: A empresa global não tem uma estratégia de país para país (não opera mais com esse paradigma), mas sua estratégia é global, tanto para a compra de mercadorias

ou de matéria-prima quanto para a venda e o posicionamento de marca de seus produtos. O globo tornou-se um único mercado para compra e venda de mercadoria para essas corporações, pois os custos de comunicação estão muito reduzidos, assim como o valor dos fretes.

A estrutura empresarial pós-industrial, portanto, tem como características fundamentais a instauração do trabalho em rede e a escala global de seu escopo. Nesse contexto, ocorre a troca da hierarquia pela parceria, utilizando o mercado para selecionar parceiros que substituam a hierarquia vertical composta por fábricas próprias, serviços logísticos, tecnologia da informação, *marketing*, rede de revenda etc. Portanto, nessa tendência em rede, as empresas estão sem fábrica, sem rede de distribuidores, logística ou cobrança. Outra forma de se estruturar, ainda, é tornando-se uma empresa de montagem, como é o caso das montadoras automobilísticas e da aviação.

O resultado que as corporações globais buscam é o ganho na flexibilidade e na competitividade, ou seja, tal qual o capital volátil, as empresas buscam maximizar seus ganhos financeiros e não desejam se ver atreladas a ativos fixos, como fábricas e maquinários, nem a obrigações trabalhistas e de pessoal. Assim, as fábricas são reduzidas ao mínimo, ou a zero, e são basicamente de montagem. Igualmente, os empregados são reduzidos ao mínimo, e a maioria é composta por terceirizados.

Nesse movimento, observa-se claramente a passagem do capitalismo industrial ao capitalismo financeiro já iniciado no final do século XX. O volume de capital investido em uma planta é considerado muito alto, sendo um ativo fixo, e traz pouco retorno em relação ao capital investido, se comparado ao capital volátil destinado à ciranda financeira global.

Portanto, a financeirização da governança corporativa, a globalização dos processos de produção, as inovações tecnológicas e a desregulamentação dos mercados resultaram no capitalismo dominado pelas finanças, sendo esta a principal característica do neoliberalismo em sua fase atual.

### 5.2.3 Precarização e o mito da liberdade do trabalhador

O resultado desses novos arranjos organizacionais foi a instauração de uma nova forma de competição entre os países e entre os trabalhadores. Se os trabalhadores ou seus sindicatos se tornam exigentes, a empresa global reage com ameaças de fechar a planta e se mudar para outro país, onde a mão de obra seja menos exigente e organizada, e a legislação trabalhista não seja tão severa.

Os trabalhadores são, dessa forma, estimulados a competir entre si, e instaura-se uma competição para ver quem será o mais dócil e mais complacente com a empresa, ou seja, quem fará mais concessões relativas ao direito trabalhista. Trata-se, portanto, da precarização do trabalhador e da luta de classes em escala global.

O Papa Francisco tem se portado, nesse sentido, como uma consciência da humanidade, e se tornou uma voz importante e constante na denúncia da lógica da produtividade e do lucro a qualquer preço. Na audiência geral de 19 de agosto de 2015, o papa afirmou o seguinte:

> O trabalho é sagrado porque expressa a dignidade das pessoas [...], mas, quando o trabalho é refém da lógica do mero lucro, que despreza os afetos da vida, o desânimo da alma contamina tudo: também o ar, a água, as ervas, a comida [...] e as consequências golpeiam sobretudo os mais pobres.

Por essas razões, continua o papa, "a gestão do emprego é uma grande responsabilidade humana e social que não pode ser deixada nas mãos de poucos ou delegada a um mercado divinizado". O mito da eficiência, segundo o pontífice, não pode sequestrar os afetos familiares, como as reuniões de família aos domingos e feriados: "A moderna organização do trabalho expressa a tendência de considerar a família uma espécie de estorvo, um obstáculo à produtividade" (Papa Francisco, citado por Bernabucci, 2015).

Diante das questões apontadas pelo Papa Francisco, o mito da liberdade do trabalho não está ao alcance da maioria dos trabalhadores. Mesmo aqueles que têm a altíssima qualificação que o mercado exige perdem seus empregos num piscar de olhos, ficam desestruturados e têm sua identidade, qualificação e certezas questionadas. Nessa configuração do trabalho pós-industrial, globalizado e precarizado, este anúncio de uma famosa escola de negócios de São Paulo talvez seja apenas uma nostalgia ou ideologia: "Liberdade é encontrar oportunidades a qualquer hora e em qualquer lugar".

Conforme pesquisa da Associação Brasileira de Recursos Humanos (ABRH), 70% dos profissionais estão insatisfeitos com seu trabalho. Outra pesquisa publicada pela revista *Exame* (Sendin, 2013) aponta que 80% dos profissionais querem mudar de trabalho. Se 70% estão descontentes e 80% querem mudar de trabalho, mas continuam trabalhando no mesmo local, significa que não se pode facilmente exercer sua liberdade devido às premências financeiras e às responsabilidades da casa, como alimentação, vestuário, transporte e contas (como aluguel, luz, água e telefonia), entre outros. Tais obrigações fazem o trabalhador submeter-se a condições cada vez mais precárias de trabalho e, não obstante, tornar-se mais dócil, por medo de perder o emprego. A liberdade do trabalhador é, na verdade, um mito.

Nesse sentido, é grande o esforço de políticos (sobretudo aqueles que representam o empresariado) e de governos neoliberais, que visam extinguir ou reduzir o alcance do Estado do bem-estar social. Nessas situações em que o poder público garante boas condições de vida e um mínimo de renda ao cidadão-trabalhador, esse mesmo cidadão não é mais tão dócil, pois já tem suas necessidades básicas atendidas, e, portanto, não precisa mais aceitar salário e condições degradantes de trabalho ou tratamento verbal desrespeitoso. O trabalhador que tem as mínimas e dignas condições de vida garantidas pelo Estado do bem-estar social pode concentrar-se no atendimento de suas necessidades secundárias e torna-se mais exigente com as condições de trabalho, procurando ser respeitado e reconhecido, bem como sentir-se realizado naquilo que faz. Por isso, o Estado do bem-estar social e um bom amparo legal ao trabalhador não são bem-vistos aos olhos do capitalismo. Desse modo, é preferida a precarização, pois torna os trabalhadores mais dóceis e vítimas de várias formas de privação de liberdade, inclusive da privação do seu desenvolvimento (Sen, 2010).

De acordo com a *teoria da hierarquia das necessidades* de Maslow, o ser humano tem seu foco e preocupação, antes de tudo, voltados à satisfação de suas necessidades mais básicas, que são de âmbito fisiológico (alimento, descanso, moradia e sexo) e de segurança (proteção, saúde e emprego). Satisfeitas essas necessidades básicas, a atenção se volta para o atendimento das secundárias, de caráter social (relacionamento, amizade, aceitação, compreensão, consideração e integração), de estima (orgulho, *status*, prestígio, satisfação, reconhecimento, confiança e progresso) e, por fim, de autorrealização (sentir-se realizado com as conquistas pessoais, profissionais e sociais).

O economista Amartya Sen (2010) define liberdade como a possibilidade de o indivíduo se desenvolver e de poder realizar seu potencial. Se as pessoas não puderem realizar uma atividade laboral que lhes dê prazer, ou se não estão em determinada empresa por livre e espontânea vontade, mas pela pressão da sobrevivência, então certamente não estão exercendo sua liberdade.

O problema é que essa realidade traz questionamentos graves a um dos princípios basilares do sistema capitalista: a liberdade. O sistema funciona com o pressuposto de que as pessoas devem ser livres para empreender e escolher o próprio emprego e os produtos e serviços que queiram consumir. Enfim, o sistema prevê trabalhadores livres e consumidores.

São primordiais na teoria do desenvolvimento de Sen as liberdades dos indivíduos, tendo como elemento constitutivo básico a *expansão das capacidades* das pessoas de levar o tipo de vida que valorizam, o que inclui a escolha do emprego. Essa *expansão das capacidades* pode ser aumentada por meio de políticas públicas, ou seja, pela participação do Estado, visando aumentar o **aspecto da condição de agente** do indivíduo. Os indivíduos, por sua vez, devem ter a oportunidade de liberdade (liberdade de ações e decisões e o direito de realizar o mínimo daquilo que gostariam). Enfim, devem ter oportunidades adequadas, isto é, liberdade de escolha (Sen, 2010, p. 32-33).

*Soluções corporativas estratégicas ao trabalho e emprego em tempos de globalização*

Marx e Engels (2006) no *Manifesto Comunista*, analisando a tendência do capitalismo, afirmam que este é mundial. Tal assertiva não deixa de ser também profética, pois há época desse escrito, o capitalismo não possuía a amplitude mundial que conhecemos hoje. Cerca de um século e meio depois Wallerstein verifica que de fato não existe fronteira política que limita o capitalismo, apesar de existirem países com fronteiras nacionais. O capitalismo não se restringe a um país, sendo essa sua grande vantagem. Por sua vez, o socialismo, para Wallerstein, está integrado ao sistema capitalista.

[...]

*Instituições de Bretton Woods e "Consenso de Washington"*. O mundo em seu aspecto econômico-financeiro, com viés político e social, incluindo aqui a divisão mundial do trabalho, está estruturado em torno das instituições criadas a partir dos acordos de Bretton Woods, quando os ministros das finanças dos principais países (44 ao todo) se reuniram em 1944 neste balneário de New Hampshire nos Estados Unidos para estabelecer as regras de funcionamento do comércio e da economia mundial e evitar uma nova depressão econômica, como aquela da crise de 1929. Estas regras e acordos – muitos deles sobre questões de política monetária e câmbio – ficaram conhecidos como Sistema Bretton Woods que indexou as moedas estrangeiras ao dólar americano, tornando os Estados Unidos o grande comandante e beneficiário da dolarização do mundo.

A partir dos princípios da economia liberal, foram criadas, por meio dos acordos de Bretton Woods, instituições como o Banco Internacional para a Reconstrução e Desenvolvimento (BIRD, mais tarde passou-se a chamar-se Banco Mundial), o Fundo Monetário Internacional (FMI) e recomendou-se a criação de uma instituição que garantisse o funcionamento do comércio mundial nos moldes liberais. Não houve acordo na reunião de Havana em 1947-48 sobre a colocação em funcionamento de uma ampla instituição com esta finalidade, mas optou-se em por em prática uma parte do que seria essa instituição, o Acordo Geral sobre Tarifas e Comércio, conhecido na sigla em inglês por GATT (*General Agreement on Trade and Tariffs*). O GATT vigorou até 1995, quando finalmente entrou em vigor uma grande estrutura que estabelece as regras do comércio do mundo, chamada Organização Mundial do Comércio (OMC)

[...]. Somente países de economia de mercado podem participar da instituição.

Neste sentido, o funcionamento atual do sistema-mundo é mantido através dos empréstimos concedidos pelo FMI e outras instituições sediadas em Washington (Banco Mundial, Banco Interamericano de Desenvolvimento e Tesouro Americano), que são condicionados à aplicação dos princípios neoliberais ou ao que se cunhou "Consenso de Washington". Este termo foi estabelecido pelo economista John Williamson em 1990, após seminário de estudiosos e representantes de governos latino-americanos, e por observadores das instituições financeiras mencionadas acima, reunidos em Washington para debater o porquê do insucesso das economias desta região após a "década perdida" de 1980. Chegou-se à conclusão que havia necessidade de mais mercado e menos governo interferindo na economia (Batista, 1994). Williamson (1993) via as políticas do Consenso de Washington como a melhor expressão do pensamento econômico então disponível e, portanto, deveria haver uma convergência em torno desses princípios, bem como serem universalizados, independente das particularidades do país.

O "Consenso de Washington", segundo Batista (1994), designa um mínimo denominador comum de recomendações de políticas econômicas feitas por instituições financeiras baseadas em Washington (FMI, Banco Mundial e Departamento do Tesouro Americano), a serem aplicadas especialmente pelos países da periferia, como a América Latina e África. Essas recomendações, de cunho liberal, tornaram-se a doutrina oficial dessas instituições e fazem parte do "receituário" e condicionalidades para empréstimo aos países em desenvolvimento com crises fiscais e econômicas: disciplina fiscal, redução dos gastos públicos, reforma tributária, juros de mercado, câmbio de mercado, abertura comercial, investimento estrangeiro direto (com eliminação de restrições), privatização das estatais, desregulamentação (afrouxamento das leis econômicas e trabalhistas) e direito à propriedade intelectual.

Contrariando a obrigatoriedade de adoção universal dos princípios do Consenso de Washington, especialmente nos países em desenvolvimento, o economista sul-coreano e professor da universidade de Cambridge, na Inglaterra, Ha-Joon Chang (2004) demonstra em sua obra, *Chutando a escala: a estratégia do desenvolvimento em perspectiva histórica,* que todos os países atualmente desenvolvidos usaram mecanismos de proteção de mercado e de incentivos governamentais para desenvolver sua indústria nascente. Os países desenvolvidos pressionam os países em desenvolvimento e menos desenvolvidos a adotar "boas práticas e boas instituições", tal qual preconiza o receituário do Consenso de Washington. As boas instituições seriam a democracia, poder judiciário que assegure o direito de propriedade e Banco Central independente. Esses mesmos países, após terem atingido o nível de desenvolvimento usando políticas restritivas e protecionistas, ou seja, não praticando as "boas políticas e instituições" que preconizam, impõem sua ideologia liberal e afirmam que tais políticas não são adequadas ou que não podem ser usadas pelos países em desenvolvimento. Os dados históricos que Chang apresenta em sua obra faz desmoronar o mito que os países ricos sempre foram liberais, mas que, na verdade, constroem estas instituições e ideários (como o Consenso de Washington) para se defenderem e se manterem como ganhadores desse sistema construído por eles mesmos, assevera o autor. Este fato tem a finalidade e faz perpetuar o sistema-mundo tal como exposto por Wallerstein.

Portanto, as condicionalidades implícitas nos empréstimos das instituições financeiras internacionais reproduzem o caráter de dependência, a divisão internacional do trabalho e a estrutura do sistema-mundo (centro, periferia e semi-periferia). [...]

*Nações Unidas e a paz liberal*. A base do modelo de operações de paz constituído pelas Nações Unidas (ou imposto a esta instituição) e de reconstrução de países invadidos por potências ocidentais é o mesmo das instituições como o Banco Mundial, FMI e BID e contém em si a mesma problemática: pressupostos liberais ocidentais – democracia liberal e mercado. Bellamy e Williams definem tal problemática da seguinte maneira: "O objetivo principal das operações de paz se torna, assim, não tanto a criação de espaços para a resolução de conflitos negociados entre os Estados, mas sim a contribuição ativa para a construção de políticas, economias e sociedades liberais" (Bellamy & Williams, 2008, p. 4-5).

A partir desse modelo cunhou-se o conceito de "Paz liberal" para designar as práticas de missão de paz e de reconstrução, seja por parte da ONU, seja pelos governos americano e europeus. Segundo a pesquisadora portuguesa Teresa Almeida Cravo, "paz liberal reflete os valores hegemônicos e as necessidades políticas, econômicas e geoestratégicas dos Estados Ocidentais" (2013, p. 27). Essa constatação vem a reforçar a atualidade da teoria do sistema-mundo, pois são os valores dos Estados do centro que, levados de forma embutida em sua "ajuda humanitária" e nos empréstimos financeiros, reforçam a estrutura do sistema-mundo.

*Recursos naturais, mão de obra e capital*. Os países da periferia possuem recursos naturais e mão de obra em abundância, mas não possuem o capital para aproveitar produtivamente esses dois itens.

A disponibilidade de capital para investimento (especialmente produtivo) é elemento crucial para o desenvolvimento de uma nação (Salm, 2010, p. 14). Por isso, os países da periferia, no afã de maior desenvolvimento, abrem suas portas para o capital estrangeiro para compensar o baixo nível de poupança interna e de investimento [...]. Tal abertura se dá numa relação desigual, estando o capital estrangeiro numa posição de superioridade, o que faz com que as condições de entrada ou as condições que são negociadas sejam inferiores ou desfavoráveis ao país receptor, especialmente no que refere-se ao uso dos recursos naturais de forma exploratória, sem a devida proteção ao meio-ambiente, além de pouco respeito aos trabalhadores. Os países da periferia ou semi-periferia que querem impor restrições ambientais ou trabalhistas estão perdendo esses investimentos para países onde essas restrições são inexistentes ou muito baixas. [...]

A carência em mão de obra qualificada, em ciência e tecnologia e em capital social básico (como saneamento, saúde e segurança), além de deficiências em infraestrutura (seja, em rodovias, ferrovias, portuárias ou de mobilidade urbana) constituem obstáculos, condicionam a estratégia de desenvolvimento e fazem com que países como o Brasil e outros permaneçam na periferia ou semiperiferia do sistema-mundo (Salm, 2010, p. 16). O autor observa ainda que historicamente esses obstáculos não são resolvidos somente pelas "forças" do mercado. Para serem superados faz-se necessário a atuação do Estado como indutor e produtor de mudanças e de superação dessas limitações, com políticas públicas adequadas, sendo o Estado o promotor da superação e do desenvolvimento.

Não obstante, vários elementos evidenciam que há uma estrutura internacional estabelecida (como o Consenso de Washington e as condicionalidades embarcadas nos empréstimos do FMI e Banco Mundial ou mesmo a OMC) para que o Estado não seja o elemento central de superação dessa estrutura, mas que seja realizado pelo mercado, mesmo que até o presente não se tenha notícia que o mercado tenha resolvido tais questões (*Ibd.*, p. 16-17).

Do mesmo modo, não serão as forças do mercado que impedirão que os países da periferia tenham sua agricultura dependente de grandes corporações de países do centro. Mesmo o avanço tecnológico da agricultura nos países da semi-periferia e periferia reflete o sistema-mundo, conforme mostra Filomeno (2012). As tecnologias e propriedades intelectuais pertencem às grandes corporações do centro que atuam nesse setor, como a Monsanto, Syngeta e Bayer ScienceCrop. Essas empresas usam todos os meios ao seu alcance para construir e manter seu oligopólio (e em algumas áreas, monopólio) para manter fazendeiros e agricultores dependentes de suas sementes, por meio da manipulação genética, tornando essas sementes estéreis. Ou seja, essas sementes só produzem uma vez, fazendo com que os produtores tenham que comprar apenas dessas empresas suas sementes para cada plantação. Outro dano importante que esse processo de dependência cria é a eliminação da diversidade de espécies de cada cultura agrícola. Por exemplo, em vez de desenvolver sementes para cada espécie de milho, essas empresas trabalham com apenas uma. Tal fato constitui em ganhos maiores, devido ao fator escala, para as empresas da genética de sementes e do agronegócio, mas perda ao consumidor que não pode mais se beneficiar da variedade de produtos. [...] No caso que ainda é possível a reprodução das sementes, como na cultura da soja geneticamente modificada, os fazendeiros e agricultores são obrigados a pagar royalties à Monsanto, mesmo sobre sementes reservadas de sua própria produção (Filomeno, 2012, p. 310).

[...]

Beverly Silver (2005) demonstra que há um conflito entre trabalho-capital como processo histórico em escala mundial. Como "respostas estratégicas" ou "soluções" a esse conflito e aos movimentos de trabalhadores organizados e fortes, os capitalistas possuem um modelo constituído por quatro tipologias de "soluções" que são postas em prática sempre que necessárias. Estas são: (i) *Solução espacial*: relocação geográfica da produção. Ao deslocar ou ameaçar a deslocar a competição, os trabalhadores são colocados a competir entre si. (ii) *Solução tecnológica/organizacional*: introdução de tecnologias para reduzir a mão-de-obra e a reestruturação das organizações (ampliação da terceirização e relações trabalhistas contingentes). (iii) *Solução de produto*: deslocamento do capital para novas linhas de produção, menos sujeitas à competição e aos conflitos. (iv) *Solução financeira*: deslocamento do capital da produção para as finanças e especulação. (SILVER, 2005).

Os governos que buscam e implementam um sistema alternativo são classificados como governos ou países exóticos que não querem o progresso para seu povo e que corrompem a democracia e são contrários aos valores liberais (ocidentais), sendo o mercado a única e melhor solução para todo e qualquer país, independente de seu estágio de desenvolvimento e suas carências internas.

Fonte: Martins, 2015a, grifos do original.

## Síntese

A *globalização modifica* a organização do trabalho em escala mundial. As empresas – especialmente as corporações globais – sabem tirar proveito dessa conjuntura e realmente utilizam estratégias ou soluções prontas, conforme descrito por Beverly Silver e mencionado anteriormente. Por sua vez, tal conjuntura aumenta a precarização do trabalhador. Por outro lado, verifica-se que, com a expansão global do capitalismo e dos países do centro, as instituições multilaterais são usadas para manter o sistema-mundo funcionando, tal qual Wallerstein o descreveu. Isso evidencia que o modelo proposto por Wallerstein continua presente nas estruturas e nas relações assimétricas entre os países. A teoria do sistema-mundo, assim, continua válida como categoria analítica para compreender a estrutura da sociedade global hodierna e a divisão internacional do trabalho em suas relações sociopolítico-econômicas.

## Indicações culturais

### Livro

SARAMAGO, J. **A caverna**. São Paulo: Companhia das Letras, 2000. Nessa obra do aclamado autor português José Saramago, encontramos uma história baseada no mito platônico da caverna. Entretanto, nela nos deparamos com um local moderno de aprisionamento, que representa o aprisionamento capitalista, tecnológico e consumista: o *shopping center*.

### Vídeos

ANTUNES, R. **Teoria do valor – trabalho e crise**. Palestra proferida em 2012 no I Encontro Internacional de Teoria do Valor Trabalho e Ciências Sociais. Disponível em: <http://www.youtube.com/watch?v=fD5K5IXbimg>. Acesso em: 20 jul. 2017.

Nesse vídeo, Ricardo Antunes, professor e importante autor brasileiro da sociologia do trabalho, discute a importância da teoria do valor-trabalho fundamentada em Marx e mostra como ela se apresenta hoje.

ANTUNES, R. **A situação da classe trabalhadora na Inglaterra**. Aula ministrada em 2008 no I Curso Livre Marx-Engels. São Paulo: TV Boitempo, 1º ago. 2012. Disponível em: <https://www.youtube.com/watch?v=Rm6ZqhKsJTM>. Acesso em: 19 jul. 2017.

NETTO, J. P. **Capitalismo, desenvolvimentismo e barbárie**. Palestra proferida em 2012 na Oficina Regional Centro-Oeste da Associação Brasileira de Ensino e Pesquisa em Serviço Social. Disponível em: <http://www.youtube.com/watch?v=Fe4W1D0Qk8g>. Acesso em: 20 jul. 2017.

Nesses dois vídeos, são apresentadas e discutidas a questão do método em Marx e algumas de suas principais obras.

## Atividades de autoavaliação

1. Analise as afirmativas a seguir e assinale V (verdadeiro) ou F (falso):
   - ( ) Com a divisão e o parcelamento do trabalho, as habilidades e capacidades tendem a ser suprimidas.
   - ( ) Segundo Gorz (1996), o camponês e o trabalhador independente desenvolvem, ainda que em modesta escala, conhecimentos, inteligência e vontade, mas essas condições lhe são tiradas quando os indivíduos se tornam operários numa fábrica, que os concentra nas máquinas.

( ) *A riqueza das nações*, a obra fundante do liberalismo econômico, é de autoria de Karl Marx.

( ) "A mente da grande maioria dos homens desenvolve-se necessariamente a partir e por meio de suas ocupações diárias". O autor dessa importante frase é Karl Marx.

Agora, assinale a alternativa que apresenta a sequência correta:
a) F, V, F, F.
b) V, V, F, F.
c) V, F, F, V.
d) V, V, V, F.

2. Com relação à globalização do trabalho e às soluções estratégicas dadas pelas empresas globais e descritas por Beverly Silver, relacione corretamente o conceito a sua respectiva definição:
1. Solução espacial
2. Solução tecnológica/organizacional
3. Solução de produto
4. Solução financeira

( ) Deslocamento do capital para novas linhas de produção, menos sujeitas à competição e aos conflitos.

( ) Introdução de tecnologias para reduzir a mão de obra e a reestruturação das organizações (ampliação da terceirização e relações trabalhistas contingentes).

( ) Deslocamento do capital da produção para as finanças e especulação.

( ) Relocação geográfica da produção. Ao deslocar ou ameaçar deslocar a competição, os trabalhadores são levados a competir entre si.

Agora, assinale a alternativa que apresenta a sequência correta:
a) 2, 3, 4, 1.
b) 3, 4, 2, 1.
c) 1, 2, 4, 3.
d) 3, 2, 4, 1.

3. O conceito de sociedade pós-industrial é muito amplo, pois engloba várias importantes dimensões da sociedade. Sendo assim, relacione corretamente os diferentes aspectos da concepção de Daniel Bell (1977) sobre a sociedade pós-industrial com sua respectiva explicação:

1. Setor econômico
2. Distribuição ocupacional
3. Princípio axial
4. Orientação futura
5. Tomada de decisões

( ) Criação de uma nova "tecnologia intelectual", como o conhecimento embutido nos *softwares*, que se tornaram imprescindíveis para o gerenciamento e a tomada de decisão.

( ) Primazia da classe profissional e técnica em detrimento do operário da indústria.

( ) Centralidade do conhecimento teórico como fonte de inovação e de formulação de políticas para a sociedade.

( ) Mudança de uma economia de produção de bens para a criação de uma economia de serviços, consumindo a maior parte da força de trabalho (comércio, finanças, transporte, lazer, entretenimento e, sobretudo, saúde, pesquisa, educação e governo).

( ) O controle da tecnologia e da distribuição tecnológica passa a ser mais democrático, não sendo apenas de quem detém o poder econômico; novas fronteiras tecnológicas irão manter a produtividade e o padrão de vida elevados, para que não haja estagnação do capitalismo.

Agora, assinale a alternativa que apresenta a sequência correta:
a) 5, 2, 3, 1, 4.
b) 5, 4, 3, 1, 2.
c) 1, 2, 3, 5, 4.
d) 2, 4, 3, 1, 5.

4. Analise as afirmativas a seguir e assinale V (verdadeiro) ou F (falso):
( ) Segundo Daniel Bell (1977), na sociedade pós-industrial acontece a passagem de uma economia de produção de bens para uma de prestação de serviços, na qual os trabalhadores de fábrica não são mais a classe mais numerosa e dão lugares aos profissionais técnicos, ou seja, do conhecimento.
( ) A sociedade pós-industrial reforça o papel da economia e os valores econômicos como necessidades institucionais básicas da sociedade. Por isso, é também chamada de *sociedade econômica*.
( ) A divisão capitalista do trabalho não é fonte de alienações.
( ) O Papa Francisco afirmou que "a gestão do emprego é uma grande responsabilidade humana e social que não pode ser deixada nas mãos de poucos ou delegada a um mercado divinizado".

Agora, assinale a alternativa que apresenta a sequência correta:
a) F, V, F, F.
b) F, V, F, F.
c) V, F, F, V.
d) V, V, V, V.

5. Conforme pesquisa da ABRH, 70% dos profissionais estão insatisfeitos com seu trabalho. Outra pesquisa publicada pela revista *Exame* (2013) aponta que 80% dos profissionais querem mudar de trabalho.

Esses dados evidenciam que:
1. Se 70% estão descontentes e 80% querem mudar de trabalho, mas continuam trabalhando no mesmo local, eles não podem facilmente exercer sua liberdade.
2. O trabalhador tem a liberdade de encontrar oportunidade a qualquer hora e a qualquer lugar.
3. A liberdade do trabalhador é um mito e muitas vezes é necessário que o trabalhador se submeta a condições precárias de trabalho.
4. O trabalhador tem dificuldade de exercer sua liberdade devido às suas premências financeiras e responsabilidades.

Qual das afirmativas **não** se enquadra na explicação dos dados citados na pesquisa?
a) 1.
b) 2.
c) 3.
d) 4.

## Atividades de aprendizagem

### Questões para reflexão

1. O ensino popular proposto por Adam Smith para evitar a degeneração completa dos trabalhadores – utilizado em doses homeopáticas para não subverter a ordem social – ainda é atual para a manutenção dessa ordem? Justifique sua resposta.

2. Os trabalhadores e as pessoas em geral, em sua cidade e região, têm a possibilidade e as condições materiais, ou seja, a liberdade para desenvolver-se e realizar seu potencial? Como isso poderia ser melhorado?

3. Como ocorre a passagem da economia industrial para a pós-industrial? Quais são os elementos que constituem a economia pós-industrial e a pós-internet?

4. A proposta de Wallerstein da divisão do mundo em centro, periferia e semiperiferia ainda é atual? Justifique sua resposta.

### Atividade aplicada: prática

1. Os trabalhadores e os profissionais em geral de sua cidade e região exercem sua liberdade de escolha do trabalho? Qual é o nível de satisfação com o trabalho de seus familiares, vizinhos e amigos? Quais são os motivos de satisfação ou de insatisfação? Faça uma pesquisa entre pessoas de sua região e anote as conclusões.

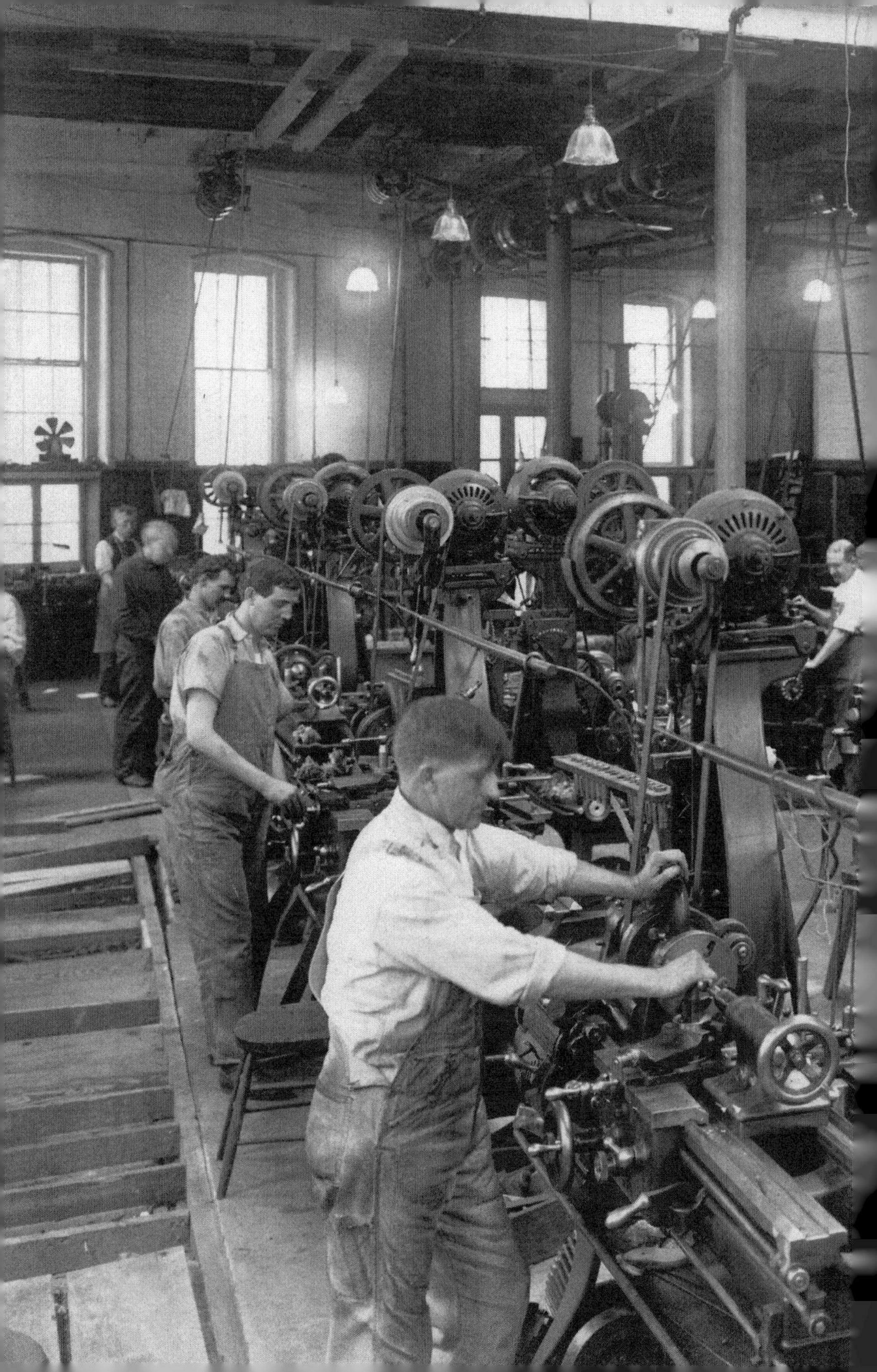

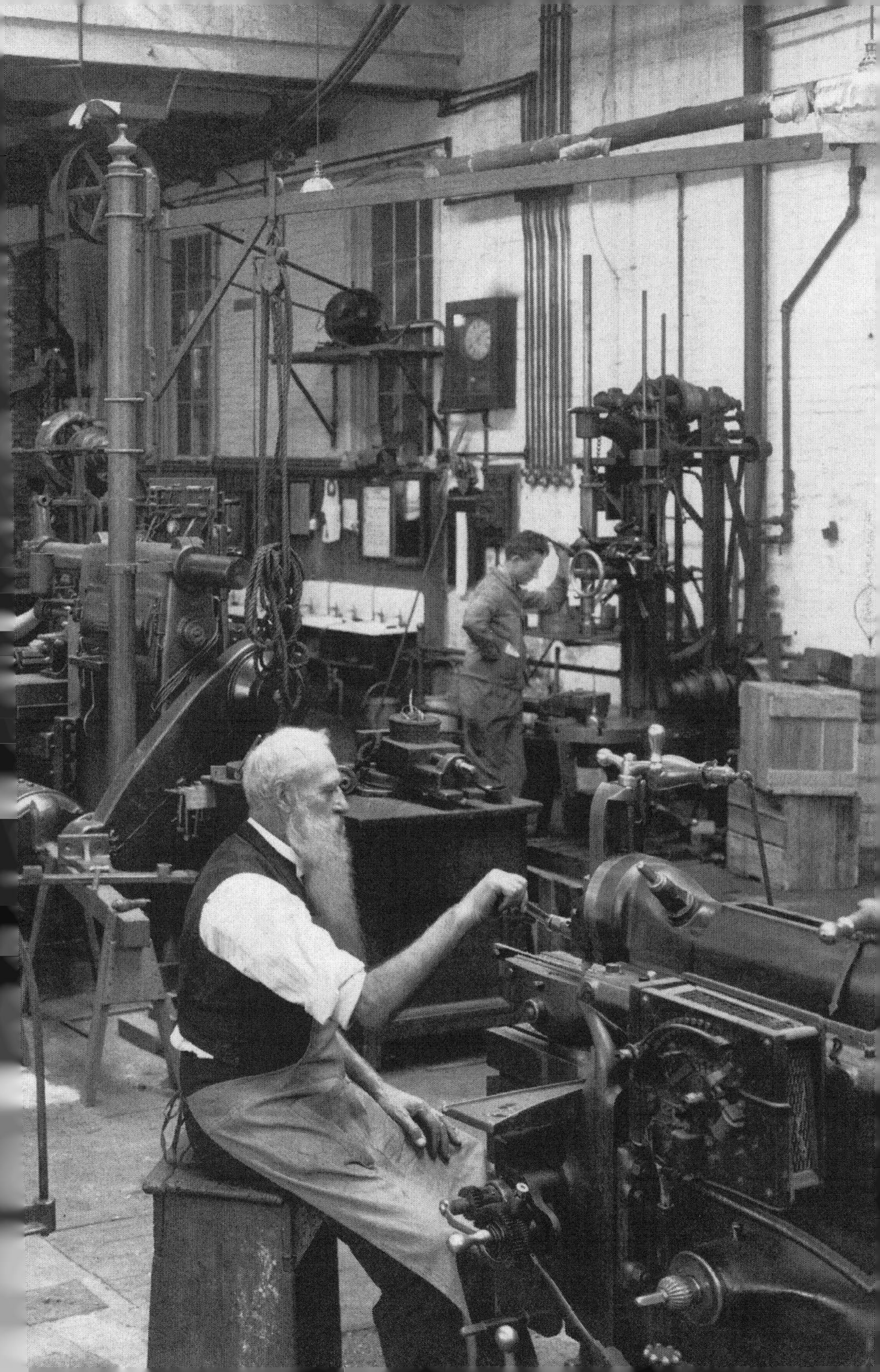

# 6

*Trabalho,
realização e lazer*

Neste último capítulo, vamos abordar a centralidade e a crise do trabalho no mundo contemporâneo, o trabalho assalariado e seu valor, bem como outras questões importantes, como trabalho, realização, lazer e ócio criativo e, por fim, daremos atenção às tendências e perspectivas do mundo do trabalho. Com o estudo desses temas, pretendemos fazer com que você seja capaz de compreender por que o trabalho é central no mundo contemporâneo, avaliar as crises e as motivações do trabalho na atualidade, analisar o trabalho e seu valor (ou sua desvalorização), compreender por que as categorias de trabalho, realização, lazer e ócio criativo estão relacionadas e, finalmente, identificar quais são as tendências e perspectivas do mundo do trabalho.

## 6.1
### Mercado de trabalho: flexibilidade versus rigidez

No mundo globalizado, a fluidez do emprego e do trabalho é um tema relevante. Assim, uma das discussões mais frequentes diz respeito aos prós e contras relativos à liberalização ou rigidez do mercado de trabalho. Heleen Mees (2011), professora da Universidade de Nova York, se deu ao trabalho de pesquisar essa questão e comparou o mercado de trabalho **regulamentado e pouco flexível** da Europa (sobretudo o alemão) ao mercado **desregulamentado ou flexível** americano. Ela observou que, contrariamente ao mito, o mercado de trabalho flexível possibilita maior perda e deslocamento do emprego, pois é muito fácil ocorrer demissões. Observou também que empresas alemãs, como Siemens e Daimler, criam novos empregos no exterior, muitos deles na Ásia, mas continuam também criando empregos na Alemanha. Com dados do Escritório Central de Planejamento do governo da Holanda, a autora notou ainda que trabalhadores com contrato de trabalho permanente recebem mais treinamento e mais subsídio à educação do que aqueles com contrato temporário, e o impacto disso se faz sentir na produtividade e na motivação desses trabalhadores, fato que reduz os ganhos de menor custo na contratação dos trabalhadores temporários.

Por fim, a autora verificou que as empresas que mais investem em seu capital humano, como as alemãs, são menos propensas a demitir seus empregados. Onde não há investimento importante em treinamento, os trabalhadores são demitidos com maior frequência, e a maior rigidez do mercado de trabalho induz as empresas a investirem mais em seu capital humano e gerar menor rotatividade e maior desempenho financeiro, como conclui Mees (2011). Contudo, a autora sugere que, para empregos que exijam muita habilidade e treinamento específico, a empresa terá maior ganho com regras do mercado de trabalho regulado. Já onde não é necessário treinamento específico, podem ser aplicadas regras de mercado desregulado ou flexível.

## Centralidade e crise do trabalho no mundo contemporâneo

O *sistema-mundo se* caracteriza por uma divisão internacional do trabalho, de modo que alguns países produzem matérias-primas, outros produzem produtos semi-industrializados e industrializados de baixa e média tecnologia e outros de alta tecnologia.

Observa-se, com a economia do conhecimento, uma transformação estrutural do capitalismo: a passagem do capitalismo industrial ao financeiro. Em outras palavras, as grandes corporações não mantêm mais seu foco na produção. Exemplificamos com a empresa norte-americana do estado do Oregon, a Nike. Esta empresa não possui fábricas, nem caminhões ou navios para produzir e executar sua logística; possui apenas o cérebro que controla as atividades da empresa. Suas fábricas são terceirizadas na China, Vietnã e outros países asiáticos de baixo custo de mão-de-obra, bem como alguma produção no Brasil; sua logística é realizada e controlada por uma empresa do Reino Unido; suas atividades de TI (Tecnologia da Informação) estão a cargo de uma empresa da Índia; já o design e desenvolvimento de produto – consideradas atividades mais "nobres"– permanecem nos EUA.

Este não é apenas um exemplo isolado, mas constitui-se numa tendência do capitalismo atual que concentra as atividades de alto valor agregado nos países de origem das corporações multinacionais e terceirizam as outras atividades, especialmente a fabril, aos países da periferia e semi-periferia. A terceirização caracteriza-se, segundo Ricardo Antunes e Giovanni Alves (2004) pela precarização do trabalho. Nenhuma ou pouca garantia é dada ao trabalhador ou mesmo à empresa fabril terceirizada. A pressão por baixos salários resulta em condições desumanas de trabalho e mesmo em condições análogas à escravidão nos ambientes de trabalho, que está aumentando no mundo. Tais condições é a realidade corrente em países como a China, Vietnã, Combodja, Laos e mesmo em algumas regiões do Brasil, incluindo o setor de confecção dentro da cidade de São Paulo.

Nessa tendência, utiliza-se o mercado para a busca de "parceiros" terceirizados e, assim, substituir a hierarquia vertical das fábricas próprias que produziam seus insumos e componentes, com empregos fixos e estáveis, para substituir a produção ou montagem do produto que a empresa comercializa e mesmo usa-se "parceiros" para a distribuição, venda, marketing, cobrança, serviço de atendimento ao cliente (pós-venda), e assim por diante. Tudo é justificado pela busca imperiosa da flexibilidade e competitividade que o mercado lhes impõe. Tais características imperativas de flexibilidade no processo produtivo e de competitividade que a empresa busca a qualquer custo é realizado à custa de perdas ao trabalhador e a consequente precarização do trabalho, como argumentam Antunes e Alves (2004).

Nesta nova divisão internacional do trabalho, observa-se um amplo processo de redistribuição das empresas pelo mundo; as empresas reestruturam-se para adaptar-se às novas exigências de produtividade, agilidade, capacidade de inovação e competitividade; a globalização envolve transformação na esfera do trabalho, na qual modificam-se as técnicas produtivas, as condições jurídicas, políticas e sociais.

Ou seja, procura-se destruir o que é próprio de cada povo e sua liberdade de escolha de sistemas mais apropriados à sua realidade e o capitalismo implanta mundo afora os mesmos padrões de racionalidade de técnicas de produção, sistemas jurídico, político, econômico e social em nome do progresso, da produtividade e da competição global. O raciocínio aqui segue a lógica de que se é racional é superior e, portanto, legítimo de ser implantado, mesmo em detrimento da destruição das identidades culturais e especificidades locais.

[...]

Assim, como consequência da nova divisão internacional do trabalho, impulsionada por esta nova globalização, conforma a define Boaventura de Souza Santos (2005), a procura por mão-de-obra barata faz com que as grandes empresas busquem força de trabalho em todo o mundo.

Portanto, a passagem do capitalismo industrial – atividade doravante relegada à periferia e semi-periferia, com exceção daquela parcela que possui grande valor agregado na atividade produtiva – ao capitalismo financeiro mantém e reforça o sistema-mundo proposto por Wallerstein. E nesse capitalismo financeiro cada vez mais se prescinde do trabalho humano, visto que não é mais o trabalho comprado pelo capitalista, transformado em lucro e alienado do trabalhador que produz, mas o juro e a especulação financeira, no qual o trabalho perde cada vez mais o sentido, pois as máquinas tendem a fazê-lo de modo mais efetivo (Pochmann, 1999).

Fonte: Martins, 2015a, grifos do original.

## 6.2
### Trabalho assalariado e seu valor

Avaliar e valorizar o trabalho é uma questão em permanente discussão. A opinião prevalente é a de que o mercado sabe avaliar melhor o valor do trabalho de cada profissional e de cada profissão, ou seja, o mercado dita a remuneração do trabalhador.

Verifica-se que onde há um sindicalismo laboral forte e atuante, o valor dos salários da referente categoria é mais alto e as condições de trabalho são melhores. Do mesmo modo, se o sindicato patronal for forte, os salários serão menores. E onde o sindicato dos trabalhadores for fraco, conivente ou inexistente, os salários serão mais baixos, e as condições de trabalho, piores. Portanto, o nível de organização da categoria é fator determinante para determinar o nível de salário e as condições de trabalho.

Essa visão, embora dominante, não se sustenta perante uma análise mais detalhada. Basta averiguar essa matéria à luz da atuação dos sindicatos e da legislação.

O mesmo acontece com a legislação relativa às condições de trabalho e emprego. Se ela for inexistente, os salários serão mais baixos. Isso acontece mesmo na Alemanha, onde os últimos governos, com a finalidade de tornar o país mais competitivo, fizeram concessões à rígida política de emprego, por meio da qual os salários puderam ser reduzidos, não havendo limite mínimo de salário, e as negociações podiam acontecer entre patrões e empregados. O resultado dessa flexibilização legal está sendo vivenciado na Alemanha, que atualmente enfrenta problemas com as recomendações da União Europeia quanto à renda mínima do trabalhador, pois o governo alemão precisa suplementar essa renda. Cerca de 20% dos trabalhadores precisam receber complemento de renda do governo para alcançar o mínimo digno para sustentar a família, conforme estabelecido pela União Europeia. Entretanto, esse valor não é pago pelos patrões porque as leis alemãs não os obrigam a isso e os movimentos sindicais não fazem essa exigência. Afinal, os sindicatos celebraram um "pacto" com os patrões para proteger os empregos em troca de redução (sem limite) de salários. E as reduções de fato aconteceram.

Cada pessoa avalia o valor de seu trabalho por seus critérios, que são subjetivos. De outro lado, a sociedade também avalia o trabalho das pessoas por meio de sua medida ou pela contribuição que seu trabalho oferece à sociedade. Segundo essa avaliação coletiva, o trabalho ganha uma medida valorativa objetiva, que se torna uma medida-padrão para indivíduos e grupos, permitindo a comparação entre um indivíduo e outro ou entre um grupo e outro por meio de uma métrica comum (Naville, 1973).

O salário tornou-se basicamente uma forma apropriada de retribuição do trabalho das pessoas ou grupos que não têm a propriedade dos meios de produção. Os

> Verifica-se que onde há um sindicalismo laboral forte e atuante, o valor dos salários da referente categoria é mais alto e as condições de trabalho são melhores. Do mesmo modo, se o sindicato patronal for forte, os salários serão menores. E onde o sindicato dos trabalhadores for fraco, conivente ou inexistente, os salários serão mais baixos, e as condições de trabalho, piores. Portanto, o nível de organização da categoria é fator determinante para determinar o nível de salário e as condições de trabalho.

proprietários não recebem salário. Sua remuneração provém dos lucros, ou em forma de *pro-labore* ("pelo trabalho"). O salário é específico de quem vende sua força de trabalho e seu conhecimento ao patrão, ou à empresa/instituição, por intermédio de um contrato de caráter mais ou menos durável, resultando em um vínculo de subordinação entre empregado e empregador. Não são apropriadas as terminologias *colaborador* ou *associado*, usadas para substituir o termo *empregado*. Elas não têm respaldo jurídico, pois tratam de outras modalidades de relação de trabalho. Seu uso, amplamente divulgado pelos departamentos de recursos humanos de empresas que dizem querer uma relação diferenciada com seus empregados ou funcionários, tem o risco de incorrer numa relação de **envolvimento manipulatório**.

### 6.2.1 O salário e seus vínculos com outros tipos de relações

As discussões em torno do salário não podem ser apenas monopólio dos economistas, pois, para eles, o salário somente uma função econômica geral de renda ou da política. Os economistas "procuram reduzir a análise da relação trabalho/rendimento a certos elementos constantes inerentes às suas variações" (Naville, 1973, p. 134). Já a política estuda o modo de estabelecimento dos salários, sua composição e variações. Um estudo completo do salário engloba a sociologia, os sindicatos, a política e o Estado, além dos interessados diretos: o patrão e o assalariado (Naville, 1973).

Os trabalhadores, em qualquer parte do mundo, têm preocupações comuns, como a preservação do mínimo vital, a definição clara de hierarquias, o desejo de segurança com relação ao rendimento e ao emprego e o anseio por apreciação social do valor do trabalho, ou seja, o prestígio de uma função com equivalente prestígio monetário. O prestígio da profissão, na economia de mercado, é medido pelo valor do salário pago a sua classe profissional, e a posição que o operário ocupa na sociedade não é nada além de um *status* proporcionado pelo alcance de sua renda (Naville, 1973).

O salário pode ser definido como "o valor monetário contratado para remuneração de força de trabalho" (Bava Junior, 1990, p. 75) e é a forma dominante de retribuição ao trabalhador. O salário mínimo é uma base que estabelece um valor mínimo de remuneração. Trata-se, portanto, de uma garantia legal de renda. Nem todos os países impõem às empresas a obrigatoriedade do pagamento de uma renda mínima. Contudo, nesses casos é comum o Estado assumir a obrigação de uma renda mínima que proporcione dignidade de vida aos seus cidadãos (como no caso da Alemanha, mencionado anteriormente). Como algumas categorias profissionais não atingem um salário digno para se viver, há redistribuições ou transferência de renda por meio de abonos, PIS, renda mínima, entre outros mecanismos de transferência de renda. Contudo, numa perspectiva humanística e ética do trabalho, quando um trabalhador não recebe, como remuneração por seu trabalho, o necessário para viver, há um atentado contra sua dignidade.

Com base nisso, podemos afirmar que, à medida que o progresso técnico aumenta, ocorre a diminuição relativa do salário direto e a extensão do "salário social" (abono, PIS, salário desemprego, segurança social, complemento de renda, auxílio-doença, entre outros). Na verdade, salário não é renda: é **remuneração** pelo trabalho realizado, fruto de um contrato. **Renda** é receita, lucro, sobra, resultante de investimentos financeiros, valorização na compra e venda de imóveis, obras de arte etc.

### 6.2.2 O valor e os desafios do trabalho em tempos de desregulação

Os desafios em relação ao trabalho e seu valor têm aumentado com a intensificação da concorrência em nível global. Assinalamos como consequências das transformações no mundo do trabalho, sobretudo com relação à desregulamentação do trabalho assalariado, os seguintes desafios:
- Diminuição do operariado fabril mundial do tipo fordista.
- Aumento da precarização do trabalho (aumento do trabalho parcial, temporário e terceirização em escala mundial).

- Aumento da participação feminina na classe trabalhadora, sobretudo no âmbito precarizado, com salários geralmente mais baixos.
- Aumento do trabalhador no setor de serviços.
- Intensificação da superexploração sobre o trabalho dos imigrantes, trabalho infantil e mesmo aumento do trabalho escravo, apesar dos tratados internacionais que visam propiciar maior proteção ao trabalhador.
- Exclusão dos trabalhadores jovens e velhos nos países do centro.
- Criou-se, de um lado, em escala minoritária, o "trabalhador 'polivalente e multifuncional', e de outro, uma massa precarizada, sem qualificação, que é atingida pelo desemprego estrutural" (Antunes, 2013a, p. 188-189).

O maior desafio da classe que vive do trabalho, ou seja, da classe trabalhadora, é "soldar os laços de pertencimento de classe existentes entre os diversos segmentos que compreendem o mundo do trabalho" (Antunes, 2013a, p. 189). Em outras palavras, o maior desafio é procurar articular todos os segmentos, desde aqueles que têm um papel central no processo de criação de valor até aqueles à margem do processo produtivo, em condições de precariedade. Nesse sentido, precisam estar agregados e unidos tanto o metalúrgico, com sindicato forte e representativo, quanto o terceirizado (e mesmo o quarterizado), sem representação e precarizado, que trabalham lado a lado na mesma empresa.

Outro desafio é a persistência à alienação. O sistema de produção capitalista não consegue eliminar as diversas forças de estranhamento ou alienação do trabalho, mesmo com o enriquecimento das funções instaurado pelo toyotismo, considerado um *envolvimento manipulatório* do trabalhador (Mészáros, 2002). Esse tipo de estranhamento ou manipulação refere-se às forças que impedem o desenvolvimento da individualidade. O desenvolvimento tecnológico não necessariamente conduz à emancipação humana ou ao desenvolvimento da subjetividade com sentido; ao contrário, pode "desfigurar e aviltar a personalidade humana. [...] ao mesmo tempo que o desenvolvimento tecnológico pode provocar diretamente um crescimento da capacidade humana, pode também, nesse processo, sacrificar os indivíduos e até mesmo classes inteiras" (Lukács, 1979, p. 562) pelo desemprego tecnológico.

Com a passagem do capitalismo industrial ao financeiro e sua consequente desindustrialização, a redução do número de trabalhadores no setor de manufaturas (que hoje não passa de um terço da força de trabalho) e o aumento dos trabalhadores do setor de serviços provocaram o aumento das novas formas de trabalho: em casa, trabalho flexível, de tempo parcial, entre outros. Contudo, nem por isso podemos falar em fim do trabalho, como defendido por Rifkin (1995), ou fim da classe trabalhadora, e nem mesmo das classes sociais, como proposto por Pakulski e Waters (1996).

As pessoas, nas suas diversas formas de trabalho, continuam sendo trabalhadoras, pois vendem de uma forma diferente sua força de trabalho, e as classes sociais que são separadas no capitalismo pelo poder de consumo continuam intactas.

## 6.3
### Trabalho, realização, lazer e ócio criativo

A *concepção sociológica* do tempo livre não é apresentada como tempo de consumo ou ócio: "É um tempo social necessário à integração dos indivíduos à sociedade e de elevação do seu grau de consciência" (Bava Junior, 1990, p. 72), servindo ainda para restabelecer os potenciais físico e psíquico do trabalhador.

O sociólogo italiano Domenico De Masi se tornou conhecido pelo seu conceito de *ócio criativo*, que parte da premissa (posta em prática por empresas como a Google e a Microsoft) de que a criatividade e a inventividade não vêm da pressão ou de um trabalho extenuante, mas dos momentos mais tranquilos e de plena satisfação. Essa concepção do trabalho, contudo, não encontra eco na maior parte das empresas nem no sistema capitalista como um todo, que está ainda, em grande medida, ancorado numa ética de rigidez, severidade e trabalho duro, conforme exposto por Weber em sua obra *A ética protestante e o espírito do capitalismo*. Regido pelo princípio da racionalidade, essa concepção carrega intrinsecamente a ideia da severidade como modo de ser e de se portar no trabalho, incluindo longas jornadas de trabalho. Muitas vezes, os funcionários que não partilham desse ponto de vista (e não agem de acordo com ele) não são levados tão a sério e são vistos como aqueles que não desejam "fazer carreira" na empresa.

### 6.3.1 Os riscos de trabalhar muito

Um estudo publicado pela revista acadêmica da área de saúde *The Lancet* (Kivimäki et al., 2015) mostra que, quanto maior a quantidade de horas de trabalho semanais, maior é o risco de acidentes cardiovasculares cerebrais e doenças cardíacas. Nesse estudo foi realizada a análise de dados de 25 pesquisas, nas quais se monitorou a saúde de 603.838 trabalhadores nos Estados Unidos, Europa e Austrália por até oito anos e meio. A pesquisa evidenciou que as pessoas que trabalham 55 horas ou mais por semana têm 33% mais risco de ter um acidente vascular cerebral do que as que trabalham de 35 a 40 horas; para quem trabalha de 49 a 54 horas semanais, existe um aumento de 27% nesse risco, e de 10% para quem trabalha de 41 a 48 horas semanais. Além disso, um estudo adicional constatou que semanas de 49 horas de trabalho são vinculadas a uma saúde mental inferior, especialmente para mulheres.

Segundo Janlert Urban, um pesquisador da Universidade de Umeå, da Suécia: "Longas horas de trabalho não são uma ocorrência insignificante. [...] Para todos os países da OCDE, uma média de 12% dos homens empregados e de 5% das mulheres trabalham mais de 50 horas por semana" (Science Alert, 2015, tradução nossa).

Assim, o estudo tem implicações sobre a maneira como abordamos o conceito de trabalho e a forma como se organizam as jornadas de trabalho. A tão apregoada racionalidade é questionada nesse estudo, pois os ganhos financeiros de uma jornada de trabalho maior são perdidos pelo alto custo de tratamento médico-hospitalar e pela ausência do trabalho pela doença. Contudo, o problema é que esses custos são absorvidos pelo Estado, na maioria dos países. Apesar disso, não ouvimos constantemente que os recursos humanos são os mais importantes recursos da empresa?

### 6.3.2 Por que não trabalhar menos?

Conforme matéria do portal Science Alert (2015), a Suécia, consciente dos problemas ocasionados por longos expedientes, está se movendo na direção de uma jornada de trabalho de seis horas. Essa mudança já havia sido implementada por diversas empresas em todo o país. Uma delas é a Filimundus, uma desenvolvedora de aplicativos. Assim se exprime Linus Feldt, CEO da empresa:

> *Acho que a jornada de trabalho de oito horas não é tão eficaz quanto se poderia pensar. Ficar focado em uma tarefa específica por oito horas é um enorme desafio. A fim de lidar com esse desafio, nós misturamos as coisas e fazemos pausas para tornar o dia de trabalho mais suportável. Ao mesmo tempo, temos dificuldades em gerir a nossa vida privada fora do trabalho.* (Science Alert, 2015)

Certo é que os funcionários gostaram dessa nova organização do tempo, pois podem passar mais tempo com suas famílias, aprender novas coisas e se exercitar, passando a ter mais tempo para o lazer, como relata o CEO. A fim de fazer frente a essa redução de tempo de trabalho, a empresa solicitou aos empregados que não ficassem em mídias sociais e não se engajassem em distrações durante o horário de trabalho, assim, as reuniões foram reduzidas ao mínimo. E o CEO prossegue em sua narrativa, defendendo que essa nova organização do tempo permitiu pensar "mais intensamente sobre o trabalho que precisa ser feito, pois a pessoa tem mais energia para fazê-lo e ainda tem energia de sobra para aproveitar a vida quando deixa o trabalho ao final do expediente" (Science Alert, 2015, tradução nossa). O pensamento por trás desse movimento é de que, por conta do dia de trabalho condensado, a equipe se torna mais motivada e tem mais energia para produzir mais em um curto período de tempo. Feldt ainda relata que não só a quantidade produzida permaneceu a mesma, mas que também há menos conflitos de pessoal, porque as pessoas são mais felizes e estão mais descansadas.

Outras empresas na Suécia já haviam mudado a jornada de trabalho para seis horas, como já acontece há 13 anos nos centros de serviço da Toyota, em Gotemburgo. Seu diretor-gerente relata que os funcionários estão mais felizes, há um uso mais eficiente das máquinas e menores custos de capital, e que os lucros subiram 25%. Vários outros experimentos de redução da carga horária diária de trabalho continuam sendo feitos na Suécia. Além disso, pelo que mostra a matéria da Science Alert (2015), podemos perceber que essa pode ser uma excelente solução não só para a saúde da população, mas para a economia e a qualidade do trabalho.

Entretanto, apesar de todas as evidências, existe muita dificuldade para se sair do paradigma ético-protestante de organizar o trabalho e entrar no paradigma do ócio criativo. Repete-se à exaustão que as pessoas são o maior capital da empresa, ou seja, um ativo, embora, de maneira contraditória, elas também sejam consideradas custos e colocadas como passivo no balanço contábil.

### 6.3.3 O ócio criativo

Domenico De Masi discorre sobre dois tipos de ócio: um que faz a pessoa se sentir vazia e inútil e outro que a faz se sentir livre e que é necessário à produção de ideias essenciais ao desenvolvimento da sociedade. Esse segundo tipo é o ócio criativo, que deve assumir o protagonismo no trabalho e na vida das pessoas.

É o ócio criativo que incentiva a criação, o que é impedido pela vida atarefada e pelas obrigações que exigem a entrega cronológica de atividades. Isso impede o ser humano em geral e o trabalhador, de forma mais específica, de ser criativo, de ter tempo para usar sua criatividade e, enfim, de produzir com qualidade.

A supervalorização do trabalho duro é a maneira americana de ser (De Masi, 2000b).

O carnaval é a expressão do ócio criativo na visão de De Masi: é lazer, economia e aprendizado ao mesmo tempo. A melhor forma de produzir riqueza é se divertindo. Se o indivíduo não se diverte no trabalho, ele não consegue ser criativo, pois precisa existir motivação para isso (De Masi, 2000b). E a principal produção da sociedade atual é a criatividade.

Nesse sentido, De Masi, em outra obra, *O futuro do trabalho* (2000a), alerta que o principal inimigo da criatividade e da alegria é a burocracia ou a burocratização do trabalho. Nas empresas, a burocracia corre o risco de matar a criatividade; a liderança é legal-burocrática e não carismática, e as relações não são verdadeiras, mas regidas pela ameaça e pelo medo originado da mercantilização. O autor apresenta as organizações sem fins lucrativos como modelo para as organizações mercantis, como veremos adiante.

De Masi ressalta que é contra a preguiça e que sua obra não pode ser assumida como uma apologia à indolência. Todavia, o ócio criativo perpassa o trabalho, o estudo e o lazer, conjugando os três ao mesmo tempo: o trabalho para criar riqueza, o estudo para criar o saber e o lazer para criar alegria e bem-estar. Dessa forma, o ócio criativo pertence não somente ao artista, mas também ao professor e aos profissionais em geral. Trata-se de cada um exercer a sua atividade com alegria e criatividade, e de haver menos separação entre o trabalho e a vida, como se fossem duas instâncias diferentes (De Masi, 2000a).

Por sua vocação turística e destino de residência de aposentados, o Estado de Santa Catarina contratou Domenico de Masi como consultor. O autor afirma que esse estado compreendeu que o futuro do Brasil é feito de ócio criativo, com maior participação do turismo no PIB, incluindo mais cultura e eventos para aumentar o turismo. De acordo com De Masi, enquanto a Espanha e a Itália, por exemplo, têm uma participação considerável do turismo no PIB, no Brasil essa participação é quase insignificante.

### 6.3.4 *Tempo livre e consumo*

As forças de alienação também atingem as esferas do tempo livre e do consumo, que estão submetidas à mesma lógica do capital e de suas necessidades: transformar tudo em mercadoria. Por exemplo, já não se assiste mais a uma novela, pois ela se tornou um produto de consumo para gerar audiência e maior faturamento, e para vender produtos por meio do *merchandising*. Portanto, o consumo se refere aos bens materiais e imateriais.

Antunes (2013a) propõe duas alternativas:

1. A lógica da produção precisa ser alterada: a produção deve ser prioritariamente voltada para o valor de uso, e não para o valor de troca; ou seja, deve produzir não na lógica do mercado, mas na lógica das coisas socialmente úteis. Certamente essa lógica poderia salvar o planeta, tornando-o sustentável com a eliminação da produção destrutiva, podendo o planeta reproduzir-se de maneira não destruidora.

2. "A produção de coisas socialmente úteis deve ter como critério o tempo disponível e não o tempo excedente, que preside a sociedade contemporânea." Isso "abriria possibilidades efetivas para um tempo livre cheio de sentido na esfera do trabalho, o que é uma impossibilidade na sociedade regida pela lógica do capital", na qual o tempo livre "é tempo para consumir mercadorias, sejam elas materiais ou imateriais" (Antunes, 2013a, p. 191-192).

## 6.4
### Tendências e perspectivas do mundo do trabalho

*As máquinas têm* facilitado e realizado o trabalho com mais rapidez e substituído o trabalhador por mais de 250 anos, desde a invenção da bomba d'água e da máquina a vapor no século XIX, que foram os motores da Revolução Industrial. Máquinas hábeis e ágeis, que chamamos de *robôs* e que geram a automação, têm tomado os empregos das pessoas – e mesmo de profissões inteiras, como a de telefonista – e irão continuar com velocidade ainda maior. De tempos em tempos, um novo salto tecnológico acontece, trazendo em seu rastro a eliminação de empregos, mas também a criação de novos – de um modo geral, empregos melhores, mas para poucos. As máquinas vêm substituindo as pessoas, mas os ganhos e os benefícios sociais são imparcialmente distribuídos, sendo os maiores perdedores aqueles deslocados pelas máquinas.

A tendência é de que ocorra o uso intensivo de capital, tanto na indústria quanto nos serviços, e uma baixa intensidade de mão de obra. E o que acontece quando os robôs tomam os empregos das pessoas, e qual é o impacto dessa situação nas políticas públicas? Essa é a pergunta feita por Darrell M. West, do Centro de Pesquisa em Tecnologia do Brookings Institute, um *think tank* americano. E, numa economia que necessita cada vez menos de trabalhadores, o que fazer com a massa trabalhadora deslocada, sobretudo com aqueles que não são qualificados para os reduzidos postos de trabalho que a economia da automação gera?

As máquinas, por meio da evolução tecnológica, executam cada vez mais funções de diversos profissionais e realizam tarefas com precisão cada vez maior, além de proporcionarem maior conforto e qualidade de vida às pessoas, ao mesmo tempo em que também fecham empregos e deslocam trabalhadores de suas atividades – talvez da única que o indivíduo saiba executar. A automação e a robótica não tomam empregos somente da indústria: elas vêm ganhando espaço a passos largos também nos serviços. West alerta que, no setor de serviços, algoritmos de computador podem executar negociações de ações em uma fração de segundo, muito mais rapidamente do que qualquer humano. À medida que essas tecnologias se tornam mais baratas, mais capazes e mais generalizadas, elas irão encontrar ainda mais aplicações em todos os setores da economia (West, 2015).

O problema dos fechamentos e deslocamentos de empregos que a automação e a tecnologia causam não se resume ao trabalhador, mas constitui um problema público que requer políticas públicas adequadas, como explica West (2015). Não se trata apenas de políticas de recolocação dessas pessoas, mas de assistência à saúde, seguro desemprego e aposentadoria (previdência) para quem não contribui mais para o fisco (através do imposto de renda) nem para a previdência. Portanto, trata-se de um problema societário de amplas dimensões, pois há questões profundas envolvendo as políticas públicas baseadas em tecnologias emergentes, a natureza mutável da força de trabalho e o impacto gerado em vários grupos demográficos, de tal modo que se precisa reconfigurar o contrato social e descobrir como produzir benefícios sociais na nova economia que está se desenrolando.

O paradigma tecnológico está mudando, bem como o padrão de emprego. Na medida em que os computadores se tornam mais sofisticados, criativos e versáteis, mais empregos serão afetados pela tecnologia e mais postos de trabalho se tornarão obsoletos (West, 2015).

A abordagem atual vinculada ao emprego de tempo integral certamente não é suficiente para fazer frente às mudanças que já estão em curso e que ainda estão por vir. À medida que as sociedades se desenvolvem e absorvem os padrões tecnológicos relacionados à automação e à robótica, menos trabalhadores serão necessários para executar as tarefas – não somente as básicas, mas também as complexas.

Essa situação representa um enorme desafio, porque não é fácil treinar um grande número de pessoas deslocadas pelas novas tecnologias. Governos, escolas, universidades e empresas têm a responsabilidade de produzir soluções, o que implicará gastos com educação, formação e redesenho de postos de trabalho para a adaptação às competências existentes.

### 6.4.1 Sociedade industrial versus sociedade pós-industrial

O paradigma do ócio criativo é o mesmo da sociedade pós-industrial. A sociedade industrial se caracteriza pela produção em massa de bens materiais (automóveis, geladeiras, aparelhos eletrodomésticos em geral etc.). Já a sociedade pós-industrial leva ao centro do sistema a produção de bens imateriais, como os serviços, a informação, os símbolos, os valores, a estética; enfim, o conhecimento. Por isso, comumente se diz que vivemos na **sociedade do conhecimento**.

Ao passo que a sociedade industrial é centrada no trabalho, a pós-industrial se concentra no tempo livre (De Masi, 2000a). Em plena Revolução Industrial, enquanto Marx escrevia *O capital*, em Manchester, a cidade mais industrializada da época, 94% dos trabalhadores estavam envolvidos em atividades manuais, físicas e repetitivas. Na Era Pós-Industrial, apenas um terço dos trabalhadores (sobretudo imigrantes) está envolvido nesse tipo de atividade, porém, um terço está envolvido em atividades flexíveis que demandam inteligência, e o outro terço trabalha com atividades criativas. Estes são os professores, profissionais liberais, pesquisadores, artistas, entre outros. Para eles, a criatividade é essencial (De Masi, 2000a).

Vivemos em uma era de mudança na qual a organização que executa cede espaço àquela que cria, ou seja, as fábricas abrem espaço para os ateliês de moda, trupes de cinema e laboratórios de pesquisa, o que conduz também a uma mudança de valores.

Os valores da sociedade industrial são a racionalidade, a eficiência, o comando hierárquico (a hierarquia piramidal) e a economia de escala, entre outros. Na sociedade pós-industrial, os valores são a **intelectualização**, a **criatividade**, a **subjetividade** (contraposta à massificação da sociedade industrial), a **emotividade** (contraposta à racionalidade anterior) e a **desestruturação do tempo e espaço** (grande parte dos profissionais trabalha em casa, num café, faz reuniões em hotéis ou em *shoppings* e organiza seu horário de trabalho).

Na sociedade industrial havia o local e o tempo para o trabalho, a família e o lazer. Na sociedade pós-industrial, prima-se pela qualidade de vida e os valores femininos ganham força. Enquanto se equiparam juridicamente os gêneros, as mulheres passam a cultivar valores socialmente tidos como masculinos (como o comando nas empresas e carreira), enquanto os homens passam igualmente a cultivar os valores vistos como femininos, como o cuidado e as tarefas da casa e das crianças. Com isso, surge a **desorientação**, que é a marca dessa fase de passagem, nos âmbitos estético, religioso, político e de gênero (a homossexualidade é vista como estado normal, e não mais como estado patológico ou de culpa) (De Masi, 2000a; Domenico de Masi "Paradigma", 2009).

De Masi (2000a) se questiona sobre como reagir a esses estados de desorientação e responde que se deve reagir com a criatividade. Esta se torna elemento essencial e modifica completamente a relação entre trabalho e tempo livre. Enquanto para o trabalhador manual e repetitivo ainda há essa separação, para o trabalhador criativo ela não existe mais. Se um torneiro mecânico vai ao cinema, ele se diverte. Por outro lado, se um professor ou jornalista vai ao cinema, ele se diverte, trabalha e aprende ao mesmo tempo, pensando em como poderia colocar aquele argumento do filme em sua próxima aula ou matéria. Essa é a situação do ócio criativo, na qual o profissional está simultaneamente trabalhando, divertindo-se e aprendendo. Ócio criativo, portanto, não é preguiça, mas se divertir ao trabalhar e estudar, criando riqueza e aprendizagem, e vice-versa (De Masi, 2000a).

Concluímos este capítulo com as palavras de Luís Antônio Cardoso (2008, p. 22), que afirma que *em virtude da crescente racionalidade, avanço técnico e divisão do trabalho, [ . . . ] os trabalhadores são impedidos de encontrar no trabalho uma atividade plena de significado. Assim, a redução do tempo de trabalho faz-se fundamental para que os indivíduos encontrem na totalidade da vida o desenvolvimento de suas habilidades culturais e cognitivas, até então não mais encontradas no mundo do trabalho.*

Portanto, o futuro do trabalho passa pela solução de questões espinhosas, como a persistente falta de sentido no trabalho, perda do trabalho para a automação e a robótica e a consequente recolocação dos trabalhadores. Certamente as ideias de De Masi, especialmente seu conceito de ócio criativo, no qual conjuga trabalho, estudo e lazer, instigam a pensar soluções e preparar gerações futuras para a economia pós-industrial, também chamada de *economia do conhecimento*.

## Síntese

*Foram necessários milhares* de anos para separar a sociedade rural da industrial; esta, por sua vez, levou apenas 200 anos para fazer surgir a sociedade pós-industrial. Contudo, muitos vivem na sociedade pós-industrial utilizando os paradigmas da sociedade industrial, o que ocasiona grandes desorientações. Os países do centro (ou primeiro mundo) não têm mais interesse em produzir bens materiais, sobretudo os de baixo valor agregado, e transferem a produção para os países da semiperiferia e periferia.

## Indicações culturais

### Livros

DE MASI, D. **O futuro do trabalho**. Brasília: Ed. da UnB, 2000. Recomendamos a leitura dessa obra para você se inteirar, com mais propriedade, sobre as tendências e perspectivas do mundo do trabalho e a sociedade pós-industrial. Pedimos especial atenção à dificuldade que o indivíduo tem ao lidar com o tempo livre.

GENTILI, P.; FRIGOTTO, G. (Compil.). **A cidadania negada**: política de exclusão na política e no trabalho. Buenos Aires: Clacso, 2000. Disponível em: <http://biblioteca.clacso.edu.ar/clacso/gt/20101010020526/gentili.pdf>. Acesso em: 20 jul. 2017. Trata-se de uma obra atual sobre as diversas problemáticas referentes ao trabalho e sua relação com o capital mundo afora.

*Vídeo*

> DOMENICO DE MASI "PARADIGMA". Direção: Rodrigo Roal. Itália: Roma: RROAL Filmes, 2009. Documentário. 27 min.
> Nessa entrevista, De Masi aborda as diferenças e dificuldades de conviver com os paradigmas da sociedade industrial e pós-industrial (ou sociedade do conhecimento) e a desorientação que isso cria na sociedade.

## Atividades de autoavaliação

1. Analise as afirmativas a seguir e assinale V (verdadeiro) ou F (falso):
    ( ) Em países como a Alemanha, nos quais foi retirada a obrigatoriedade de pagamento de um piso mínimo ou salário mínimo ao trabalhador, os salários aumentaram.
    ( ) A terceirização é caracterizada, segundo Ricardo Antunes e Giovanni Alves (2004), pela precarização do trabalho.
    ( ) Pesquisas mostram que o trabalhador terceirizado recebe salário maior e mais treinamento.
    ( ) A sociologia do trabalho analisa seu objeto de estudo como fenômeno global, pois há uma divisão internacional do trabalho e a procura por mão de obra barata faz com que as grandes empresas busquem força de trabalho em todo o mundo.
    ( ) Contrariamente ao mito, o mercado de trabalho desregulamentado ou flexível possibilita maior perda e deslocamento do emprego, pois é muito fácil demitir.

    Agora, assinale a alternativa que apresenta a sequência correta:
    a) V, V, F, V, F.
    b) V, V, F, F, V.
    c) F, F, V, V, V.
    d) F, V, F, V, V.

2. Analise as afirmativas a seguir e assinale V (verdadeiro) ou F (falso):
   ( ) Como os empregados, os patrões também recebem salários, pois é justo que tenham uma remuneração.
   ( ) Trabalhar faz bem à saúde. Portanto, quanto mais horas por semana se trabalha, melhor será a saúde desse trabalhador.
   ( ) À medida que as sociedades se desenvolvem e absorvem os padrões tecnológicos relacionados à automação e à robótica, menos trabalhadores serão necessários para executar as tarefas, mas somente as básicas, pois nas atividades complexas o trabalho humano é imprescindível.
   ( ) Na atualidade, convive-se com valores das sociedades industrial e pós-industrial (ou do conhecimento). Tal fato causa desorientação nas pessoas e na sociedade.

   Agora, assinale a alternativa que apresenta a sequência correta:
   a) F, F, F, V.
   b) V, F, F, F.
   c) F, V, F, V.
   d) V, F, V, V.

3. Marque 1 para as características que definem os valores da sociedade industrial e 2 para aquelas que definem os valores da sociedade pós-industrial:
   ( ) Intelectualização, criatividade, subjetividade.
   ( ) Massificação (contraposta à subjetividade).
   ( ) Emotividade (contraposta à racionalidade).
   ( ) Desestruturação do tempo e espaço.
   ( ) Racionalidade, eficiência, comando hierárquico, economia de escala.

Agora, assinale a alternativa que apresenta a sequência correta.

a) 1, 1, 2, 2, 2.
b) 2, 1, 2, 2, 1.
c) 1, 1, 2, 2, 2.
d) 1, 1, 2, 1, 1.

4. Assinale a alternativa que completa corretamente as lacunas da frase a seguir:

_____ não é renda; salário é _____ pelo trabalho realizado, fruto de um contrato. _____ é receita, lucro, sobra, resultante de investimentos financeiros, valorização na compra e venda de imóveis, obras de arte etc.

a) Salário; renda; remuneração.
b) Remuneração; salário; renda.
c) Salário; remuneração; renda.
d) Renda; salário; remuneração.

5. Marque os itens que caracterizam a terceirização, conforme Ricardo Antunes e Giovanni Alves (2004):

1. Precarização do trabalho
2. Salários maiores que os trabalhadores efetivos
3. Nenhuma ou pouca garantia ao trabalhador ou mesmo à empresa terceirizada
4. Pressão por baixos salários
5. Bom nível de treinamento

Caracterizam a terceirização apenas os itens:
a) 1, 2, 3.
b) 2, 4, 5.
c) 3, 4, 5.
d) 1, 3, 4.

## Atividades de aprendizagem

### Questões para reflexão

1. O que caracteriza o ócio criativo? Em sua opinião, os princípios do ócio criativo e da ética protestante convivem em harmonia? Justifique sua resposta.

2. Segundo De Masi, quais são os valores da sociedade industrial e da pós-industrial e como eles se contrapõem?

3. De acordo com a experiência na Suécia, quais são as vantagens da redução da carga horária diária de trabalho para seis horas? É mais efetivo trabalhar menos horas por dia? Justifique sua resposta.

### Atividade aplicada: prática

1. Levando em consideração o contexto brasileiro, quais são os grandes desafios que a automação e a robótica trazem para os trabalhadores e para a sociedade como um todo? Descreva ao menos três desses desafios diante das transformações que você já vem percebendo.

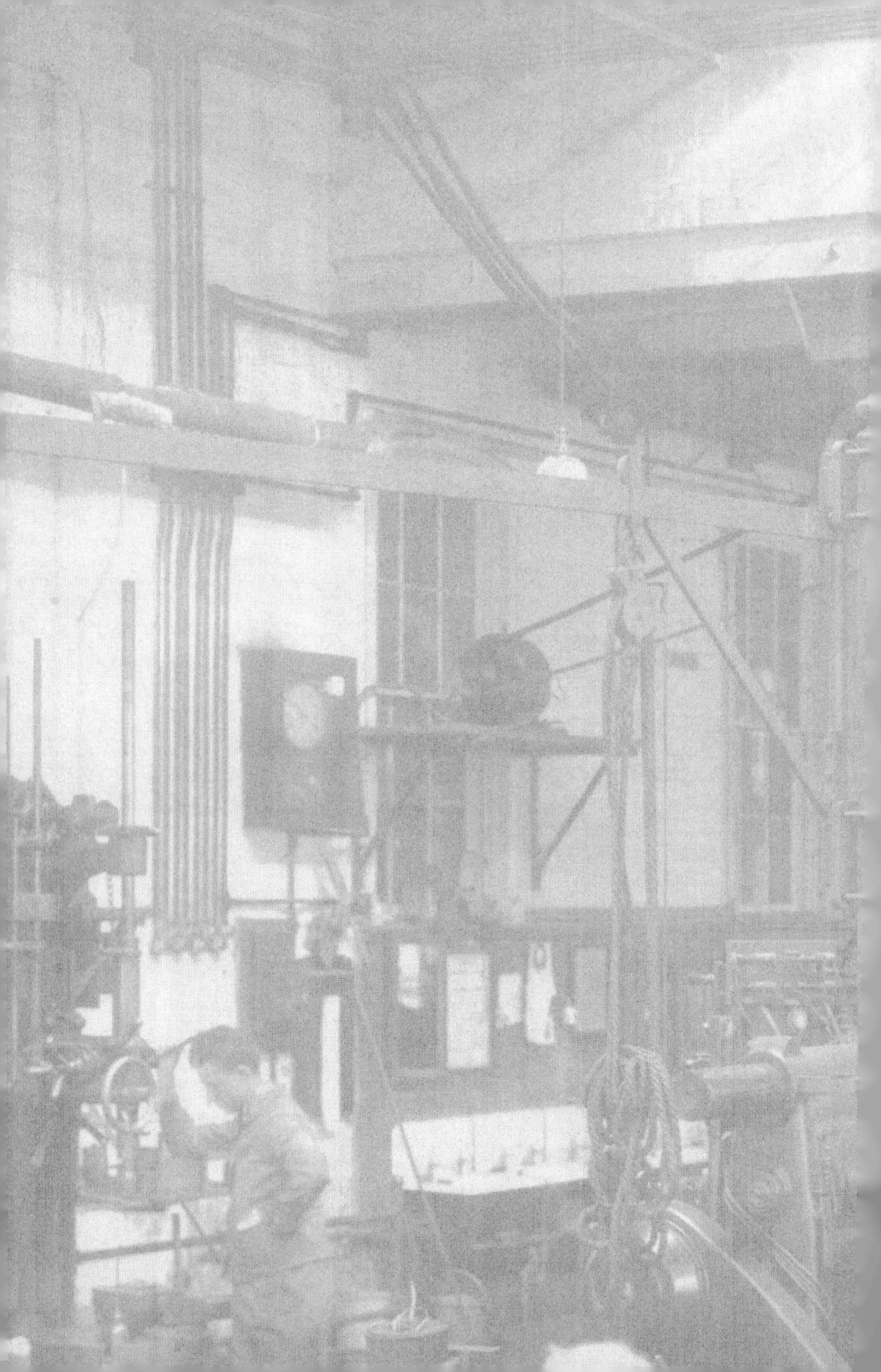

# *considerações finais*

*Nossa trajetória seguiu* um fio condutor, que foi o de apresentar e discutir o lugar do ser humano – entendido como ser social, isto é, um ser que realiza coisas por meio da relação com outros seres humanos – no mundo do trabalho. Nosso percurso incluiu algumas noções da sociologia geral e sua relação com o trabalho. Apresentamos a visão e os questionamentos dos clássicos da sociologia, bem como de outros autores, a respeito do trabalho; estudamos os diferentes modos de produção que existiram na humanidade, evidenciando o capitalismo, sua gênese, seus princípios e suas fases; o cooperativismo e a economia solidária. Abordamos também a questão do trabalho no Brasil, suas políticas de trabalho e sindicalismo e abordamos a precarização do trabalho – que se intensifica não somente no Brasil, mas também no mundo.

Nesse sentido, discutimos as transformações e crises relacionadas ao mundo do trabalho, incluindo fortes críticas já realizadas por Adam Smith (sempre esquecidas pela literatura liberal) e Karl Marx à fragmentação e divisão do trabalho, e os problemas que isso acarreta ao trabalhador. Tratamos também do impacto da globalização e de como as corporações já têm soluções "estratégicas" para reagir a uma maior organização sindical do trabalho. Na sequência, discutimos a centralidade da categoria de trabalho no século XXI e seu valor, questionando se o trabalhador ainda pode se realizar no trabalho, incluindo na abordagem os possíveis danos à saúde física e mental que podem ser gerados pelo excesso de trabalho. Enfim, nossa trajetória também debateu a contribuição das "novas" relações de trabalho, da alta tecnologia e da ciência, as diferentes visões ou valores das sociedades industrial e do conhecimento e o impacto dessas relações na sociedade. Foi por meio dela que procuramos delinear e discutir os principais temas da sociologia do trabalho, pertinentes às demandas de reflexão do mundo do trabalho no século XXI.

A sociologia do trabalho é intrinsecamente empírica, pois se delineia nas relações do trabalhador com a empresa e desta com ele. O trabalhador pode ser o operário de chão de fábrica, da limpeza, terceirizado ou não, o analista do escritório ou fazer parte das chefias e gerências. O fato é que todos vendem sua força de trabalho e recebem em troca um salário, tornando-se uma espécie de mercadoria no mercado de trabalho. A consciência de classe é o antídoto para fazer reverter a desvalorização dessa "mercadoria", que se torna menos valorada que a mercadoria que o trabalhador produz.

Como já na época de Durkheim, a sociedade está doente, sendo necessária uma nova lógica societal, baseada numa crítica profunda à atual desassociabilização da humanidade, à lógica destrutiva do capital-consumo-lucro, na qual até o tempo livre do trabalhador tornou-se fetichizado e, portanto, mercantilizado. Assim, cabe à sociologia do trabalho investigar a sociedade

> *a partir do trabalho como fundamento de sua existência, como mediação reveladora de suas contradições, como fonte diferenciadora dessa prática que oculta seu valor quando realizada sob condições agressivas e destruidoras da integridade daqueles que, no anonimato, movimentam a roda da história de todos os povos contemporâneos.*
> (Bava Junior, 1990, p. 68-69)

Ressaltamos que a contribuição de Marx é fundamental para compreendermos a relação entre capital e trabalho, especialmente no Brasil, onde se tem uma precária distribuição da riqueza gerada e consequente desigualdade social. Esse autor via nessa relação interesses antagônicos – mesmo insolúveis –, visto que por meio dela se manifestam disputas de classes sociais: de um lado, trabalhadores querem melhores salários e condições de trabalho e, de outro, os donos dos meios de produção e do capital querem maiores lucros. Essa relação antagônica tem como consequência a luta de classes. O resultado empírico da relação entre capital e trabalho, na ótica de Marx, é de que existem pessoas lutando para sobreviver (mesmo trabalhando uma jornada semanal de 44 horas) e outras usufruindo do trabalho dessas pessoas, gerando concentração de riqueza nas mãos de poucos. Nesse sentido, o cooperativismo e a economia solidária foram inseridos, nesta obra, como alternativas, pois produzem uma melhor e mais justa distribuição de renda.

Demos destaque também à obra de Wallerstein, que é de grande valia para compreender a divisão internacional do trabalho (definida como *sistema-mundo*) a partir de uma visão mais ampla. Ao analisarmos o sistema-mundo, pudemos verificar de que maneira as grandes potências (países de centro) garantem seu *status* e se beneficiam do sistema vigente ao criarem instituições internacionais para garantir o funcionamento econômico, comercial e mercadológico a nível global, como aponta Martins (2015a). Um exemplo disso é justamente o comércio mundial, em que os países periféricos precisam abrir suas fronteiras, sem restrições, à importação de serviços e bens manufaturados (de alto valor agregado), produzidos pelos países centrais, embora não desfrutem da mesma vantagem quando exportam seus produtos a esses países (Martins, 2015a). Há também a exploração de mão de obra barata em países periféricos onde as leis trabalhistas são mais débeis ou inexistem, para pagar menos aos trabalhadores e auferir maiores lucros. Isso evidencia que os modelos de análise de Marx e Wallerstein continuam atuais e presentes nas estruturas e relações mundiais, sobretudo nas relações de capital-trabalho.

Finalmente, estamos conscientes de que não esgotamos as questões postas pela sociologia do trabalho. Como apresentado ao final do primeiro capítulo, as temáticas são inúmeras e complexas, pois a interface entre trabalho e vida em sociedade é plena. O indivíduo não consegue construir nada sozinho: precisa da sociedade (dos outros, das instituições) – para sobreviver, precisa da coletividade. Sendo o indivíduo um produto da sociedade, ele transforma a natureza e cria os meios de sua sobrevivência a partir do trabalho, e a agenda de pesquisa continua aberta para os desafios colocados e que ainda serão postos pelas atuais e novas relações de trabalho e emprego que emergirem.

*referências*

ADAMS, I.; DYSON, R. W. **50 pensadores políticos essenciais**: da Grécia Antiga aos dias atuais. Rio de Janeiro: Difel, 2006.

ANTUNES, R. (Org.). **Adeus ao trabalho?**: ensaio sobre as metamorfoses e a centralidade do mundo do trabalho. 15. ed. São Paulo: Cortez, 2013a.

ANTUNES, R. **Riqueza e miséria do trabalho no Brasil**. São Paulo: Boitempo, 2013b. 3 v.

ANTUNES, R. **O caracol e sua concha**: ensaios sobre a nova morfologia do trabalho. São Paulo: Boitempo, 2005.

ANTUNES, R. **Os sentidos do trabalho**: ensaio sobre a afirmação e a negação do trabalho. São Paulo: Boitempo, 2009. (Coleção Mundo do Trabalho).

ANTUNES, R.; ALVES, G. As mutações no mundo do trabalho na era da mundialização do capital. **Educação e Sociedade**, Campinas, v. 25, n. 87, p. 335-351, maio/ago. 2004.

ARENDT, H. **A condição humana**. Tradução de Roberto Raposo. Rio de Janeiro: Forense Universitária/Salamandra; São Paulo: Edusp, 1981.

ARON, R. **As etapas do pensamento sociológico**. Tradução de Sérgio Bath. São Paulo: M. Fontes, 2002.

ARRUDA, R. Notas sobre o conceito de indivíduo na teoria social contemporânea: um percurso a partir das obras de Stuart Hall, Norbert Elias, Richard Sennett e Zygmunt Bauman. **Aurora**, Marília, ano 4, n. 6, p. 71-78, ago. 2010.

BATISTA, P. N. **O consenso de Washington**: a visão neoliberal dos problemas latino-americanos. 1994. Disponível em: <http://www.fau.usp.br/cursos/graduacao/arq_urbanismo/disciplinas/aup0270/4dossie/nogueira94/nog94-cons-washn.pdf>. Acesso em: 19 jul. 2017.

BAVA JUNIOR, A. C. **Introdução à sociologia do trabalho**. São Paulo: Ática, 1990.

BELL, D. **O advento da sociedade pós-industrial**: uma tentativa de previsão social. Tradução de Heloysa de Lima Dantas. São Paulo: Cultrix, 1977.

BENJAMIN, W. **O capitalismo como religião**. Tradução de Nélio Schneider. São Paulo: Boitempo, 2013.

BENSAÏD, D. **Marx, o intempestivo**. Tradução de Luiz Cavalcanti de M. Guerra. Rio de Janeiro: Civilização Brasileira, 1999.

BERNABUCCI, C. Ninguém segura o Papa Francisco. **Carta Capital**, 4 set. 2015. Política. Disponível em: <http://www.cartacapital.com.br/revista/865/ninguem-segura-o-papa-francisco-3477.html>. Acesso em: 19 jul. 2017.

BOBBIO, N. **Direita e esquerda**: razões e significados de uma distinção política. Tradução de Marco Aurélio Nogueira. São Paulo: Ed. da Unesp, 2001.

BRAGA, R. **A política do precariado**: do populismo à hegemonia lulista. São Paulo: Boitempo, 2012.

BRASIL. Constituição (1988). **Diário Oficial da União**, Brasília, DF, 5 out. 1988. Disponível em: <http://www.planalto.gov.br/ccivil_03/Constituicao/Constituicao.htm>. Acesso em: 19 jul. 2017.

BRASIL. Decreto n. 979, de 6 de janeiro de 1903. **Coleção das Leis do Brasil**, Poder Executivo, Rio de Janeiro, 6 jan. 1903. Disponível em: <https://www.planalto.gov.br/ccivil_03/decreto/historicos/dpl/dpl979.htm>. Acesso em: 19 jul. 2017.

BRASIL. Decreto n. 1.313, de 17 de janeiro de 1891. **Coleção das Leis do Brasil**, Poder Executivo, Rio de Janeiro, 24 fev. 1891. Disponível em: <http://www2.camara.leg.br/legin/fed/decret/1824-1899/decreto-1313-17-janeiro-1891-498588-publicacaooriginal-1-pe.html>. Acesso em: 19 jul. 2017.

BRASIL. Decreto n. 1.637, de 5 de janeiro de 1907. **Coleção das Leis do Brasil**, Poder Executivo, Rio de Janeiro, 11 jan. 1907. Disponível em: <http://www2.camara.leg.br/legin/fed/decret/1900-1909/decreto-1637-5-janeiro-1907-582195-publicacaooriginal-104950-pl.html>. Acesso em: 7 jun. 2017.

BRASIL. Lei n. 62, de 5 de junho de 1935. **Diário Oficial da União**, Poder Legislativo, Rio de Janeiro, 18 jun. 1935. Disponível em: <http://www.planalto.gov.br/ccivil_03/leis/1930-1949/L0062.htm>. Acesso em: 7 jun. 2017.

BRASIL. Lei n. 396, de 2 de setembro de 1846. **Coleção das Leis do Império do Brasil**, Poder Legislativo, Rio de Janeiro, 31 dez. 1846. Disponível em: <http://legis.senado.gov.br/legislacao/ListaTextoIntegral.action?id=65272&norma=81181>. Acesso em: 7 jun. 2017.

BRASIL. Lei n. 3.071, de 1º de janeiro de 1916. **Coleção das Leis do Império do Brasil**, Poder Legislativo, Rio de Janeiro, 1 jan. 1916. Disponível em: <http://www.planalto.gov.br/ccivil_03/leis/L3071.htm>. Acesso em: 7 jun. 2017.

BRASIL. Ministério do Trabalho e Emprego. Conselho Nacional de Economia Solidária. **1º Plano Nacional de Economia Solidária (2015-2019)**. Brasília, 2015. Disponível em: <http://trabalho.gov.br/images/Documentos/EconomiaSolidaria/PlanoNacionalEcoSol.pdf>. Acesso em: 19 jul. 2017.

BRAVERMAN, H. **Trabalho e capital monopolista**: a degradação do trabalho no século XX. 3. ed. Rio de Janeiro: LTC, 1987.

BUENO, F. M. A crítica da "centralidade" do trabalho e da teoria valor trabalho na abordagem de Habermas. **Pós**, Brasília, DF, v. 12, n. 1, p. 195-213, 2013. Disponível em: <http://periodicos.unb.br/index.php/revistapos/article/view/10980/7851>. Acesso em: 31 maio 2017.

CARBONOBRASIL. **A empresa**. Disponível em: <http://www.carbonobrasil.com.br/#a_empresa>. Acesso em: 19 jul. 2017.

CARDOSO, A. M. **A construção da sociedade do trabalho no Brasil**: uma investigação sobre a persistência secular das desigualdades. Rio de Janeiro: Ed. da FGV; Faperj, 2010.

CARDOSO, L. A. A centralidade da categoria trabalho: uma análise crítica do debate sociológico contemporâneo. **Confluências**, Niterói, v. 10, n. 1, p. 11-41, 2008. Disponível em: <http://www.confluencias.uff.br/index.php/confluencias/article/viewFile/11/2>. Acesso em: 31 maio 2017.

CHANG, H.-J. **Chutando a escada**: a estratégia do desenvolvimento em perspectiva histórica. Tradução de Luiz Antônio Oliveira de Araújo. São Paulo: Ed. da Unesp, 2004.

COMTE, A. **Curso de filosofia positiva**. São Paulo: Abril Cultural, 1983. (Coleção Os Pensadores).

COOPERATIVISMO. In: **Nova Enciclopédia Barsa**. São Paulo: Encyclopaedia Britannica do Brasil Publicações, 1998. v. 4.

COSTA, F. 569 projetos de lei do Congresso tentam impor mudanças na CLT. **G1**, 1º maio 2013. Política. Disponível em: <http://g1.globo.com/politica/noticia/2013/05/569-projetos-de-lei-do-congresso-tentam-impor-mudancas-na-clt.html>. Acesso em: 19 jul. 2017.

CROZIER, M. Sociologia do sindicalismo. In: FRIEDMANN, G.; NAVILLE, P. (Org.). **Tratado de sociologia do trabalho**. São Paulo: Cultrix, 1973. v. 2. p. 202-228.

DE MASI, D. **O futuro do trabalho**. Brasília: Ed. da UnB, 2000a.

DE Masi, D. **O ócio criativo**. Tradução de Léa Manzi. Rio de Janeiro: Sextante, 2000b.

DELGADO, M. G. **Curso de direito do trabalho**. 12. ed. São Paulo: LTr, 2013.

DOCKRILL, P. Working Long Hours is Linked to a Significantly Higher Risk of Stroke. **Science Alert**, 21 ago. 2015. Disponível em: <http://www.sciencealert.com/working-long-hours-is-linked-to-a-significantly-higher-risk-of-stroke>. Acesso em: 19 jul. 2017.

DOMENICO de Masi "Paradigma". Direção: Rodrigo Roal. Itália: RROAL Filmes, 2009. Documentário. 27 min.

DURKHEIM, E. **As regras do método sociológico**. 2. ed. São Paulo: Abril Cultural, 1983. (Coleção Os Pensadores).

DURKHEIM, E. **Da divisão do trabalho social**. Tradução de Eduardo Brandão. São Paulo: M. Fontes, 1995.

DURKHEIM, E. **Educação e sociologia**. São Paulo: Melhoramentos, 1978.

EDGELL, S. The sociology of work. 2. ed. Thousand Oaks: Sage Publications, 2012.

ENGELS, F. **A origem da família, da propriedade privada e do Estado**. Rio de Janeiro: Civilização Brasileira, 1984.

FAUSTO, B. **Crime e cotidiano**: a criminalidade em São Paulo (1890-1924). São Paulo: Brasiliense, 1984.

FILOMENO, F. A. A mudança institucional em perspectiva histórico-mundial: competição transnacional e propriedade intelectual na agricultura de soja da América do Sul. In: VIEIRA, P. A.; VIEIRA, R. de L.; FILOMENO, F. A. (Org.). **O Brasil e o capitalismo histórico**: passado e presente na análise dos sistemas-mundo. São Paulo: Cultura Acadêmica, 2012. p. 297-327.

FORACCHI, M. M.; PEREIRA, L. **Educação e sociedade**: leituras de sociologia da educação. São Paulo: Ed. Nacional, 1967.

FREUD, S. **O mal-estar na civilização**. Tradução de Paulo César de Souza. São Paulo: Penguin/Companhia das Letras, 2011.

FRIEDMANN, G.; NAVILLE, P. (Org.). **Tratado de sociologia do trabalho**. São Paulo: Cultrix, 1973. v. 2.

GAIGER, L. I. A economia solidária diante do modo de produção capitalista. **Cadernos CRH**, Salvador, n. 39, p. 181-211, jul./dez. 2013.

GERTH, H. H.; Wright Mills, C. O homem e sua obra. In: WEBER, M. **Ensaios de sociologia**. 5. ed. Tradução de Waltensir Dutra. Rio de Janeiro: LTC, 2002. p. 13-93.

GIDDENS, A. **As consequências da modernidade**. Tradução de Raul Fiker. 5. reimp. São Paulo: Ed. Unesp, 1991.

GIDDENS, A. **Capitalismo e moderna teoria social**. Tradução de Maria do Carmo Cary. 7. ed. Barcarena: Presença, 2011.

GIDDENS, A. **Em defesa da sociologia**: ensaios, interpretações e tréplicas. Tradução de Silvana Vieira e Roneide Venâncio Major. São Paulo: Ed. da Unesp, 2001.

GIDDENS, A. **Política, sociologia e teoria social**: encontros com o pensamento social clássico e contemporâneo. Tradução de Cibele Saliba Rizek. São Paulo: Ed. da Unesp, 1998.

GOMES, A. de C. **A invenção do trabalhismo**. Rio de Janeiro: Vértice; Iuperj, 1988.

GORZ, A. **Adeus ao proletariado**: para além do socialismo. Tradução de Angela Ramalho Vianna e Sérgio Goes de Paula. Rio de Janeiro: Forense Universitária, 1982.

GORZ, A. **Crítica da divisão do trabalho**. São Paulo: M. Fontes, 1996.

GUERREIRO RAMOS, A. **A nova ciência das organizações**: uma reconceituação da riqueza das nações. 2. ed. Rio de Janeiro: Ed. da FGV, 1989.

GUIMARÃES, N. A. A sociologia dos mercados de trabalho, ontem e hoje. **Novos Estudos**, São Paulo, n. 85, p. 151-170, nov. 2009. Disponível em: <http://www.scielo.br/scielo.php?script=sci_arttext&pid=S0101-33002009000300007>. Acesso em: 31 maio 2017.

HABERMAS, J. **Técnica e ciência como "ideologia"**. Tradução de Artur Morão. Lisboa: Edições 70, 1968.

HALL, P. A.; TAYLOR, R. C. R. Political Science and the Three New Institutionalisms. **Political Studies**, v. 44, n. 5, p. 936-957, 1996. Disponível em: <http://www.mpifg.de/pu/mpifg_dp/dp96-6.pdf>. Acesso em: 31 maio 2015.

HALL, S. **A identidade cultural na pós-modernidade**. 11. ed. Rio de Janeiro: DP&A, 2006.

HEGEL, G. W. F. **Princípios da filosofia do direito**. Tradução de Orlando Vitorino. São Paulo: M. Fontes, 2000.

HELD, D.; MCGREW, A. **Prós e contras da globalização**. Rio de Janeiro: Zahar, 2001.

HOBBES, T. **Leviatã**. São Paulo: Abril Cultural, 1999. (Coleção Os Pensadores).

HOLLOWAY, T. H. **Polícia no Rio de Janeiro**: repressão e resistência numa cidade do século XIX. Rio de Janeiro: Ed. da FGV, 1997.

IANNI, O. **A sociologia e o mundo moderno**. São Paulo: Educ, 1988.

IANNI, O. A sociologia e o mundo moderno. **Tempo Social**, São Paulo, v. 1, n. 1, p. 7-27, 1989.

ICA – International Co-Operative Alliance. **Co-Operative Identity, Values and Principles**. Disponível em: <http://ica.coop/en/whats-co-op/co-operative-identity-values-principles>. Acesso em: 19 jul. 2017.

KAGAN, R. **The world America made**. New York: Alfred A. Knopf, 2012.

KALLEBERG, A.; SORENSEN, A. The sociology of labor markets. **Annual Review of Sociology**, v. 5, p. 351-379, 1979.

KIVIMÄKI, M. et al. Long working hours and risk of coronary heart disease and stroke: a systematic review and meta-analysis of published and unpublished data for 603 838 individuals. **The Lancet**, v. 386, n. 10.005, p. 1739-1746, 2015. Disponível em: <http://www.thelancet.com/pdfs/journals/lancet/PIIS0140-6736(15)60295-1.pdf>. Acesso em: 19 jul. 2017.

KOENIG, S. **Elementos de sociologia**. 2. ed. Tradução de Vera Borda. Rio de Janeiro: Zahar, 1970.

KONDER, L. **Hegel**: a razão quase enlouquecida. Rio de Janeiro: Campus, 1991.

LALLEMENT, M. **Histórias das ideias sociológicas**: das origens a Max Weber. Petrópolis: Vozes, 2003. v. 1.

LÊNIN, V. I. **O Estado e a revolução**: o que ensina o marxismo sobre o Estado e o papel do proletariado na revolução. São Paulo: Expressão Popular, 2010.

LOCKE, J. **Segundo tratado sobre o governo civil**. São Paulo: Abril Cultural, 1978. (Coleção Os Pensadores).

LOCKE, J. **Dois tratados sobre o governo**. São Paulo: M. Fontes, 1998.

LOWI, T. Four Systems of Policy, Politics, and Choice. **Public Administration Review**, v. 32, n. 4, p. 298-310, July/Aug. 1972.

LUKÁCS, G. **Ontologia do ser social**. São Paulo: Ciências Humanas, 1979.

MAGALHÃES, T. C. de. A atividade humana do trabalho [Labor] em Hannah Arendt. **Ética e Filosofia Política**, Juiz de Fora, v. 9, n.1, p. 1-54, 2006. Disponível em: <http://www.ufjf.br/eticaefilosofia/files/2010/03/9_1_theresa.pdf>. Acesso em: 5 jun. 2017.

MANNHEIM, K. **Man and society in Age of Reconstruction**. New York: Harcourt, Brace and Company, 1940.

MANNHEIM, K. O problema de uma sociologia do conhecimento. In: MANNHEIM, K.; MERTON, R. K.; WRIGHT MILLS, C. **Sociologia do conhecimento**. Rio de Janeiro: Zahar, 1967.

MARCUSE, H. **A ideologia da sociedade industrial**: o homem unidimensional. Tradução de Giasone Rebuá. Rio de Janeiro: Zahar, 1973.

MARQUES, E.; FARIA, C. A. P. (Org.). **A política pública como campo multidisciplinar**. São Paulo: Ed. da Unesp; Rio de Janeiro: Ed. Fiocruz, 2013.

MARTINACHE, I. Les grands penseurs de la société. **Alternatives Economiques**, n. 2, 1º Sept. 2015. Disponível em: <http://www.alternatives-economiques.fr/grands-penseursde-societe/00059718>. Acesso em: 19 jul. 2017.

MARTINS, J. R. Immanuel Wallerstein e o sistema-mundo: uma teoria ainda atual? **Iberoamérica Social**, Sevilha, v. 3, n. 5, p. 95-108, 30 nov. 2015a. Disponível em: <http://iberoamericasocial.com/immanuel-wallerstein-e-o-sistema-mundo-uma-teoria-ainda-atual/>. Acesso em: 7 jul 2017.

MARTINS, J. R. O Estado e as políticas públicas: um embate em torno de ideias e interesses. In: SEMINÁRIO NACIONAL DE SOCIOLOGIA E POLÍTICA, 6., 2015, Curitiba. **Anais**... Curitiba: UFPR, 2015b.

MARX, K. **Contribuição à crítica da economia política**. São Paulo: M. Fontes, 1983.

MARX, K. **Crítica da filosofia do direito de Hegel**. São Paulo: Boitempo, 2010.

MARX, K. **O capital**: crítica da economia política. Tradução de Francisco de Oliveira. São Paulo: Boitempo, 2013. v. 1: O processo de produção do capital.

MARX, K. Prefácio. In: MARX, K. **Para a crítica da economia política**. São Paulo: Abril Cultural, 1974. (Coleção Os Pensadores). p. 133-138.

MARX, K.; ENGELS, F. **A ideologia alemã**. Tradução de Luciano Cavini Martorano, Nélio Schneider e Rubens Enderle. São Paulo: Boitempo, 2007.

MARX, K.; Engels, F. **O manifesto comunista**. Tradução de Maria Lucia Como. 16. ed. Rio de Janeiro: Paz e Terra, 2006.

MAXIMIANO, A. C. A. **Teoria geral da administração**: da revolução urbana à revolução digital. 3. ed. São Paulo: Atlas, 2009.

MEES, H. The False Panacea of Labor-market Flexibility. **Project Syndicate**, 22 mar. 2011. Disponível em: <https://www.project-syndicate.org/commentary/the-false-panacea-of-labor-market-flexibility>. Acesso em: 7 out. 2016.

MELLO E SILVA, L. O trabalho numa era de indeterminação. In: ARAÚJO, S. M. de; FERRAZ, M. (Org.). **Trabalho e sindicalismo**: tempo de incertezas. São Paulo: LTr, 2006. p. 17-44.

METADE da riqueza mundial está nas mãos de 1% da população, diz estudo. **UOL**, São Paulo, 13 out. 2015. Economia. Disponível em: <http://economia.uol.com.br/noticias/redacao/2015/10/13/metade-da-riqueza-mundial-esta-nas-maos-de-1-da-populacao-diz-estudo.htm>. Acesso em: 22 jul. 2017.

MÉSZÁROS, I. **Filosofia, ideologia e ciência social**: ensaios de negação e afirmação. Tradução de Ester Vaisman. São Paulo: Boitempo, 2011.

MÉSZÁROS, I. **Para além do capital**: rumo a uma teoria da transição. São Paulo: Boitempo, 2002.

MICHELS, R. **Les partis politiques**: essai sur lês tendances oligarchiques dês démocraties. Paris: Flammarion, 1971.

MILIBAND, R. Análise de classes. In: GIDDENS, A.; TURNER, J. (Org.). **Teoria social hoje**. São Paulo: Ed. da Unesp, 1999. p. 471-501.

MILLS, J. S. **O utilitarismo**. São Paulo: M. Fontes, 2000.

MOUSSALLEM, M. **Terceiro setor**: um ator estratégico para o desenvolvimento humano. São Paulo: Plêiade, 2014.

MULLER, P.; SUREL, Y. **A análise das políticas públicas**. Pelotas: Educat, 2004.

NAVILLE, P. O trabalho assalariado e seu valor. In: FRIEDMANN, G.; NAVILLE, P. (Org.) **Tratado de sociologia do trabalho**. São Paulo: Cultrix, 1973. V. 2. p. 133-157.

NETTO, J. P. Relendo a teoria marxista da história. In: SAVIANI, D.; LOMBARDI, J. C.; Newman, M. **Socialism**: a very short introduction. Oxford: Oxford University Press, 2005.

OCB – Organização das Cooperativas Brasileiras. **História do cooperativismo**. Disponível em: <http://www.ocb.org.br/#/historia-do-cooperativismo>. Acesso em: 19 jul. 2017.

OFFE, C. **Capitalismo desorganizado**: transformações contemporâneas do trabalho e da política. São Paulo: Brasiliense, 1989.

OFFE, C. **Problemas estruturais do estado capitalista**. Rio de Janeiro: Tempo Brasileiro, 1984.

OIT – Organização Internacional do Trabalho. **Convenção n. 12**: Indenização por acidente de trabalho na agricultura. Disponível em: <http://www.oitbrasil.org.br/node/398>. Acesso em: 7 jun. 2017.

OLIVEIRA, O. M. de. **Teorias globais e suas revoluções**: impérios de poder e modos de produção. Ijuí: Ed. da Unijuí, 2005. v. 2.

OLIVEIRA, R. de C. da. S. A formação do ser social. In: OLIVEIRA, R. de C. da. S. et al. **Sociologia**: consensos e conflitos. Ponta Grossa: Ed. da UEPG, 2001. p. 9-21.

Pakulski, J.; Waters, M. **The death of class**. Londres: Sage Publications, 1996.

Pikety, T. **O capital no século XXI**. Rio de Janeiro: Intrínseca, 2014.

Pochmann, M. **O emprego na globalização**: a nova divisão internacional do trabalho e os caminhos que o Brasil escolheu. São Paulo: Boitempo,1999.

Polônio, W. A. **Manual das sociedades cooperativas**. 2. ed. São Paulo: Atlas, 1999.

Portal Brasil Cooperativo. **Forma ideal de organização**. Disponível em: <http://www.brasilcooperativo.coop.br/site/cooperativismo/institucional.asp>. Acesso em: 7 jul. 2017a.

Portal Brasil Cooperativo. **Princípios**. Disponível em: <http://www.brasilcooperativo.coop.br/site/cooperativismo/principios.asp>. Acesso em: 7 jul. 2017b.

Poulantzas, N. **Poder político e classes sociais**. São Paulo: M. Fontes, 1986.

Prefeitura Municipal de Curitiba. **Economia Solidária**. Curitiba, 2012.

Quintaneiro, T.; Barbosa, M. L. de O.; Oliveira, M. G. M. de. **Um toque de clássicos**: Marx, Durkheim e Weber. 2. ed. rev. e ampl. Belo Horizonte: Ed. da UFMG, 2003.

Reisdorfer, V. K. **Cooperativismo – EaD**. Santa Maria: Universidade Federal de Santa Maria/Colégio Politécnico; Rede e-Tec Brasil, 2014.

Rifkin, J. **O fim dos empregos**. São Paulo: Makron Books, 1995.

Rousseau, J.-J. **O contrato social**: princípios do direito político. São Paulo: M. Fontes, 2006.

SANFELICE, J. L. (Org.). **História e história da educação**: o debate teórico-metodológico atual. Campinas: Autores Associados; HISTEDBR, 1998. p. 50-64.

SALM, C. Desenvolvimento econômico: conceitos básicos e problemas brasileiros. In: BIASATO JUNIOR, G.; PALMA E SILVA, L. A. (Org.). **O desenvolvimento em questão**. São Paulo: Fundap, 2010. p. 9-28.

SANTA CATARINA. Secretaria do Estado da Educação. **Caderno pedagógico**: Sociologia. Florianópolis: 2012. Disponível em: <http://www.sed.sc.gov.br/documentos/cadernos-pedagogicos-012-326/1215-3-sociologia-2234/file> Acesso em: 5 jun. 2017.

SANTANA, G. **O golpe rasteiro da terceirização**. 2011. Disponível em: <http://bancariose.com.br/conteudo/527/o-golpe-rasteiro-da-terceirizacao>. Acesso em: 31 maio 2017.

SANTOS, B. DE S. (Org.). **A globalização e as ciências sociais**. 3. ed. São Paulo: Cortez, 2005.

SALVADOR, E. **Perfil da desigualdade e da injustiça tributária**: com base nos declarantes de imposto de renda no Brasil 2007-2013. Brasília: Instituto de Estudos Socioeconômicos – 2016.

SCIENCE ALERT. **Sweden is shifting to a 6-hour Work Day**. 30 set. 2015. Disponível em: <http://www.sciencealert.com/sweden-is-shifting-to-a-6-hour-workday>. Acesso em: 7 jul. 2017.

SELL, C. E. **Sociologia clássica**: Marx, Weber e Durkheim. 2. ed. Petrópolis: Vozes, 2010.

SEN, A. **Desenvolvimento como liberdade**. São Paulo: Companhia das Letras, 2010.

SENDIN, T. Como lidar com os desmotivados crônicos? **Exame**, 10 mar. 2013. Você RH. Disponível em: <http://exame.abril.com.br/revista-voce-rh/edicoes/25/noticias/desmotivados-cronicos>. Acesso em: 7 jul. 2017.

SILVA, J. A. A época do jornalismo "sem escrúpulo". **Sul21**, 30 abr. 2015. Disponível em: <http://www.sul21.com.br/jornal/325aepoca-do-jornalismo-sem-escrupulos-por-jose-antonio-silva/>. Acesso em: 22 jun. 2017.

SILVA, J. P. A crise da sociedade do trabalho em debate. **Lua Nova**, n. 35, p. 167-181, 1995. Disponível em: <http://www.scielo.br/scielo.php?pid=S0102-64451995000100008&script=sci_abstract&tlng=pt>. Acesso em: 31 maio 2017.

SILVER, B. J. **Forças do trabalho**: movimentos de trabalhadores e globalização desde 1870. Tradução de Fabrizio Rigout. São Paulo: Boitempo, 2005.

SINGER, P. Economia solidária. **Estudos Avançados**, São Paulo, v. 22, n. 62, p. 288-314, jan./abr. 2008. Entrevista.

SWIFT, D. F. **A sociologia da educação**. São Paulo: Atlas, 1977.

TOURAINE, A. Poder e decisão na empresa. In: FRIEDMANN, G.; NAVILLE, P. (Org.). **Tratado de sociologia do trabalho**. São Paulo: Cultrix, 1973. v. 2. p. 11-54.

VILLAR, M. V. P. C. Desenvolvimento histórico da legislação trabalhista no Brasil. **Portal Via Jus**, 7 nov. 2006. Disponível em: <http://www.viajus.com.br/viajus.php?pagina=artigos&id=577>. Acesso em: 7 jul. 2017.

VISSENTINI, P. F. **O caótico século XXI**. Rio de Janeiro: Alta Books, 2015.

VISSER, J. Wage Bargaining Institutions: from Crisis to Crisis. **Economic Papers**, Bruxelas, n. 488, 2013.

WALLERSTEIN, I. **O sistema mundial moderno**. Porto: Afrontamentos, 1974.

WALLERSTEIN, I. A análise dos sistemas-mundo como movimento do saber. In: VIEIRA, P. A.; VIEIRA, R. L.; FILOMENO, F. A. (Org.). **O Brasil e o capitalismo histórico**: passado e presente na análise dos sistemas-mundo. São Paulo: Cultura Acadêmica, 2012. p. 17-28.

WEBER, M. **A ética protestante e o espírito do capitalismo**. São Paulo: M. Claret, 2006.

WEBER, M. **Economia e sociedade**. Brasília: Ed. da UnB, 1991.

WEBER, M. **Ensaios de sociologia**. 5. ed. Rio de Janeiro: Guanabara Koogan, 2002.

WEST, D. What happens if robots take the jobs? The Impact of Emerging Technologies on Employment and Public Policy. **Center for Technology Innovation at Brookings**, New York, Oct. 2015. p. 1-22. Disponível em: <https://www.brookings.edu/wp-content/uploads/2016/06/robotwork.pdf>. Acesso em: 31 maio 2017.

# *bibliografia comentada*

GIDDENS, A. **Capitalismo e moderna teoria social**. Tradução de Maria do Carmo Cary. 7. ed. Barcarena: Presença, 2011.

Com um prisma ideológico de centro, Giddens faz uma excelente análise dos conceitos centrais das obras de Marx e de Weber. Para você compreender melhor o sistema de produção capitalista, recomendamos a leitura dos capítulos 2 ("O materialismo histórico",

p. 48-68), 3 ("As relações de produção e a estrutura de classes", p. 69-82), 4 ("A teoria do desenvolvimento capitalista", p. 83-105), 9 ("Max Weber: o protestantismo e o capitalismo", p. 175-190), 12 ("A racionalização, as religiões mundiais e o capitalismo ocidental", p. 233-251), 13 ("A influência de Marx", p. 255-278), 14 ("Religião, ideologia e sociedade", p. 279-300) e 15 ("A diferenciação social e a divisão do trabalho") (p. 301-320).

MARX, K.; ENGELS, F. **O manifesto comunista**. 16. ed. Rio de Janeiro: Paz e Terra, 2006.

Recomendamos a leitura de toda a obra, pois trata-se de um livreto escrito como panfleto para despertar a consciência de classe dos trabalhadores e chamá-los à união.

MILIBAND, R. Análise de classes. In: GIDDENS, A.; TURNER, J. (Org.). **Teoria social hoje**. São Paulo: Ed. da Unesp, 1999. p. 471-501.

Dessa importante obra que aborda a natureza da ciência e seu tema central, recomendamos o capítulo escrito por Miliband, que faz uma sólida e ampla análise das classes sociais.

MOUSSALLEM, M. **Terceiro setor**: um ator estratégico para o desenvolvimento humano. São Paulo: Plêiade, 2014.

Nessa obra, Moussallem analisa, com base na economia solidária e no terceiro setor, as principais premissas, enfoques e indicadores de desenvolvimento – principalmente de desenvolvimento humano. Sugerimos a leitura dos dois primeiros capítulos: "Aproximações históricas e conceituais do terceiro setor" (p. 23-44) e "Abordagem histórico-conceitual do desenvolvimento", incluindo os subtítulos: "Premissas e concepções do desenvolvimento, enfoques teóricos do desenvolvimento na América Latina, no Brasil" e "Novas concepções e indicadores de desenvolvimento humano" (p. 45-101).

QUINTANEIRO, T. et al. **Um toque de clássicos**: Marx, Durkheim e Weber. 2. ed. rev. e ampl. Belo Horizonte: Ed. da UFMG, 2003.

Recomendamos a leitura atenta desta obra, pois o texto é muito denso. Sugerimos particularmente a leitura da introdução ao capítulo 3 (p. 9-149), sendo que nos capítulos 1, 2 e 3 são abordados os três autores clássicos (com enfoque nos seus conceitos). Os conceitos relacionados à sociologia do trabalho estão presentes em toda a obra, especialmente no capítulo reservado à Marx, no qual as autoras abordam a dialética e o materialismo, as necessidades de produção e reprodução, forças produtivas e relações sociais de produção, bem como a estrutura e a superestrutura (sistemas de ideias e ideologias), as classes sociais, o trabalho e a alienação.

SELL, C. E. **Sociologia clássica**: Marx, Weber e Durkheim. 2. ed. Petrópolis: Vozes, 2010.

Para uma visão mais ampla do surgimento da sociologia, sugerimos a leitura do capítulo 1 (p. 15-36). Já para aprofundar seu conhecimento nos autores clássicos da sociologia (Durkheim, Marx e Weber), sugerimos a leitura dos capítulos 2, 3 e 4 (p. 37-144). Em cada um desses capítulos, o autor aborda um dos autores clássicos, apresentando a vida, a obras e as ideias sociológicas e políticas centrais dele. A compreensão de sociedade e da política desses autores expostas nessa obra fornecem subsídios importantes para compreender a sociedade de hoje e suas relações de trabalho.

WEBER, M. **A ética protestante e o espírito do capitalismo**. São Paulo: M. Claret, 2006.

Sugerimos a leitura dos capítulos 2 ("O espírito do capitalismo", p. 183-206) e 5 ("A ascese e o espírito do capitalismo", p. 207-237). Esses dois capítulos cobrem bem o que nos interessa: a afinidade eletiva que existiu no protestantismo e no capitalismo, auxiliando no desenvolvimento deste último.

WEBER, M. **Ensaios de sociologia**. 5. ed. Rio de Janeiro: Guanabara Koogan, 2002.

Para você compreender melhor a organização econômica rural, sugerimos a leitura do capítulo 14 ("Capitalismo e sociedade rural na Alemanha"). Nele, Weber trata do desenvolvimento do capitalismo na Alemanha Oriental - área predominantemente rural que manteve, até o século XIX, traços do modo de produção feudal.

WEBER, M. **História geral da economia**. São Paulo: Abril Cultural, 1974. (Coleção Os Pensadores, v. 37).

Sugerimos a leitura do capítulo 4 ("Origem do capitalismo moderno", p. 125-180), no qual Weber apresenta uma análise histórica do surgimento do capitalismo.

# *respostas*

## Capítulo 1

*Atividades de autoavaliação*

1. c
2. d
3. d
4. c
5. d

## Atividades de aprendizagem

**Questões para reflexão**

1. As máquinas alteraram as interações humanas, aumentaram a produtividade e instauraram novas classes sociais (burguesia e proletariado). Os trabalhadores deixaram o campo ou foram forçados a isso, seja pelo fenômeno do cercamento e pelo aumento da produtividade no campo, seja pela migração da agricultura à criação de ovelhas (para o fornecimento de lã à indústria têxtil). Além da migração do campo, os donos e as famílias que viviam da produção de seu ateliê tornaram-se trabalhadores assalariados da indústria por não conseguirem acompanhar a competitividade que a produção em escala da indústria ocasionou. A Revolução Industrial trouxe consigo mudanças econômicas e novos fenômenos sociais, como urbanização, aceleração do tempo, estruturação da família nuclear, proletarização, novas formas de pobreza e conflitos políticos. Foi uma revolução essencialmente de ordem econômica.

2. Sugerimos que, para a resolução desta atividade, você elenque outras questões específicas de sua cidade e região que não foram mencionadas no capítulo.

3. Esta é uma questão bastante complexa. Uma resposta bastante simples seria a explicação pelas leis de mercado, ou seja, da oferta e da demanda. Contudo, sabe-se que outros fatores interferem na fixação do preço do trabalho, sobretudo o nível de organização dos trabalhadores e dos patrões, por meio de sindicatos e de federações, e suas exigências têm efeito determinante no nível salarial e condições de trabalho.

**Atividade aplicada: prática**

1. Verifique em sua cidade e região quais são os problemas mais prementes relacionados ao trabalho e como eles podem ser explicados. Atenha-se, sobretudo, a como se originaram esses problemas. Que políticas públicas seriam necessárias para se pensar numa solução?

# Capítulo 2

*Atividades de autoavaliação*

1. a
2. d
3. b
4. b
5. c

*Atividades de aprendizagem*

**Questões para reflexão**

1. A visão de Durkheim é considerada uma visão conservadora, pois esse autor busca acima de tudo o consenso. Ele tenta, assim, explicar por que, apesar de toda a competição e todo o individualismo, a sociedade não se desintegra. Já Marx não vê consenso na sociedade, e sim conflitos. Esses conflitos, segundo Marx, são oriundos dos interesses antagônicos e inconciliáveis das classes: os que possuem riqueza e os meios de produção querem acumular ainda mais, e os que não possuem e são trabalhadores querem melhores condições de trabalho e melhores salários, o que diminuiria o lucro dos patrões.

2. Para Weber, a racionalidade exacerbada tira do indivíduo a capacidade ou a possibilidade de seu "sadio julgamento". Exemplo: quando se trabalha numa empresa, o lado humano e a vontade de querer ajudar

as pessoas usualmente são deixados de lado em vista das pressões por resultados, ou seja, dos objetivos a serem atingidos ou mesmo por causa da legislação trabalhista, sendo antagônicos a isso os valores individuais, incluindo a ética, e a liberdade desse funcionário ou executivo.

3. Alienação é quando o trabalho, submetido à lógica do capital, inverte seu papel e, de meio para a realização do indivíduo como ser humano, passa a negar e impedir o desenvolvimento de sua natureza e apresenta-se como realidade estranha e oposta a ele, como um ser alheio que o domina e o degrada. Tipos de alienação:

- Alienação do produto de seu próprio trabalho: Aquilo que o trabalhador produz não lhe pertence.
- Alienação do processo de produção: O trabalhador não decide o que, como, onde, quando e quanto produzir.
- Alienação de sua própria natureza humana: O trabalhador, fazendo apenas uma função repetitiva, não tem condições de se realizar e crescer como pessoa humana, nem de aplicar sua inteligência e criatividade.
- Alienação do homem de sua própria espécie: Ao ter que permanecer apenas no seu posto de trabalho, sem poder discutir o trabalho com seu colega e ao final do dia estar exausto com a longa jornada de trabalho, o trabalhador não se socializa e não realiza o que é mais básico à espécie humana: viver em sociedade.

**Atividade aplicada: prática**

1. Como afirmado por Bensaïd (1999, p. 11), "Enquanto o capital continuar dominando as relações sociais, a teoria de Marx permanecerá atual", e enquanto houver competição acirrada e a qualquer custo, os conceitos de Marx serão úteis para se pensar as relações sociais e de trabalho ainda no século XXI, afinal, eles são uma espécie de consciência da humanidade para não permitir que todas as relações se transformem

em relação mercantil. As relações de exploração e de acumulação exacerbada por parte de uma minoria da população é justificada por meio da ideologia meritocrática, que procura encobrir o caráter predatório de uns ao colocar que os "perdedores" são os responsáveis por sua própria "sorte". Esse caráter ideológico que transforma as explorações, a concentração de renda e a falsa meritocracia em fatos "normais" e palatáveis a toda a população é realizado pela grande imprensa e pela maior parte das igrejas, escolas, faculdades e universidades, e dos professores e materiais didáticos etc., que tentam, a todo custo, instaurar o sentido conservador de consenso na sociedade, ocultando o conflito. Essa ideologia é aplicada de tal maneira que nem mesmo a séria questão dos juros estratosféricos praticados no Brasil, da auditoria na dívida pública, da falsidade do conceito de meritocracia, entre outros, são discutidos, a fim de não contradizer ou questionar os interesses da classe dominante e manter o consenso.

# Capítulo 3

*Atividades de autoavaliação*

1. c
2. d
3. b
4. d
5. b

*Atividades de aprendizagem*

**Questões para reflexão**

1. O modo de produção primitivo se caracteriza por ser o mais longo e por não haver propriedade privada: tudo era em comum, incluindo

terras, ferramentas e o resultado da produção. Já no modo de produção asiático os camponeses não tinham liberdade de deixar a terra e trabalhavam em propriedades coletivas. No modo de produção escravista, o escravizado não era remunerado pelo seu dono e era propriedade deste (era considerado como mercadoria). O modo de produção feudal, típico da Idade Média, era composto por trabalhadores servos, ou seja, não eram pessoas livres nem escravas (não eram propriedades do senhor feudal). No modo de produção capitalista, a relação passa a ser de patrão e empregado, na qual este não é uma mercadoria, mas sim a mão de obra. O capitalismo tem sua premissa e essência no funcionamento da economia de mercado, com base na propriedade privada; na liberdade de empreender; e na separação entre capital (meios de produção) e trabalho (mão de obra paga).

2. Uma nova ética, com base no capitalismo, foi introduzida na sociedade, como o trabalho árduo e a busca por resultados financeiros e lucro, que se tornaram o fundamento do ato de empreender, e assumiram uma posição central na sociedade. Além desses, o individualismo, o espírito competitivo e a acumulação de riqueza são valores de sociedades capitalistas.

3. Sim, são alternativas na medida em que se constituem com possibilidade de resgate do verdadeiro sentido do trabalho que tem como base a solidariedade e partilha. A organização do cooperativismo segue uma lógica diferente daquela da empresa capitalista, pois são os cooperados os donos do negócio – eles participam das decisões da organização e da divisão dos resultados financeiros (as sobras). Uma cooperativa é uma sociedade cujo capital é formado pelos associados e que tem a finalidade de somar esforços para atingir objetivos comuns que beneficiem a todos. Nesse sentido, há menos concentração de capital.

**Atividade aplicada: prática**

1. Na sua pesquisa, verifique se há uma associação das cooperativas e qual é o papel dessa instituição, se houver. Da mesma forma, investigue sobre a economia solidária. Vá até a prefeitura para obter mais informações.

# Capítulo 4

*Atividades de autoavaliação*

1. a
2. c
3. d
4. b
5. c

*Atividades de aprendizagem*

**Questões para reflexão**

1. Essa questão evidencia o poder da ideologia: por conta dos interesses das classes dominantes, somos levados a crer (pelo que nos é propagado por grande parte da mídia e por diversas instituições sociais) que os sindicatos dos operários ou trabalhadores são ruins para a economia – e, portanto, para toda a sociedade. Já os sindicatos patronais e suas respectivas federações representam o verdadeiro interesse da sociedade, que, muitas vezes, é legitimado por meio de suas ações de caridade. Portanto, trata-se de um condicionamento, de caráter ideológico, para que os empregados não adiram, não façam defesa de seus próprios interesses e não tenham consciência de classe, para que assim estejam enfileirados na defesa do patrão, pois é apregoado que ele – o patrão – é o responsável por gerar empregos, não

sendo esclarecido que, além de se tratar de uma inverdade, é o próprio trabalhador, enquanto consumidor, que o faz, pois se não há consumo, não há emprego.

2. Para Marx, quando o trabalhador não é dono daquilo que produz, necessariamente acontece a alienação, pois há a separação do produto de sua produção. No entanto, consideramos hoje que há alienação quando o trabalhador não se realiza naquilo que faz ou quando a atividade que exerce não contribui para o seu desenvolvimento como pessoa e ser humano.

3. De fato, o longo período de escravidão implementado no Brasil deixou marcas profundas na sociedade brasileira, especialmente no que se refere à organização e à divisão social do trabalho, às relações hierárquicas e à aplicação da lei e da justiça. Como descrito no texto, a "senzala" perdurou por muito tempo além do fim formal da escravidão em 1888, especialmente no âmbito simbólico. As famílias brasileiras se acostumaram a ter uma "empregada" doméstica, que a rigor é uma designação errônea, pois a maioria não era, de fato, empregada (não tinha a carteira assinada nem gozava dos direitos trabalhistas que o operário de fábrica podia usufruir). Com relação às novas legislações que estão sendo implementadas desde 2013 (PEC das domésticas) para regular essas relações dos domésticos, dois elementos chamam a atenção: 1) a tardia legislação do assunto, ou seja, foi preciso esperar até a segunda década do século XXI para garantir plenos direitos trabalhistas e cidadania às trabalhadoras e aos trabalhadores domésticos; 2) e as reações contrárias a essa legislação e esses direitos encontraram junto às classes que usufruíam do trabalho das domésticas. Ademais, os trabalhadores rurais não recebiam os mesmos benefícios e garantias das leis trabalhistas aplicadas ao trabalhador urbano.

**Atividade aplicada: prática**

1. Visite um sindicato e converse com os dirigentes, procurando entender o que é um sindicato, porque ele existe e o que ele representa. Faça uma lista das suas principais pautas de reivindicações e quais são as questões "insolúveis" (aqueles itens da pauta que nunca são atendidos pelo sindicato patronal).

# Capítulo 5

## Atividades de autoavaliação

1. b
2. d
3. a
4. c
5. b

## Atividades de aprendizagem

**Questões para reflexão**

1. A concepção de Adam Smith é elitista e, infelizmente, ainda atual. A elite tem dificuldades em aceitar que as universidades federais foram tomadas, em boa medida, por alunos de escolas públicas e cotistas, pois ainda acredita que as universidades públicas são um espaço dela. Já as instituições particulares, devido as suas parcerias com as empresas e por desejarem estar próximas a elas, cedem à pressão destas e fornecem uma educação apenas funcionalista e não emancipadora, na qual ensinam seus alunos a apenas executar as tarefas de uma empresa, o que é típico de cursos técnicos e tecnólogos. Observa-se que as empresas não têm predisposição para contratar pessoas com muita bagagem teórica, pois, em princípio, são muito questionadoras sobre suas práticas e atitudes

com relação à função, à comunidade (especialmente à veracidade de sua política de sustentabilidade) e ao governo (especialmente com relação ao fisco). É sintomático o fato de uma importante universidade particular de Curitiba ter tirado de sua grade as disciplinas de Introdução à Administração e Teoria Geral da Administração I e II do bacharelado em Administração de Empresas. Perguntada sobre o porquê dessa mudança, a coordenadora do curso respondeu que é porque o mercado não quer teoria. Em outras palavras, o que interessa é apenas saber executar bem as tarefas.

2. Como apontado neste capítulo, observa-se que mais e mais as pessoas não estão satisfeitas e não se realizam no trabalho. Certamente, o número aparentemente de possibilidades que a vida oferece dá a falsa impressão de que a pessoa poderá exercer a liberdade de se desenvolver, conforme descreveu Amartya Sen, e de escolher uma atividade gratificante e que proporciona a realização pessoal. Todavia, para a maior parte delas, como mostra a pesquisa citada no capítulo, isso não acontece, gerando frustrações e alienação.

3. A economia industrial é muito estruturada e tem um roteiro de sucesso para seguir. Contudo, na nova economia há pouca estruturação e não existe mais roteiro de sucesso que pode ser escrito de antemão. Na economia pós-industrial e após o fenômeno da internet, as relações e as redes se tornaram muito importantes e as oportunidades aparecem e desaparecem com muita rapidez. As grandes empresas têm dificuldade em trabalhar nesse contexto fluido e de pouca estruturação. Por isso, concentram-se no atendimento das grandes necessidades humanas e da sociedade, como a produção de aço, carros (além de aviões, navios e trens), bebidas genéricas (cervejas comuns, refrigerantes, águas), grandes obras de engenharia etc. Essas empresas trabalham numa lógica oligopolística e conseguem manter

para si esses mercados de grande volume e porte, utilizando empresas menores para seus fornecimentos.

4. Sim, Wallerstein verifica que não existe fronteira política que restringe a atuação do capitalismo – basta haver ambiente jurídico seguro e paz ou passividade social. O fato de a expansão global do capitalismo e dos países do centro usarem as instituições multilaterais para manter o sistema-mundo funcionando, tal qual Wallerstein o descreveu, evidencia que o modelo do nosso autor continua presente nas estruturas e nas relações assimétricas entre os países. A teoria do sistema-mundo continua válida como categoria analítica para compreender a estrutura da sociedade global hodierna em suas relações sociopolítico-econômicas e a passagem do capitalismo industrial (atividade doravante relegada à periferia e semiperiferia, com exceção daquela parcela que possui grande valor agregado na atividade produtiva) ao capitalismo financeiro, que mantém e reforça o sistema-mundo proposto por Wallerstein.

**Atividade aplicada: prática**

1. Realize uma pesquisa empírica e anote as respostas para que você possa responder esta questão.

# Capítulo 6

*Atividades de autoavaliação*

1. d
2. a
3. b
4. c
5. d

## Atividades de aprendizagem

**Questões para reflexão**

1. O ócio criativo parte da premissa de que a criatividade não vem da pressão ou de um trabalho extenuante, mas dos momentos mais tranquilos e de plena satisfação. Ele caracteriza pela mescla inseparável de atividades – trabalho, estudo, lazer – típicas do ser humano e é a principal característica do paradigma pós-industrial. Se nos atentarmos à reação das pessoas ao conceito de ócio criativo, veremos e um julgamento apressado e distorcido, considerando que De Masi faz uma defesa da preguiça. O autor rejeita essa distorção, argumentando que quando estamos relaxados é que somos mais criativos e produzimos mais, sendo o lazer um dos responsáveis pelos momentos de *insight* e de trabalho. Isso é típico da Era Pós-Industrial. Por isso, a recomendação de mais lazer contradiz o espírito de trabalho duro (e excessivo), próprio da ética protestante e da Era Industrial. Muitas vezes, os funcionários de uma empresa que não possuem esse modo de pensar/ser geralmente não são levados tão a sério e são vistos como aqueles que não desejam fazer carreira na empresa.

2. Os valores da sociedade industrial são regidos pelo princípio da racionalidade; esse mesmo princípio carrega em si, intrinsecamente, a ideia da severidade como modo de ser e de se portar no trabalho, incluindo longas jornadas de trabalho. Já os valores da sociedade pós-industrial, segundo De Masi, são a criatividade, a alegria e a inventividade, que não vêm da pressão ou de um trabalho extenuante, mas dos momentos mais tranquilos e de plena satisfação com o trabalho. De Masi revela que a desorientação da sociedade atual advém do fato de que vivemos em um novo paradigma pós-industrial com valores ainda industriais. Ora, é comum as pessoas ou os governos responsáveis pela aplicação de políticas

públicas se desorientarem com temas ainda inéditos e tentarem aplicar uma fórmula industrial para problemas característicos do novo paradigma.

3. A resposta é dada pelo CEO da empresa Filimundus, Linus Feldt: "Acho que a jornada de trabalho de oito horas não é tão eficaz quanto se poderia pensar. Ficar focado em uma tarefa específica por oito horas é um enorme desafio. A fim de lidar com esse desafio, nós misturamos as coisas e fazemos pausas para tornar o dia de trabalho mais suportável. Ao mesmo tempo, temos dificuldades em gerir a nossa vida privada fora do trabalho" (Science Alert, 2015, tradução nossa). A fim de fazer frente a essa redução de tempo de trabalho, a empresa solicitou aos empregados que não usassem mídias sociais e não se engajassem em distrações durante o horário de trabalho e as reuniões foram reduzidas ao mínimo. O CEO prossegue: "Minha impressão é de que agora é mais fácil se concentrar mais intensamente sobre o trabalho que precisa ser feito, e você tem a energia para fazê-lo e ainda tem energia de sobra para aproveitar a vida quando deixa o trabalho ao final do expediente".

**Atividade aplicada: prática**

1. Realize uma pesquisa junto às pessoas com as quais se relaciona e pergunte se alguma delas já perdeu o emprego por causa da automação e robótica. Esse fato é um problema grave em sua cidade e região? Há programas de capacitação visando à recolocação dessas pessoas?

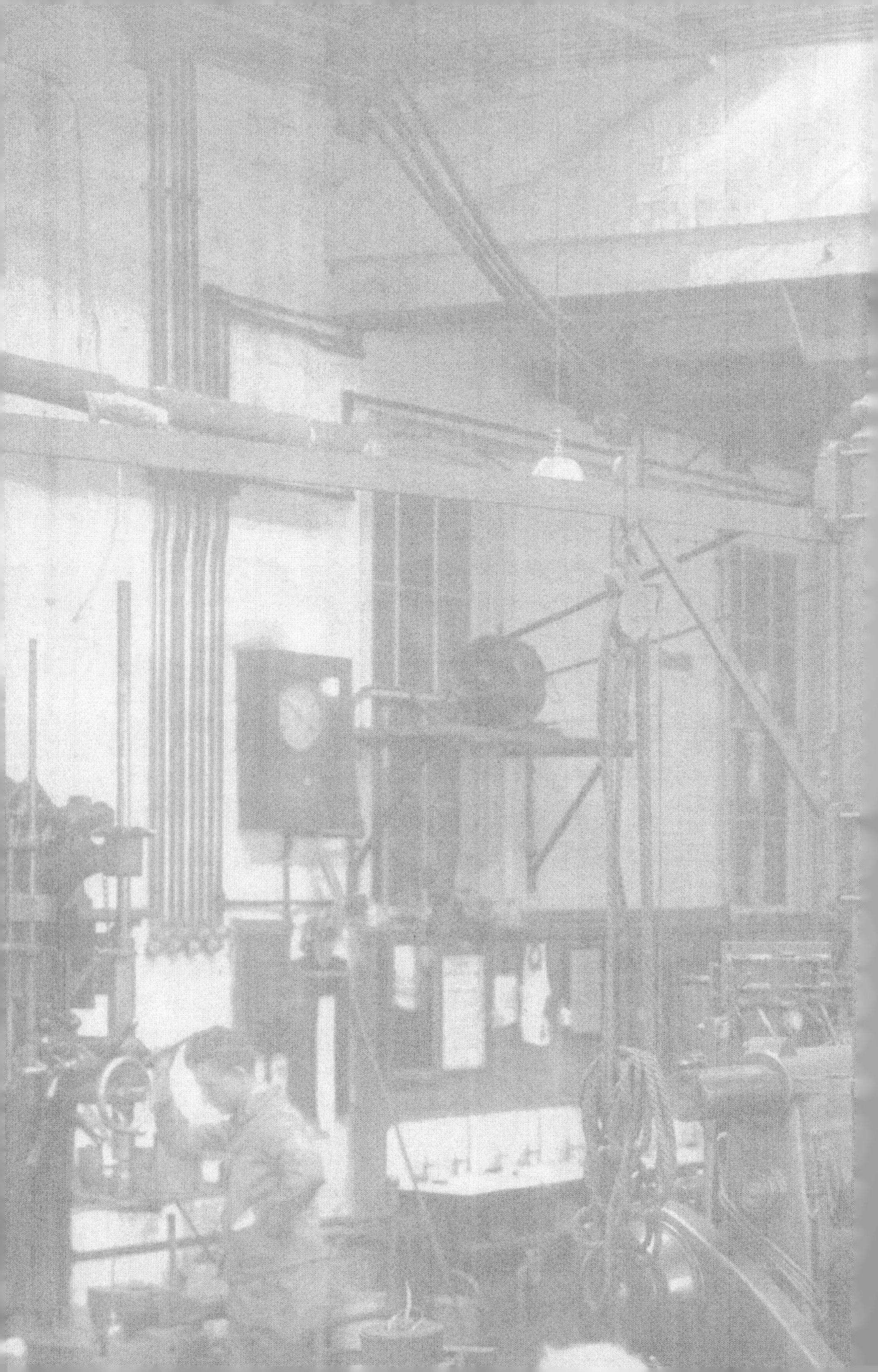

*sobre o autor*

*José Ricardo Martins,* natural de Santo Amaro da Imperatriz, em Santa Catarina, é graduado e licenciado em Filosofia pelo Instituto de Filosofia São Boaventura (Campo Largo/PR) e pela Faculdade Pe. João Bagozzi (Curitiba/PR); especialista em Comércio Exterior pelo Institut Cooremans (Bruxelas/Bélgica), em Geopolítica e Relações Internacionais pela Universidade Tuiuti do Paraná (Curitiba/PR) e em Políticas Públicas e Avaliação de Educação Superior pela Universidade

Federal da Integração Latinoamericana (Foz do Iguaçu/PR); mestre e doutor em Sociologia pela Universidade Federal do Paraná (Curitiba/PR). Também tem mestrado profissional em gestão (MBA) pela Université Catholique de Louvain (Louvain-la-Neuve/Bélgica).

Tem pós-dutorado na Universidade de Siegen, na Alemanha, na área de refugiados e imigração, com intersecção em estudos comparados sobre áreas com declínio populacional e econômico na Alemanha, na Espanha, na Holanda, na Itália e na Polônia. Atualmente, é pesquisador e orientador de dissertações no mestrado de Estudos de Desenvolvimento Internacional na Universidade de Utrecht, na Holanda, no departamento de Geografia Humana e Planejamento Territorial.

Seus estudos e prática docente abrangem áreas como sociologia, antropologia, filosofia, relações internacionais, desenvolvimento internacional, gestão pública e políticas públicas.

Tem diversos artigos publicados em revistas acadêmicas nacionais e internacionais. Sua dissertação de mestrado (*O Brasil e a Unasul: um processo de construção de liderança e integração regional*) foi publicada na Argentina; o artigo "Immanuel Wallerstein e o Sistema-Mundo: uma teoria ainda atual?", foi publicado na Espanha; "Os intérpretes do Brasil: pensamento sociopolítico lastreado no fluxo de ideias, narrativas e realidades na busca de uma identidade nacional brasileira", foi publicado no Brasil; "Análise do Estado de bem-estar social sob a ótica keynesiana: seu desenvolvimento, ascensão e enfraquecimento", foi publicado no Brasil e uma versão traduzida e atualizada foi publicada nos Estados Unidos. As últimas pesquisas e publicações têm se concentrado no âmbito da imigração na Europa e no desenvolvimento local em áreas com declínio populacional e econômico.

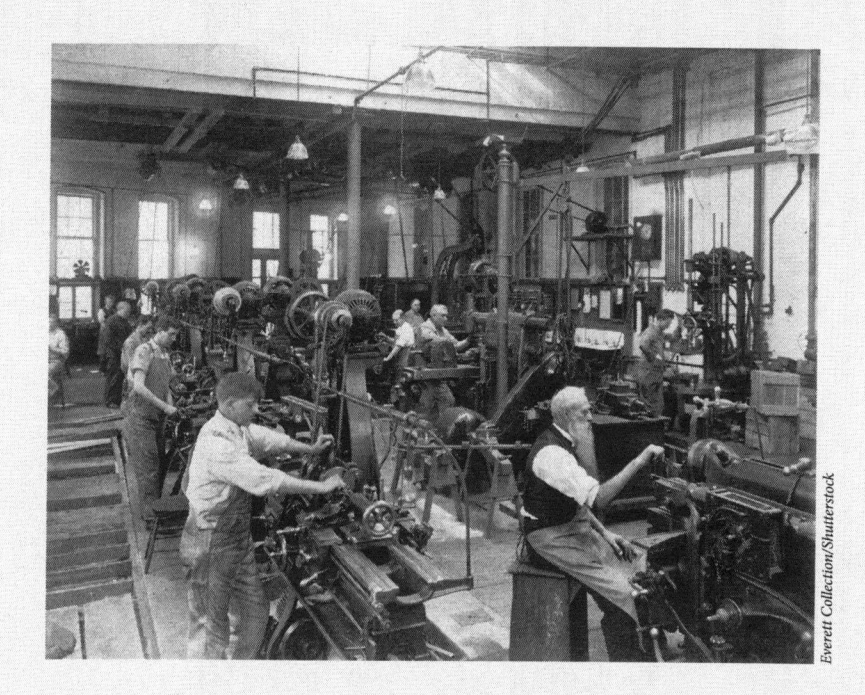

Homens trabalham em máquinas no escritório de impressão do governo em Washington, D.C.

Impressão:
Março/2023